人物叢書

新装版

大江匡房

おおえのまさふさ

川口久雄

日本歴史学会編集

吉川弘文館

大江匡房の自署

（延久二年七月三日東大寺官宣旨）

〔73ページ参照〕

大江匡房自署の文書

（延久二年二月二十日山城愛宕郡感神院領荘園太政官牒）〔73ページ参照〕

『九条家本中右記部類紙背王朝無名漢詩集』

七言三月三日同賦酔来晩見花応　令詩
一首以心為韻

〈中　略〉

学士従五位下臣大江匡房上

三日　春闌けて晩の陰に属く
花を見て酔ふ裏　清吟好し
窓の梅を眼に賞でて　燈を催して飲む
岸の柳に眸を寄せて　月を待ちて斟む
藍水に雲昏くして　雪を望ふ思ひ
玉山に日落ちて　霞を趁ふ心
蘭亭の勝趣　縦美なりとも
あに桂宮の景気深きに若かむや

〈中　略〉

治暦三年三月三日　題者　実政朝臣
講師　匡房

〔56ページ参照〕

はしがき

匡房は比較的多くの資料をのこした学儒である。しかし伝記の資料としてははなはだ多いとはいえない。『白氏文集』をのこした楽天や、『菅家文草』をのこした道真の場合とちがって、惜しむらくは別集をのこしていない。

私は歴史の書として、史料にそって彼の伝記を書いてみた。後世の説話など第一史料となりにくいものはその旨しるして使うこともある。まれに史料よりはみだして推察を加える場合は必ずそうした旨をしるした。彼の漢詩作品は年代を確定しにくいものが多いが、ほぼその内容から判定して推察して使うことにしたが、その場合もつとめてその旨をことわっておいた。

私は煩瑣な多くの史料をできるだけきりすてることによって、彼の人物——性格や行動をより強くうかびあがらせたいと思った。時代や社会の背景は、彼の人物を考えるための必要の限度で素描することを避けなかった。

匡房は重要な人物であるが、外面的には波瀾のすくない一学儒である。私は人間の伝記、歴史的な詩人の伝記というものが、かくも面白いものかということをアーサー＝ウェイリー博士から教わったのであるが、そういう仕事には並々ならぬ心血が注がれていることを改めて悟った。

『江談』は、彼が老年に自閉的な情況で語られたという限定があるが、彼の日常の口吻が今日に残りえたことは稀有の意味をもつ。『江都督納言願文集』や『江帥集』や『本朝神仙伝』や『九条家本中右記部類紙背漢詩集』残巻など比較的新出の資料をも使うことができたことは、この本――性格も一筋縄でいかない、学問的にも政治的にも屈折した人間匡房の伝記を書くために幸いであった。

稿なるにあたり、桃裕行教授の渝らざる指教に厚くお礼を申上げる。またおひきうけしてから、適度に催促して下さった編輯部当局の芳情に深く感謝する。

昭和四十二年七月五日

川口久雄

目次

口絵

挿図

一　生れと血筋

道を楽(ねが)って仰ぐのは鳳凰(ほうおう)だけれども
学に疲れて増(ふ)えるのは　蠙(どぶがい)　たちばかり
才(ざえ)というはたけは磽确(こうかく)たる石ころだらけ
詞(ことば)の林はこずえも少(まれ)なのに
年年に　詩の文句が積もり
日日に　薬の銚子(ひさげ)が煎(い)られる
侏儒(ひきうど)さえ飽くまでわたしを笑うのに
書物というものに　拙いわたしはやはりまつわれる
茅屋(ぼうおく)は荒(あ)ばれて人にもはずかしいが

史伝を書こうというわたしの癖は老いても癒らない
わたしは閑居して史料を調べつづけ
むかしに因循して情意に牽かれる

楽道仰鳳々　疲学増嚬々　才地多磽确　詞林少杪顛　詩句年々積　薬銚日々煎　侏儒飽笑我　文籍拙猶纒　白屋荒慙人　伝癖老未痊　閑居閲史書　因循情意牽

（大江匡衡述懐古調百韻『江吏部集』巻中）

匡房生誕

長久二年（一〇四一）のある日、匡房は京で生れた。ここにかかげるような生活の気分――質素で好学な学者の家風の中で呱々の声をあげたにちがいない。曾祖父の大江匡衡はすでに三十年前に身まかっていたが、その未亡人赤染衛門は生存していた。はじめての曾孫のために産衣に歌をよみそえて贈ったと伝えられる。

父は大江朝臣成衡、母は橘朝臣孝親の女。後朱雀天皇の長久二年は、寛弘期の知識人官僚の典型藤原公任がみまかった年である。寛弘前後の栄花の時代を日記し続けた小野宮実資もこの数年後にみまかり、ここに時代は一つの谷間にさしかかる。

日本列島の社会秩序であった古代律令制というものが、静かな熱病にかかってやつれ続けて行った十一世紀から十二世紀にかけての数十年、旱魃や洪水や大風や地震もあいつぎ、そらに彗星出現の天変、地上に盗賊の横行、火難の頻発、東方辺境の原野では兵馬の集団が砂塵をあげ、洛中洛外では僧兵・神人が抗議のデモや乱闘の騒ぎをくりかえす。貴族の間には天下大変の危機意識がじわじわとしのびより、民衆の間には聖や沙弥たちによって地獄の畏怖がかきたてられはしはじめたけれども、京はまだ見たところ平穏で、古代の名残りを色濃くおびていた。王朝のもののあわれのかげり。浄土へのあこがれが、末法という終末的な不安と

新時世粧

とけあい、ものうい歓楽のあとにも似た雰囲気が尾をひいていた。京という盆地は円形劇場に似ていた。そこのだしものは田楽の狂乱のパレード、寺々の呪師はしり、侏儒の舞、新猿楽の数々、傀儡子の不思議な操り。稲荷祭の狂熱、狐妖のおそれ、淀や神崎にうかぶ遊びたちの舟の数。

さては東山の麓、白川のほとり、西山から北山にかけて、新造の壮麗な堂塔伽藍ののきのそり、風鐸のひびき、鳥羽田に忽然としてできたニュータウン。東国からの兵士、西国からの商人たちがごったかえす三条粟田口や羅城門の曲り殿のあたりのにぎわい。――わたくしはこうした古代より中世への過渡の時代を生きた一人の知識人、大江匡房という人物の生涯に照明をあてることを試みる。――

道心者大江成衡

父成衡は大江家の学統をうけた受領階級の学儒、対策及第、信濃守・大学頭になった。彼は謙虚な信仰深い性格であった。

亡父は道心者であった。念誦読経を一日も欠かさないところ、私にはとてもまねができない。道心堅固、他に比をみない。よくよく暇があったのか、特別信心深かったのか。いつも水干の、法師のきるような衣をきて、五十つぶほど結紐で貫いた数珠を手にもち、精進の日はもちろん、不精進の日でも葱やにんにく、さては魚など腥いものをたべるとき、「先聖先師よ、わがこの腥いものをたべる罪を助け給え」といった、それが口ぐせだった。

匡房は後年亡父を追想してこういった。

江家二条高倉の文庫

江家の書物は代々うけつがれて、二条高倉に倉庫を造営して保管していた。匡房は二条の北、東洞院の西に住んでいたと『中外抄』にいう。仁和寺所蔵古図というものによると二条北、東洞院西に「匡房卿小二条、又号欵冬殿」としるす。この家で匡房も生れたのであろうか。ここに江家の文庫もあった。後年（仁平三年＝一一五三）の火災で江家文庫が焼失するが、それは江家の千種の文庫で樋口町尻にあり、二条高倉の文庫とは別である。

匡房の父はすぐれたライブラリアンであった。自分は別に才能はない、ただ代々の江家の書籍を大切に保管するのだといって、伝家の蔵書のほかに、必要な資料を書写し、増添(ぞうてん)して行った。明り障子を四面に立て、その中に伝家の蔵本を曝書(ばくしょ)した。一々に江家の蔵書印を捺(お)し、散佚を防いだ。欠損したところを発見すると、その完本をたずね求めて書継ぎ、補写した。

わしは大江家の文預り(ふみあずかり)じゃからのう。

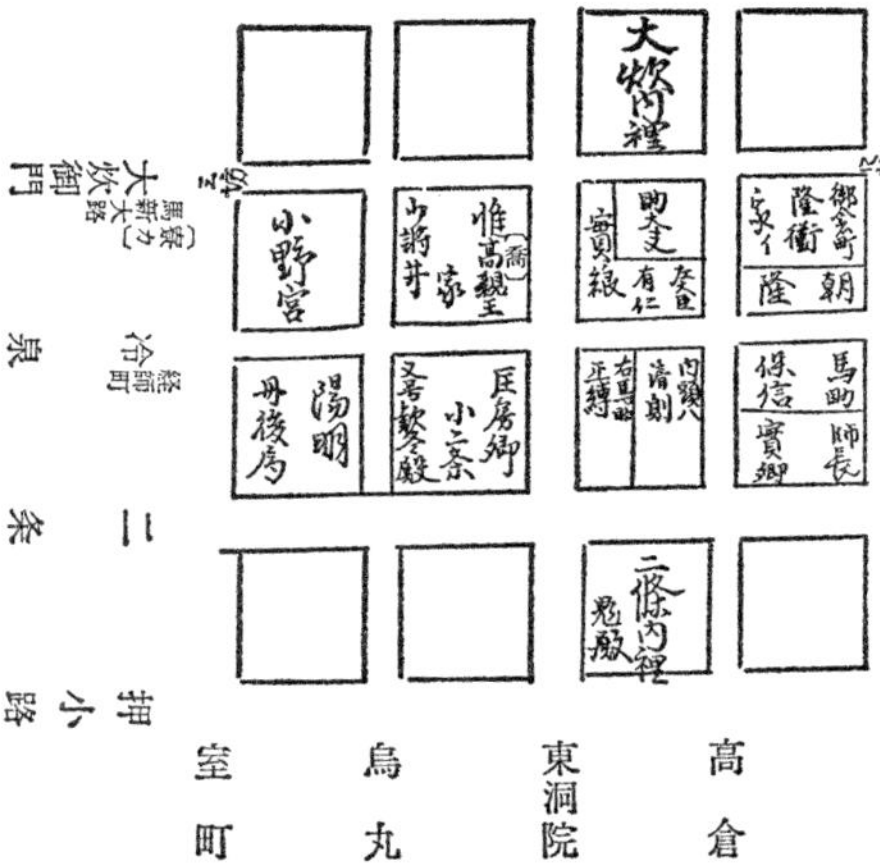

京都古図（部分，匡房小二条邸付近仁和寺所蔵）

といいながら、青侍四人を明り障子の中に入れ、一人に糊を造らせ、一人に巻軸をくり展げさせ、一人に継ぎはりをさせ、一人に書き継ぎをさせるといったあんばい。くる年もくる年もこのしごとは続いた。

すぐれた学儒は一日にして成らない。彼の父のこうした注意深い書物愛と勤勉な努力のつみかさねが、匡房を生み出したといえようか。成衡は代々の江家の学儒のうち、一篇の作品をも今日に残していない珍しい存在である。自分を表に出さないで、ひたすら子孫に希望をつないだ人がらは奥ゆかしい。

橘孝親

匡房の生母の父は宮内大輔橘孝親である。少年の時、江博士匡衡宅に出入して詩について論じあった。孝親の父は源為憲を師とした。匡房が生れる二年前に彼は従四位下文章博士になった。彼の作品はこれまで断片しか残存していなかったが、『九条家本中右記部類紙背王朝期無名漢詩集』によって彼の律詩が発現した。長元七年五月関白左大臣頼通家法華三十講作文における「月是為二松花一」

という応教詩である。また長暦二年三月には明衡らの「桃花薫二盃酒一」の曲水詩宴には講師をつとめる。彼の別集を「橘工部詩巻」という、今佚。彼は信心深く慎しみ深い性格で、『文集』にある「長に鴻宝集に添ひ、小乗経に離ること なし」という文句を口誦んだ。『鴻宝集』とは大乗経のことで、『文集』は大乗経の下、小乗経の上にあると信じ、反故でも『文集』の句があれば、鼻をかまなかったという。匡房が後年に母堂のために孝親をとぶらう願文を草している、中に「外には風月を嗜み、内には仏法に帰せり」といい、彼の往生浄土は疑いないといっている。

成衡と孝親女と――こうした血筋と環境の下に、匡房はこの世に生を享けて出てきた。

この時代はどういう時代であるか。東シナ海をへだてた大陸社会では北宋のさかえた時代――仁宗の治世十一年目、首府の汴梁ではかの「清明上河図」に描かれるようなまことに殷賑な都市生活が営まれていた。庶民たちの生活も向上して、かの『東京夢華録』に叙述されるように、さかりばには庶民演芸もさかんであった。傀儡技や軽業、講史・小説・散楽・バレーの旋舞、かげ絵芝居や諸宮調の雑劇、おどけ話や合戦物語の講釈、駱駝が西北から胡族の匂いをまきちらして荷を運びこめば、運河を溯ってきた帆船から南方の物資も陸あげされる——私は何も中国の都市の繁昌をた

汴梁街頭道士講釈風景（北宋・張択端筆「清明上河図巻」）

だひきあいに出しているわけではない、海彼の景気に敏感なわが国のこと（昔も今も同じだ、今日パリのモードやベルリンのオペラに何という敏感な反応ぶりではないか）――汴梁当年の繁栄ぶりは、何ほどかわが平安京の東西の市や下町あたりの風景にも投影されているかもしれない。明衡はこうした平安京の時世粧を『新猿楽記』という作品に描写した。こうした世相の社会に匡房は生れ出るのである。

ところで繁栄する都市生活の背後にくらい影がしのびよっていた。契丹人の国遼が北方から、新興のタングート族の国西夏が西北方から、北宋を威圧していたが、わが列島王国でも「上総・下総ヲ皆我ガママニ進退シテ公事ヲモ事ニモ不レ為」るところの平忠常の叛乱に次いで、奥州十二年の兵乱がおこって、漠然たる不安を京の人々にも投げかけていた。海彼の国では内部的にはげしい党争があって、一種の政治改革の路線が勢いをえてくるのに対して、わが国では荘園経済と摂関政治のもたらす停滞と矛盾が漸く何か清新なるものを翹望させる。『今昔物語集』にみえる六衛府の官人たちが俸給不払いにたまりかねて、大口の年貢の滞納者越前守為盛の邸におしかける話があるが、「細工ノ風流アル者ノ物言ヒニテ人咲ハスル馴者ナル翁」に見事撃退される滑稽譚も、匡房が生れる直前の、万寿五年ころの世相を鋭く諷刺的に戯画化して物語る。摂関体制下の腐敗現象を描き出してみせることは、とりも直さずそれに対する批判であり、律令制のもとの姿への回復を願う姿勢にほかならない。――こうして匡房が生れて六年後に、天皇親政の実現を企図した後三条院が皇太子となり、さらにその六年後に、院政政治を開始したところの白河院がその後三条の子として呱々の声をあげる。

遠祖大江音人

ここで匡房の先祖たちの人間像を素描しておく。大江音人（八一一―八七七）は平城天皇の曾孫、叔父に風流好色の典型たる行平・業平兄弟がいたし、祖父阿保親王の兄に力遊求道の典型たる真如親王がいた。文学的な「みこ筋」の家柄、薬子の乱によって権力から遠ざけられた平城直系の出自。広眉大目、儀容魁偉で、音声美しく、水際立った風采だった。業平とちがって性格は沈静、質朴・謙虚で、仏法に帰依し、往生伝的な臨終だったといわれる。大内記・東宮学士、諸国の受領を経て、右大弁・参議に任じ、大枝を改めて大江姓とした。清和天皇に『史記』を進講し、二年後に六十七歳で死んだ。参議の唐名によって江相公と号する。

匡房が後年納言に任ぜられたとき、それは始祖音人の餘徳だと語った。音人が検非違使別当だったとき、荒廃した長岡の獄を修理して逃亡を防ぎ、施饗と称して募金して囚人にさしいれをし、また貧しい人々に食物を給して獄門をくぐらせないようにした。こうした善根によって、我が子孫は必ず帝王に仕えて大位に至るであろうと予言した。——この話には多少の潤色があるかもしれない。『蒙求』にも出ている于公高門の説話の焼き直しの匂いがないでもない。前漢の于定国の父于公は獄吏として公平な裁判をした。その門がこわれたとき町の人々が修築して高い門に改めた。子孫は彼の餘徳で立身するはずだから四頭立ての馬車の出入りできる高さにしたというのである。音人の子孫は予言のごとく朝綱・維時・以言・匡衡・匡房らを輩出せしめる。なかんずく匡房の生涯にぴったりの予言としてこの説話はしたてられているようである。

文章院東曹の始祖

菅原清公は文章道の教育機関として文章院を創設したが、清公に学んだ音人がこの創設に参加し、音人は東曹、清公は西曹を分掌し、王朝紀伝道興隆の礎をおくとともに、紀伝の名家として江家の始祖といわれるに至る。

大江千里

大江維時（八八八―九六三）

音人の子は四人、千里は歌人として著名で、『句題和歌』の作者、『白氏文集』などの佳句を巧みに和歌に翻訳した。千古の子、維時は江納言と号し、大学頭・文章博士・東宮学士となり、中納言三位に昇った。その詩文は同時代の朝綱・文時にややおとるが、努力稽古型の学者はただの人物であった。彼が『遊仙窟』の訓を木島の神主より受けて村上天皇に進講したという説があり、大陸の文芸にも敏

大江朝綱（八八六—九五七）

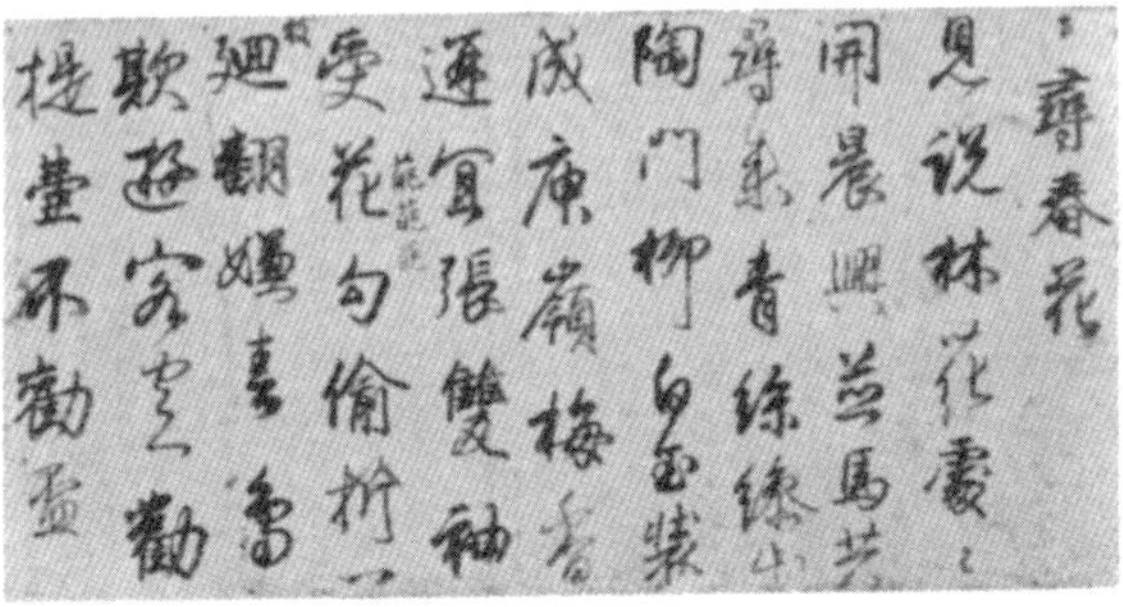

御物「屏風土代」（小野道風筆，大江朝綱詩）

感な反応を示したらしい。

一方音人の次子玉淵の子に朝綱が出た。彼は匡房の同時代に出た佐国・通国・家国らの祖、維時とならび称せられ、菅家に出た文時とともに天暦文壇のトリオ。文章博士となり、参議・備前守をかねた。後江相公と号する。「前途程遠し、思ひを雁山の暮の雲に馳す」の名句は人口に膾炙する。朝綱は「男女婚姻賦」という pornography（淫本）を書くのは、維時が『遊仙窟』を訓読したこととともに、大陸社会における白行簡らの「天地陰陽交歓大楽賦」などにみるようなオブシーン（猥褻）な文学風潮を敏感に反映するもの、この二人のライバ

大江匡衡（九五二—一〇一二）

ルは同族ながら、詩文と才学とにおいて競争意識をもやしていたらしい。

匡房にとって、最も身ぢかい理想像は寛弘期の匡衡であった。彼は維時の孫、学生（がくしょう）のとき宇治大納言のもとにいたという。学才はすばらしかったが、容貌はふるわず、たけは高く怒り肩で、むしろ醜（みにく）かった。女房どもはかれをからかうつもりで和琴（わごん）（あづまごと）をさし出して、これをひいてくれといった。

逢坂の関のあなたもまだ見ねばあ
づまのこともしられざりけり

伏見宮家本『紀家集』（延喜十九年大江朝綱自筆本奥書）

と物名歌を即興で返した。女房たちはそれから彼を笑わなくなった。

彼は村童・邑老にも笑われ、白屋荒ばれて人にもはずかしい不遇な生活の中に勉強を続け、対策及第後も「身貧しく、職冷じ」きを歎じていたが、長徳三年四十六歳にして東宮学士兼越前権守、ついで尾張守になって得意時代を迎えた。祖父維時の庭訓を守り、稽古の力によって帝師となり、ついに江家の伝統をうけついだ。三史や『文選』『文集』に傾倒し、ついに寛弘期一代の巨匠にのしあがる。彼には音人をうけて神怪幽玄な陰陽・宿曜の咒術師的側面と、熱心な仏法信仰とが同居し、詩歌の創作とともに伝癖を発揮し、散文の世界でも『新国史』の編輯などをした。彼の歿後、妻の赤染衛門が夫のこのような遺志をついで六国史後の世継の物語として新しく『栄花物語』を書き上げたかと思われる。『小右記』の寛弘九年七月十七日の条に、

昨日の夕、丹波守匡衡が卒る、年六十一。当時の名儒、肩を比べるものがな

かった。文道はここに滅亡した。

とある。王朝漢文学は匡衡とともにあったことがわかる。

大江挙周

匡衡の子式部大輔挙周（たかちか）、匡房にとって祖父、母は赤染衛門。匡房の談話によれば、挙周は孫の匡房に対して応天門の変の伴大納言のことを話題にしたことがある。夢を占って、その占の通りになったという神怪な説話である。挙周も父匡衡の咒術師的傾向を多少ともうけていたかと思われる。

大江時棟

その弟の時棟（ときむね）も従五位上の文人で大学頭になった。読経をしなかったが大般若の理趣分（りしゅぶん）だけは僧清範から習ったという。呉音をきらって観音もクワンインなどと発音した。一寸したかわりものであったらしい。

長元七年五月十五日左大臣頼通家の三十講の作文会（さくもんえ）に式部大輔挙周と大学頭時棟はそろって出席して「月是為松花」の律詩を九条家本詩集にのこしている。翌八年五月十六日賀陽院（かやいん）水閣で同じく頼通三十講の歌合で、赤染は公任や能因らとともに、歌人として参加している。赤染は時用の女だが、実は歌人兼盛の女であった。

式部大輔挙周と民部少輔孝親はともに関白左大臣頼通家に出入して、応教詩を作る文人仲間であった。孝親が文章博士になった長暦二年前後、挙周の男子を婿どりして、数年後――長久二年に彼のむすめが匡房を生むこととなる。

二　少年時代

茨小木の下にこそ　鼬が笛吹き　猿奏で　かい舞で　蝗麻呂賞で拍子つく
さて蟋蟀は　鉦鼓の鉦鼓の好き上手
（『梁塵秘抄』雑歌）

幼児匡房は、『秘抄』のこうした童話的世界のなかで平和に育った。彼が生れたころは文芸の再びおころうとする時であった。内の御書所ではしばしば作文が催された。また歌合がめざましく興った。長久二年だけをとりあげてみても、二月には女御生子歌合、四月に権大納言師房家歌合、五月の庚申には今上の一宮祐子の名所歌合といった工合である。生子は公任の孫、教通の女で後朱雀の女御、薫陶をうけた祖父公任はこの正月七十六歳でみまかった。生子の歌合で赤染は伊

長久二年弘徽殿女御生子歌合

勢大輔と敵して、賀の歌などをよんだ。こののち赤染は再び歌合にあらわれない。彼女はこの四年後寛徳彼女ははじめての曾孫匡房の顔をみていたにちがいない。二年ころまで八十八－九歳の高齢で生きていたことがわかる。

夢にだに見ばやと思ふに人こふる床にはさらにふされざりけり

長久四年

という匡衡をしのぶ水々しい歌をよむ老女であった。

匡房はあどけない童話の夢を紡ぐいとまもなく、はやくから特に早教育をほどこされたらしい。長久が寛徳と改まるころ、四歳から読書を課された（匡衡は七歳はじめて読書。道真はわが子に四歳より読書させている）。八歳にはすでに『史記』『漢書』『後漢書』の三史に通じたという。おどろくべきことだ。江家の氏族神は平野神社、その支社が仁和寺のほとり般若寺に勧請せられていた。江家の学統をつぐべき少年匡房は、父につれられて春秋の祭礼にこの支社に参詣したという。

永承六年

十一歳の時、彼ははじめて詩を作った。これは道真の最初の詩作の年と同じだ。

世間では匡房を神童といった。当時風雅の中心は還暦を迎えた宇治関白頼通のサロンと、四十二歳の土御門権大納言源師房のサロンとにあった。後朱雀・後冷泉朝は長保・寛弘期と院政期との中間の過渡期、文芸と芸術の花咲いた、谷間ながらに歌合と物語絵の興隆する時代であった。

十一歳詩名あり

永承六年早春の一日、成衡は少年匡房をつれて土御門大納言家に祇候した。

この子はことしの春から詩を作りまする。

大納言はどうかしらという目の色、ではというので「雪裏看₂松貞₁」（ゆきのうちにまつのさだしきをみる）の題を課してみる。抄物（しょうもつ）や韻書も持参していない。匡房は筆をもつとさらさらと一首の詩を書いた。大伯父の時棟朝臣も同座にあったが、一同うんといったまま声もなく感歎した。

師房も讃めて、主上にみせ、関白にみせた。頼通もためしてみる気になって召す。詩を作ってみよといったが、おりしも十二日は故道長殿の忌日だったので拝辞して帰宅した。頼通は匡房の容貌を相して、いった。

天に享けた稟質、成長の暁は人にこえて大位に到るであろう。

彼は後年このことを追想して、「王勃（詩人、初唐四傑の一）は八歳で秀句を作ったというではないか」とこともなげにいってはいるが、内心は得意だった。

永承・天喜の文芸的雰囲気

天喜三年五月三日、匡房が十五歳のとき、六条斎院禖子内親王家で物語を題とした歌合が行われた。この六年前に、花山院内裏歌合以来六十三年ぶりで殿上歌合が復活して、能因や伊勢大輔とともに衛門の娘江侍従も参加した。十帖の冊子に題ごとに絵も描かれた。その翌年四月麗景殿女御延子の歌絵合が行われ、歌と絵とが結び付いて、コンクールに出品され、ついに天喜三年の物語合となる。『源氏物語』に描かれる絵合は天暦期の風雅を描写したものとすれば、この永承・天喜の絵合は天暦・天徳の風流の再生復興である。作文の世界でも関白左大臣家や土御門大納言家、さては実政・明衡朝臣らのグループにおいて花々しい活躍があった。永承には「松風調ニ雅琴ニ」「松竹有ニ清風ニ」天喜には「花色映ニ春酒ニ」「菊開水岸香」などの題詠詩が賦された。菅原孝標女が『更級日記』を書いて少女の旅の日々を追想したり、『浜松中納言』や『夜半の寝覚』を書いたり、さきの六条斎院家の女房たちが『堤中納言物語』の『逢坂こえぬ権中納言』をはじめ、『玉藻にあそぶ』『岩垣沼』など今日にのこされない物語を作ったりした。少年匡房はこうした時代の文芸的な雰囲

近衛家本『類聚歌合巻』
(天喜三年禖子内親王家物語歌合)

気のなかにあって、前途を嘱望されつつ、学儒としての基礎の学問にはげんだ。

平定親を師とする

入学

翻名満昌

寮試

彼は右大弁平定親朝臣を師としたという。大学の北堂文章院の曹司において、この師について学問したにちがいない。当時大学教育や国家試験の制度はかなり衰えてゆるみのきていた時代であるが、匡房は大学に入学し、学生として字もつけられていたにちがいない。学生の字を何といったかわからないが、翻名して満昌と称していたことは資料が存する。明衡を安蘭とよぶたぐいである。匡房の父は大学頭にもなっているから、彼は江家の音人が始祖となった文章院東曹で学生として紀伝の学にはげんだにちがいない。匡衡も十六歳にして寮試を奉じたから、匡房も十五―六歳ころ寮試をうけて、史・漢を誦習し、登科して文章生になっていたと考えられる。さて式部省の省試を奉じ、詩賦を献じたにちがいない。本来は寮試より省試をうける数年間が、本格的学習期間だったが、形式化しかけていた当時は、ことに江家の家学をしこまれていた彼にとっては、あるいは寮試の数日後に省試をうけたということもありうる。こうした資料は残りにくいものだから、推定の域を出ないのであるが、おそらく問頭(出題者)は式部少輔明衡、試判は実範・定義の両文章博士だったであろう。『干禄字書』や『切韻』などの参考書を入れた臂袋を携えて応試した。七言六韻の詩が課されることもあり、賦のこともあった。院政期に入ると問題は予告されて、答案はあらかじめ作ってきてカンニングが半ば公然と認められることもあったが、当時は昔のしきたり通りだったと思われる。応試の詩は明衡をして歎賞せしめ、それからは彼は匡房を深く相許した。彼は匡房を許していっていた。

彼の詞の鋒さきは水際だったさえをみせており、これに匹敵するものはすくない。

文章博士菅原定義朝臣は、匡房のチューター(指導者)たる平定親に向っていった。

私ははじめ江茂才（文章生匡房）の詩はいかにぞやと思って心に許さなかった。しかし近頃の作はまことにめざましい。日々に新なりというのはああいうのをいうのであろう。

省試合格

天喜四年十二月二十九日、十六歳の彼は見事に省試に合格して文章得業生に補し、学問料を給せられた。道真でさえ十八歳で得業生になって、「世以て早しとなす」といわれたことを思えば、異例のことといわねばならない。

この時東国の辺境では前九年の役がはじまっていた。頼義とその子義家は兵馬の間に活躍していたはずである。やがて伝説によれば義家と匡房とは宇治あたりで邂逅することとなるのであるが、時代を代表する二人の英雄——武の義家と文の匡房の青春ははじまっていたのである。そして院政という奇妙な一時期をつくり出した白河院が、東宮尊仁の第一皇子として生れてくるのは、匡房の十三歳の六月であった。

三 青春時代

資成（すけしげ）が朝臣のむすめをあひいどむあひだ、下野守よしつなにあひぬときて、

けぶりたつむろの八島にあらぬ身はこがれしことぞくやしかりける

（『江帥集』。『新拾遺集』恋二、前中納言匡房）

このにがい失恋・自嘲の歌は、彼の青春のすがたの一つの象徴であるかもしれない。

「秋日閑居賦」

匡房の十六歳の時の作品に「秋日閑居賦（の）」というのがある。『本朝続文粋（ぞくもんずい）』には作者として、「学生江匡房時十六歳」としるす（ここに「学生」とあるのを信ずべきならば、天喜四年に寮試と省試とを受けたとみてよろしかろう。しかし文章生であったものを、学生としるしたのかもしれない）。「空携二史籍一」という四字を韻字としている。

夫れ逸士の貧居するや、地は幽閑を尋ね、心は文籍に耽る。庭は纔に三径を開き、家は唯四壁に対ふ。戸を閉ぢて久しく田園を忘れ、帷を下して遙かに疇昔を知る。

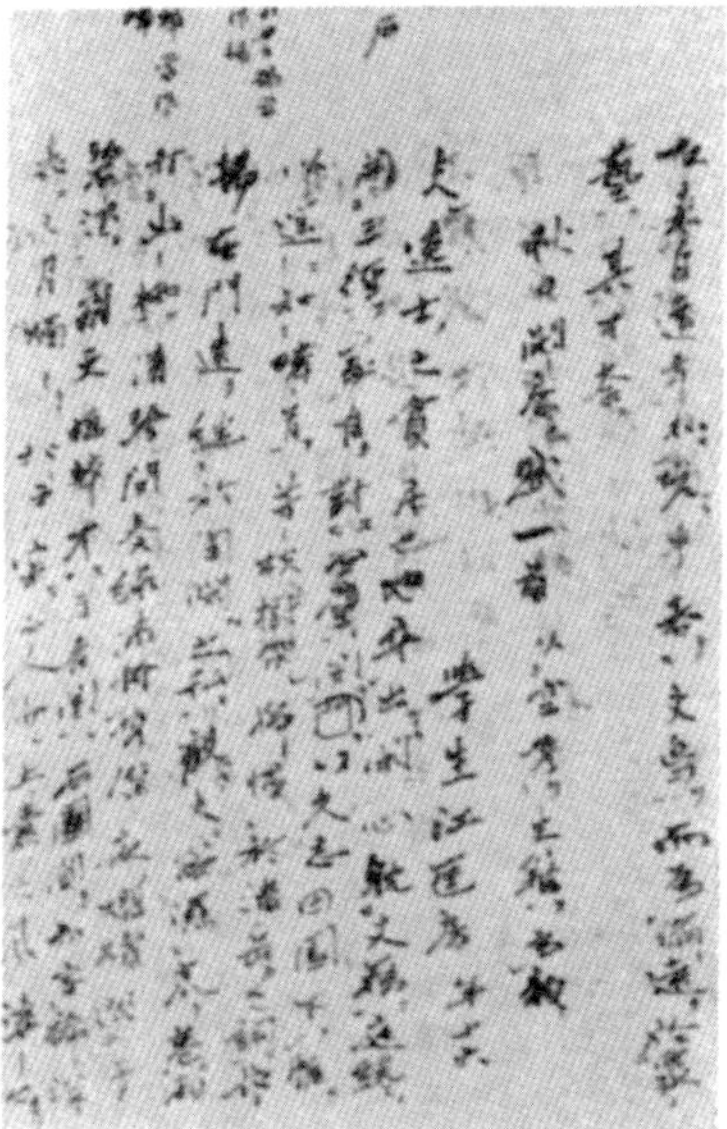

大江匡房「秋日閑居賦」
（西荘文庫旧蔵本『本朝続文粋』）

という書き出しで、貧しい中を勉強にいそしむ書生の生活と環境をのべ、いわゆる「窮まれる大学の衆」の藤英的人間像を描く。晩秋粛殺の幽居に訪う人もまれな生活を潘安仁や陶淵明の閑居になぞらえ、学問にうちこみ、典墳子史（経学・思想・文学・歴史）の古典を研究するたのしみをのべて、名を逃れて山居した李広や范蠡の高邁さをたたえている。一見老成した文章の背後に、かえって江家の学統をつぐべく、勉学にうちこむすがたを若々しくうかび上らせている、好もしい自画像ともいえよう。

孝言「呈二江才子一詩」

この翌年の春ごろであろうか、惟宗孝言が百日の金峯山精進にこもって、江才子匡房に長斎の期間中に七律一首をよんで手紙のかわりとして贈っている。

　土を戴く石山は君が楽しぶところ
　我は猶し信を致すこれ金峯　（『本朝無題詩』巻五）

と尾句を結ぶ、匡房は庭を造り石を排べて遊ぶこともあったのであろうか。

天喜五年丹波掾

天喜五年二月三十日、彼は丹波掾に任ぜられる。文章得業生兼国の任命である。桃裕行教授の指教によれば、文章得業生は対策以前に官に任ずることがない。ただし補任後二年ほど経過すると文章得業生兼国と称して諸国の掾を兼ねることが行われるという。匡房の場合、補任後わずか二ヵ月後の兼国の発令である。十七歳の匡房が直ちに任国丹波に赴任したかどうか、わからない。しかし京都より遠い西海道などに発令されないたてまえであるところをみると、彼は任中あるいは老坂(おいのさか)をこえて桑田郡の国府への道をたどって赴任しなかったともいえないようだが、あくまで対策にそなえて学問にうちこむ生活だったと思われる。

彼はおそらくこの十五―六歳のころ元服したと思われる。江冠者とよばれていたのはそのためであった。しかし今や丹波掾江秀才であった。

江冠者時代として伝えられる逸話を一つ紹介しておく。宇治関白(通頼)が平等院を建立しようとして土御門右府顕房に相談した。宇治の地形上、大門は北向きにせざるをえない、そういう例があるであろうか。顕房は答えに窮したが、車の尻に無職の江冠者をのせていた。

彼こそ、そうしたことにうるさい若者です。

匡房は答えた。

北に向って大門のある寺は、天竺には那蘭陀(ならんだ)寺、唐土には西明(さいみょう)寺、我が朝には六波羅密寺でござります る。

頼通はこの言に安心して大門を設計したという。この『古事談』や『十訓抄』の説話は話としてはおもしろいが、史実としてはすこし時間のずれがあっていかにぞやと思われる。頼通が平等院造立を思い立ったのは永承七年、匡房の十二歳のころでなければならないはずだが。——

結婚

それはともかくもあれ、匡房が元服したとすれば、その前後さる女性と結婚したことも考えておかなければならない。このころの文人の常として、そうしたことはほとんど明記した資料がない。あるいは第七章で後述するように従三位家子というものが匡房室となっているから、そういう女性と結婚したかもしれない。『江帥集』をよむと恋歌はかなりあるにはある。しかし実在する女性によみ送った真実の叙情的告白か、他人のための代作か、はた単なる芸術的虚構かを甄別することは必ずしも容易ではない。彼に何らかのかかわりをもったかと推察される女性に「四条宮の淡路の君」「家子」「あるやむごとなき女」「あづまへまかれる思ふ人」「あひしりたる女の五月にうせたる」「資成(すけしげの)朝臣がむすめ」「伊豫掌侍」「四条宮の大納言の君」「あひしりたる女房」「斎宮にまいりたる女」「いなばの内侍（惟子(いし)）」「高房朝臣の女」「後朝(きぬぎぬ)よみおくれるある女」「旅のあやしきところにて思ひかけずあひしある女」などあげきれないほどである。終りの四人はたしかに匡房と契りがあったと認められる。彼には隆兼(たかかね)・維順(これより)・広房室の二男一女の実子があるが、その母は系図にしるされていない。明衡朝臣が若き日女のもとに忍ぶ夜、強盗にあって危い命を助かる話がある。匡房にも、月光と女房の黒髪のかげの交錯する恋愛の場面もあったであろうし、またにがい失恋のいたでをうけたこともあったであろう。

対策及第

康平元年十二月二十九日、彼は対策(たいしゃく)及第した。この年二月二十三日法成寺が、続いて同二十六日内裏の大極殿が炎上した。閏十二月二十七日教通の二条邸、続いて翌二年一月八日一条内裏がまた焼亡した。火難相続く騒然たる時に、対策及第、いよいよ晴れの社会人として活動を開始するのである。

当時の国家文官試験

当時の国家試験の模様を簡単に説明すれば、まず寮試は口頭試問、出題は『史記』『漢書』のテキスト、その漢音直読と訓み下しが課される。次に省試は作文すなわち詩の実作が課される。合格は文章生定員二十名だけ。この二十人の文章生の中から、上位二名が選ばれて文章得業生となり、奨学金として学問料が給せられ、さらに文章得業生兼国といって、近い国国の掾に発令される。そのうち、宣旨によって方略

大江匡衡「奉試詩」（猪熊本『朝野群載』）

の試を受けることが許可される。方略試は二則の問題が出され、駢儷体の文章で答案をかく。いわば政治・経済・文化一般にわたる広汎な知識を試される論文試験である。これが対策の試で、こうして国家最高文官試験を通ったもののみが専門学儒となる。文章生どまりで除目待ちの散位としてくすぶるものも多いわけだ。

匡房の場合十一歳の時詩を主上にみせて以来、源師房あたりの口添えがあったのかもしれない、異常なスピードで寮試・省試を通り、文章得業生、給料、丹波掾となり、一年半後に方略宣旨をうけた。順調というよりそのテンポの早さは眼を驚かす、道真さえ対策及第は二十六歳だった。藤原佐世が献策の時、基経さえ天道に成功を祈った、それほど藤氏出身者の対策及第は摂関家にとって重大だった、まして匡房の及第は江家にとって大切な意味があった。彼の方略試の資料は今日のこっていない。このときもおそらく明衡が問頭となって問策を課し、実範・定義の両博士が判にあずかったことと思われる。

康平三年

式部少丞に任ずる

『帝範』に加点する

康平三年、彼は二十歳の春を迎えた。二月二十一日、春の除目に治部少丞、三月三十日に式部少丞に転じ、七月六日に対策の労により従五位下に叙せられる。受験の螢雪時代を終って、はれの青年官僚の門途（かどで）である。しかし帝師たるべき勉強は怠りなく続けられた。『帝範』の寛文八年版本の奥に、

件書上巻云、康平三年五月五日　点（てんじたり）之、礼部郎中（れいほうろうちゅう）江匡房同

下巻云、康平三年五月六日点之、治部少丞江匡房

という識語（しきご）がある（礼部郎中は治部少丞お〈さむるつかさのすないまつりごとびと〉の唐名）。

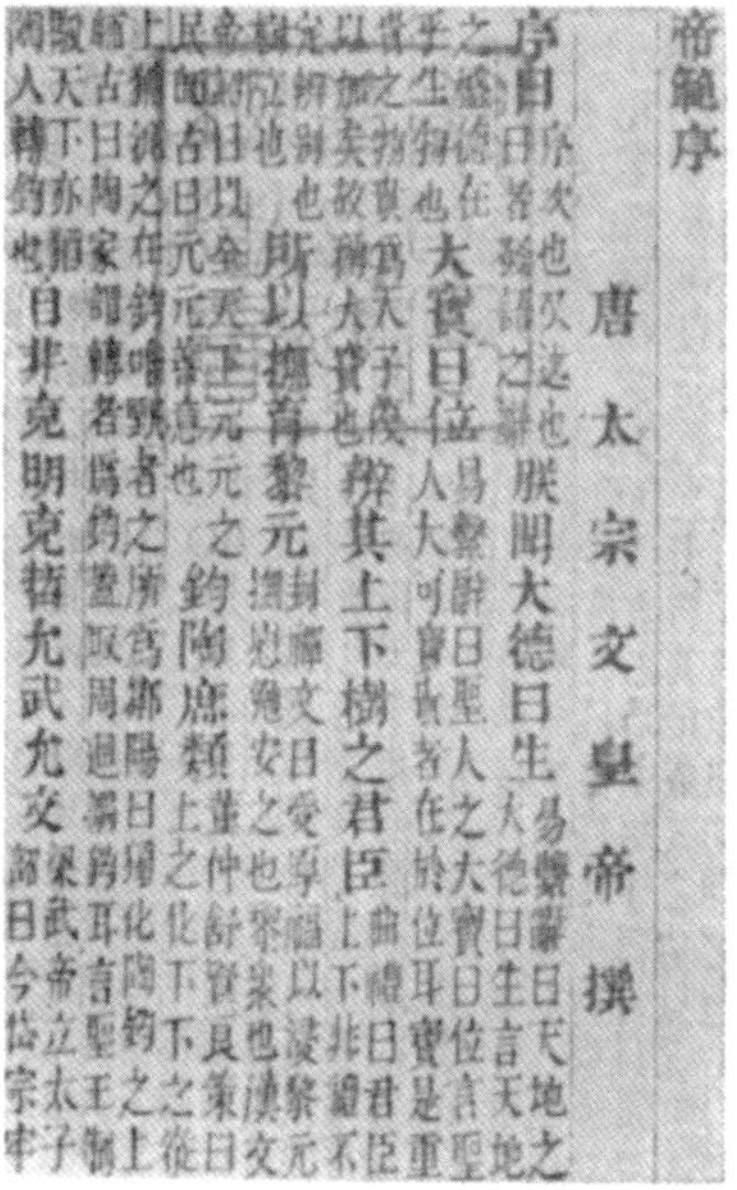

『帝　範』序　文

（『武英殿聚珍版叢書』220）

『帝範』は唐太宗の撰した帝王学の教科書として古来有名な書。遠祖音人にも『弘帝範』三巻の撰もある。これに連日馬力を出して加点していたということは、次の新帝たるべき東宮の学問の師たるべく準備をしていたと考えてもいいようである。そして七年後に彼は目的を達して東宮学士となる。

それまでの期間、彼は式部省の下級官吏として、諸司の職掌の考課を査定する実務にたずさわった。人から願文(がんもん)の製作を依頼されることもあった。おびただしい彼の恋歌はこの時代のものも多かろう。「賦二春雪一」という七律がある、このころの作であろう。

「賦二春雪一詩」

冬過ぎ春来りて何物か優(まさ)れる
漉々(ろくろく)たる白雪　感休(いたびやす)めがたし
簾に入りて還(かえ)つて誤つ　粉娃(ふんわ)の舞へるかと
樹に残りて兼ねて疑ふ　素鶴(そかく)の遊べるかと

辨(わきま)へがたし　梅心の梅花の裡(うち)にあるを
　旁(かたがた)加ふ　柳絮(りゅうじょ)を柳門の頭(ほとり)に
終朝(しゅうちょう)吟詠す　閑居のところ
　遠き山を眺望して眸(ひとみ)を動かすに足る

（『本朝無題詩』巻二）

――春の淡雪の舞いおちる姿に、粉粧あでやかな舞姫の廻雪(かいせつ)の袖をオーバーラップ(二重撮し)させる。彼の青春閑居の生活の一こまであろうか。

尼五十日逆修願文を作る

　康平四年八月、ある尼のため五十日逆修願文を作る。逆修とは生前にあらかじめ死後のための供養をすること。釈迦と十大弟子像、極楽変曼荼羅(まんだら)、色紙法花経などを造写、五十日法華修法を営み、朝は法花懺法(せんぼう)、夕は弥陀念仏を勧めることをのべる。この尼は道長女、源師房室、俊房の母と推定される。「棘路(きょくろ)或るものはこれ子息」とあるは俊房をさすか、彼はこの年二十七歳、三年前宰相中将であった当時、前斎院娟子(けんし)の方を強姦して勅勘(ちょっかん)を蒙っていた。『狭衣(さごろも)大将』や『夜半(よわ)の

俊房勅勘

寝覚』に描写される昏(くら)い性の深淵の世界である。匡房が俊房の母の尼から、最初の願文製作を依頼されたことは記憶にとどめておいていいことであろう。

宋船の来航

一〇六〇年(康平三)七月に敦賀の津に宋の商船が来航した。すぐ本国に回航せよと指令したが、これから秋に向って「天寒く風烈しく」、遭難の危険を訴えて、滞在のパスポートを請求している。この十二年後に僧成尋(じょうじん)も宋船に便乗して入宋する。当時宋の商船は北九州や日本海沿岸にしばしば来航し、博多や平戸、越前や但馬に在留する宋商もいて、貿易に従事していた。中には日本婦人と結婚して、混血児を生み、それが宋商人と名のってわが官辺と特殊の関係を結び、日宋貿易をして巨利をえたものもいた。万寿から長元にかけて活動し、宇治関白頼通に贈物をしたりした周良史のごときである。

宋の民衆文化

当時の宋国の世の中は、さきにもいささか言及したが、民度が向上し、農業や手工業・商業の発展と相まって盛んな時代であった。民衆的な文化財——敦煌(とんこう)からその一斑が出土したような、通俗な字書や類書、寺子屋用の民衆童蒙の教科書、絵解きをする画巻や絵冊子、いろいろな講釈の筆記・話本類といったものも、案外に民間の商船にのせられて敦賀や博多の港にもたらされていたかもしれない。わが国では鎌倉から吉野朝の五山禅林に影響を与えた東坡や山谷が生れたのもこのころである。蘇軾（東坡）が蜀の峨眉山のふもとのいなか町の織物業の家に生れたのは匡房の生れる五年前。匡房が秀才になったころ、東坡兄弟も受験のために汴梁に行っている。黄山谷が江西の地に生れたのは、匡房の五歳のとき。匡房と東坡・山谷がコンテムポラリー（同時代人）であるということは一見奇妙な違和感をいだかせるが、やむをえないことだ。わが院政期文壇は中晩唐詩の余燼にくゆっていたのだから。

東坡・山谷は匡房と同時代

貞任らの首入京

この二月十六日は晴天、前鎮守府将軍源頼義朝臣が、奥州十二年の合戦の敗将安倍貞任らの首と降伏人のリストを京におくってきた。四条河原で首級を検非違使の鉾に改めさし貫いてうけとる。足械し鎖でつなぎとめた三人の囚人に貞任・

重任・経清の順にその首の鉾をもたせる、鉾に緋のきれをつけて浮囚の長の名がしるされる。それから看督長二人と放免十数人のパレードは西行して、西獄門の木に梟した。頼通は死人の首は見たくもないといってひきこもり、師実も父にならってみなかった。しかし見物人のため京都はたいへんな混雑だった。

貞任の従者櫛に泣く話

首をもってきた一行が近江国甲賀郡についたとき、首桶から首をとり出して髻を洗い梳かせた。貞任の従者の降人が、貞任の首桶をかついできた夫だった。

お梳き申す櫛がございませぬ。

お前らが平生つかっているではないかと使者がいうと、嗚咽していった。

わが主、存生の時は仰ぐこと天のような存在だった。今日、わが垢のついた櫛でその主の髪を梳こうなどと思ってみたことさえあろうか。

この短い会話にみられるような新しい主従の倫理、東北辺境社会にうごくはげしい武士集団のおきてに、匡房も感動したかもしれない。

この月の除目(じもく)に頼義は伊予守、義家は出羽守に任じた、弱冠(じゃくかん)二十五歳。頼義が相摸国由井郷に八幡宮を勧請したのはこの八月、後の鶴岡八幡宮の創建である。

義家、匡房に邂逅す

翌一〇六四年三月尽(じん)、頼義は陸奥より凱旋して上洛した。十二年にわたる東国の兵乱を平定して、宗任・正任らの降人を引き具してきた。しかし官符によって降人は入京させずに伊予に放ち遣わすことになった。義家が宇治殿(頼通)に戦況を復命したとすれば、このころではなかったであろうか。

義家の生歿はしかとはわからない。『中右記』の嘉承元年義家卒去の記事と『尊卑分脈』に六十八歳とあるのを折衷して松本(新八郎)・板橋(源)氏らに従って一〇三九年(長暦三)生、一一〇六年(嘉承元)歿とみておく、匡房より二歳年長である。

義家の河崎柵の初陣

義家が記録に登場するのは天喜五年(一〇五七)河崎柵の戦闘からである。源氏の兵一千八百、貞任らは精兵四千。風雪に加えて、補給路がのび、源氏は食なく人馬ともに疲れて最悪の危険な状態のところへ、力にみなぎった貞任らの騎馬の大軍を迎える。義家の初登場はこのときである。驍勇(ぎょうゆう)絶倫、騎射神の如く、白刃を冒して重囲を突破し、賊軍の左右に出て大鏃矢(おうやじりのや)で射つづける。一発必中、ばたりばたりと仆(たお)れる。将軍頼義はわずかに六騎、頼義の馬が仆れ、次いで義家の馬も仆れる。従兵が敵の馬を奪って義家をのせる。こうして危急を脱してのがれる。八

八幡太郎のあだな

幡太郎というあだ名は、この時の義家の弓勢(ゆんぜい)を怖れて敵がつけたという。

康平五年九月厨川(くりやがわ)の最後の死闘にかちぬいて、ついに貞任らは斬られ、宗任らは降伏した。義家の強弓(ごうきゅう)と奮戦ぶりには敵味方ともに舌をまいた。合戦が終った一日、清原武則(きよはらのたけのり)は義家の弓勢を試みようと、堅甲(けんこう)三領を重ねて木の枝にかけた。義家は一発のもとに三領を貫通した。神明の変化(へんげ)だと感歎の嵐がわいた。

義家、匡房に兵法を学ぶ

義家が宇治に赴いたのは、単に御礼言上、軍状報告というより、頼義伊豫守任命という論功行賞の片手おちに意見をのべに行ったのであるかもしれない。匡房と義家との邂逅(かいこう)の場面を、私はこういう情況を設定しておく、『古今著聞(ちょもん)

集』や『奥州後三年記』などの絵解きの説話は、ふくらみやゆがみがあり、明らかなまちがいもあり、信じないのが無難なのだけれども。

式部省の若い事務官として宇治を訪れていた匡房は、義家の語りぶりをものごしに注意深くきいていた。率直でかざりけないところはいかにも東国の土の匂いを伴っていてたのもしいが、どこかあらっぽくてすきがある。

器量はたしかに見上げた武将だが、合戦の本筋というものを心得ていない、惜しいことだ。

とつぶやいた。義家の郎党がこのことばを耳にはさんで、何という無礼なことをいうなま公達ぞと平らかでない。義家にこっそり耳うちする。

いやまて、そういうこともあろうかもしれぬ。

匡房が退出するところに義家はつかつかと歩みよって、顔色を和げて慇懃に会釈した。匡房もにっこり会釈をかえす。巨人は巨人を知る、二人の心に火花が散って、霊犀（れいさい）一点、相通じるものがあった。

金沢柵攻略

その後、義家は京に滞在する間、時々匡房の小二条邸を訪れて教えを乞うようになった。匡房も惜しみなく、兵法の原典をとり出して、講釈して授けた。やがて後三年の役がはじまる。永保三年（一〇八三）九月、陸奥守源義家は赴任し、清原一族の内紛に武力介入して戦乱が再発したのである。

雁陣伏兵に乱れる

永保四年秋九月、義家は数万騎を率いて家衡・武衡らのこもる金沢の柵を攻めた。柵に近づくと、原野の上を一陣の雁の列が空を渡って行ったが、刈田におりようとして忽ちその雁の列がはらりと乱れ散る。立馬の郊外の丘の上でこれをみていた義家は、馬のくつばみをおさえていった。

その野が怪しい、いましめよ。

薄（すすき）のみだれそよぐ原野を、さっと散開した兵たちは搦手（からめて）にも迂回して進んだ、はたして伏兵三百餘騎がひそんでいた。はげしいうちあい、しかし機先を制した将軍方に凱歌はあがった。

先年、匡房の君にあって学問したとき教えられた。〃軍兵野に伏すときは飛雁行(つら)をやぶる〃ということばだ。この一言がなかったら危いことであった。この通りの言葉をわたくしは探索しえない。『通典』という書物に、「賊故なくして退くときは、疑らくは必ず伏あらむ」（『太平御覧』巻三〇二、伏兵部）とある。

吉水院蔵『兵法霊瑞書』の伝説

吉野の吉水院(きっすい)に応永古鈔の『兵法霊瑞書』一帖があり、黄石公(こうせき)が張良に授けたもの、神功皇后の時船来し応神天皇に献上、後に大江維時が入唐(にっとう)将来して再び献上、江家の重宝となったが、頼義・義家が懇請して、男山八幡宮で勅許をえて伝受した。義家が真字(まな)を知らないので承暦二年三月十二日に匡房が假字(かな)に和げて授けたとある。しかし川瀬（一馬）博士によれば本書は鎌倉末ごろ成立、義家に付会されたものかという。それはともかくもあれ、この雁陣伏兵の話は新羅三郎義光が足柄峠で笙を吹く話とともに、私ども小学校時代の教科書に出ていたものだ。

歌合の盛行

作文会の盛行

都の方では天喜から康平にかけて、一時文運にめぐまれた中興期であった。貴族や受領の社会では詩歌の会がしきりに催されていた。歌合も六条斎院禖子内親家だけでも十回も行われ、かの『堤中納言物語』の一篇「逢坂こえぬ権中納言」の成立を決定づけた天喜三年の物語合せもこの悲運の後朱雀第四皇女のサロンにおけるものであった。その他中宮嫄子、皇后四条宮寛子、東宮女御馨子、後朱雀第三皇女祐子のサロンをはじめ、廷臣・受領家・寺家などの小サロンでさかんに行われ、萩谷朴氏の『歌合大成』のしるすところでも天喜・康平期に二十回を数える。一方漢詩の作文会も後冷泉天皇の応令作文をはじめ、明衡の参加した作文会だけでも七回に及び、内裏の秘書閣や勧学院をはじめ、廷臣の文亭や長楽寺・世尊寺のサロンで作詩をたのしんだ。拙著『平安朝日本漢文学史の研究』のしるすところの、九条家本漢詩集の資料だけでもこの期に九回の作文会の資料を数えることができる。

最高の文人藤原明衡

この時期の文壇最高の学才は藤原明衡であった。彼は『本朝文粋』を撰し、『雲州往来』『新猿楽記』などを著わし、京の世相を往来物の形、新しい都繁昌記の形で描写した。

新猿楽の世界

当時東西の二京のさかりばは様々の庶民演芸の花ざかりだった。呪師(しゅし)はしりや侏儒舞(ひきひとまい)をはじめ、田楽(でんがく)や傀儡子(くぐつまわし)、唐土からきた様々の幻術や手品、ものまね。能の翁舞(おきなまい)の前身やら、京童(きょうわらんべ)のあくどいしゃれ、諷刺や滑稽の芝居の数々。ものの役に立たぬ爺さんとはちきれそうな若い女のどたばたぬれごとのさまを演出するに至って、人々は腸をよじきらせる。それらは一括して新猿楽とよばれて、名人上手も続出した。姿を見ただけでふき出させるコメディアンの神さま、猿楽の仙(ひじり)。

新猿楽の見物衆

見物は争って花銭を投げ、着物をぬいでかづける。見物衆も高名(こうみょう)の博打(ばくち)。グレン隊の親分、天下にひびく武者、東国の豪農。巫女あり、遊女あり、相撲人あり、学生(がくしょう)あり。大津・御津からくる馬借(ばしゃく)、淀・山崎の車借(くるまかし)。陰陽(おんみょう)先生に医師(くすし)のだんな。

風流の公達もおれば、寺や山の験者たち。大原の炭うり爺さんは厚化粧の悪女とデートするし、うすのろの非行少年は侏儒の女とむつれる。受領の郎党、諸国からの商人。絵師・仏師・細工人・大工の棟梁。例えば六十すぎの好色の老女、男の愛を祈って聖天や道祖まいりに血道をあげる。狐坂の男祭りや稲荷山の愛法には、あわびくぼやかわらはぜの性器をかたどったものをもっておどり狂い、千社をたたき、百のみてぐらをかついではしり廻る。――何とさかんなディオニソス祭りの狂燥曲。とてもヨーロッパ中世のカーニバル(謝肉祭)どころではない。

東国の草原や峡谷で兵馬が動いていても、それは遠い辺境のこと、租税の重圧に苦しもうとも、平和でさえあれば庶民は素朴な生命の讃歌に酔いしれる。末法の不安とニヒル(無虚)がしのびよろうとも、院政前夜のしびれるような頽廃の中から健康な笑いが渦巻いて湧き上る。

こうした世相を自由な日本化した漢文体で表現するみちをひらいた大学頭兼東

明衡の死と匡房の登場

宮学士従四位下藤原朝臣明衡は治暦二年（一〇六六）七十八歳でみまかった。彼は匡房の「落葉埋二泉石一」(らくようせんせきをうずめたり)の詩をみて、「すでに佳境に到れり」と賞讃して、世を去るのだ。天喜・康平期のかような明衡の文学活動のあとをうけつぐものは弱冠二十六歳の匡房であった。彼の登場はこの翌年の東宮学士発令をもって幕が切っておとされる。匡房が後年民衆の生活や民間の伝承などに異常な興味をもったのは、この多彩な先輩明衡の何らかの影響があるかもしれない。

式部少丞のしごと

式部省は大学寮や策試のことをも管掌する官庁であり、江家の才子たる匡房の任にふさわしい役所のようにみえるが、少丞というのはわずかに諸司の職掌の年間の功過を勘問考査して一種の勤務評定をつける式部大丞のしごとの補佐役に過ぎない。彼は内に青春の情熱と将来への大志をいだいて、表面は無事の人として康平三年より前後七年、式部官僚の任務に従ったのであろう。

四　東宮学士

長楽（ちょうらく）の上方（じょうほう）　俗と離（さか）れり
憐れむべし　韶（うるは）しき景（ひかり）の推し移らむこと
松の門（かど）は谷に逼（せま）りて　鳥の帰る路
蓮若（れんにゃ）は山に傍（そ）ひて　花の落つる枝
地（ところ）はこれ半（なか）ば天（そら）にして　望（み）ること已（すで）に尽くす
春はただ一日のみにして　惜しむこと何（いか）にかせむ
幽奇の形勝も　来り去（い）ぬるひと稀（まれ）なり
名利のみ人を誘へども　自（おのずか）らにしてここに到る

（『本朝無題詩』巻八、長楽寺三月尽、大江匡房）

治暦三年

一〇六七年(治暦三)二月六日、天気は晴れ、除目が行われ、右大臣藤原師実が執筆した。匡房が東宮学士に任ぜられたのはこのときであった。彼は二十七歳の春を迎えていた。

われわれはここ三-四年、匡房についての資料をほとんどもっていない。『公卿補任』のしるすところでは彼の二十歳の三月式部少丞に任じたとあるばかり。それから二十六歳に至る間、彼の動静を推察せしめるに足る資料がないということは微官だったせいばかりでもなさそうである。

匡房スラムプ

二十歳より二十六歳ころにかけ、血のさわぐ青春の時、それは濃い乳色のガスにまかれた山あるきにも似て、愁(うれ)えにみち、苦しみにみちている。それにもかかわらず、遠くすぎ去ってから、ああ、あの時をかえしてほしいと渇きにも似て願わずにおられない時だ。彼にとっても同じだったにちがいない。何らかの事情によってスラムプの状態にあったのかもしれない。

彼はつとに神童ぶりをたたえられ、将来を嘱望せられてはいたが、当時は白面一介の青年官僚にすぎない。『今鏡』（すべらぎの上）はわずかにこの期間について、「（後三条院）東宮におはしましける時、匡房中納言まだ下臈（げろう）にて侍りけるに、世を恨みて、〃山のなかに入りて世にもまじらじ〃など申し」たことをしるしている。菅原道真は文章博士の時代に、周囲の文人たちのそねみと中傷とにたえきれず、すんでのことに出家して世をのがれようとしたことも思いあわされる。

匡房出家の意

この前後、己れを知る明衡に微意をもらしてひそかに訴えたかと思われる七言排律（はいりつ）の作品がある。

「初冬書懐詩」

初冬書懐勒心韻

秋が去り冬が来て私はひっそりすわり続ける
ひねもすを私の心をいたましめるものは何か
遙かな笛の一声をきいて私は涙をこぼす

古い書物の数帙をひもといて私は心をみがく
魯の舎の壁から出た古典に玉の響がこもる
天台山の賦を誦すれば黄金のリズムがある
司馬相如の恋人は才女卓文君だった
楊貴妃は天宮で方士に簪を授けた
ああ、私には文君の芸も方士の術もない。
能のない私に、職も与えられないのはことわりだから
私の内部の驥に鞭うって、山中ふかくを私は尋ね入りたいのだ。――

（『本朝無題詩』巻五）

ここには内部に不屈の魂をみがきながらも、不遇にたえられない青年の自嘲のつぶやきがある。林春斎（峰鵞）は『本朝一人一首』で、この詩は退隠の意を訴えているという。

「暮秋遊長楽寺詩」

洛東の長楽寺には地獄変の画堂があり、洛中第一の眺望といわれた。匡房は明衡らに誘われて晩春・暮秋のおりおりここに遊んで愁(うれ)えをまぎらわした。

暮秋に長楽寺に遊ぶ

ありがたや蓬萊洞の鸞鳳(らんぽう)にも似た詩人たちに誘われ
まちがって山寺の作文(さくもん)の遊びに私はまじわる
木(こ)かげのもとで城(みやこ)の暁の月光を仰いで
高い丘の上で嶺ゆく秋の風をきいている
雁の列(つら)は陽光を追って去ってもまたかえるが
隙(ひま)ゆく駒は――時間は往ったらかえることはない
ああ人間の世の幸福のかげはあまりにかすかだ
道場のしずけさに私はひとり心の憂えを慰める

(『本朝無題詩』巻八)

江家の家業をついで雄飛しようという責任感と、ひくい官職に釘づけされているあせりにせめられたのであろうか。あるいは何らかの恋愛問題に心をなやましたのであろうか。このとき出家していたとしたら、彼は単に院政期の一人の僧として説話文学の上に何らかの話題をのこす程度に止まっていたかもしれない。

藤原経任、匡房の出家を諫止する

このスラムプを救って、危機を回避させたのは治部卿皇后宮大夫権中納言藤原経任（つねとう）という人物であった。父は斉信（ただのぶ）、母は佐理（すけまさ）女、和漢の才人として『栄花物語』にもたたえられる。九条家本詩集に蔵人頭の時、頼通家三十講作文に律詩一首をのこしている。

そなたは前途を約束せられた人物だ、出家などを考えるとは、世間にも自分にも残念なことと思わないか。

六十いくつの経任が熱心に江家の若い才子をはげますのを宇治関白（頼通）はすこし解（げ）しかねるおももちでみまもっていたという。

東宮学士となる

頼通のおもわくにかかわらず、彼の東宮学士登用は決定し、東宮のチューター（個人指導者）として御所に出仕することになった。東宮自身の何らかの希望がうごいていたかもしれない。村上源氏の家司のような地位にいて、土御門亭の作文にも参加していた彼は、俊房・顕房兄弟らからの推薦をうけたと推察していいであろうか。

治暦三年三月三日、任命されて一ヵ月の後、東宮御所で上巳の詩宴がひらかれ、新参の匡房ははれの講師をつとめた。「酔来晩見レ花」の題者は古参の東宮学士従四位上甲斐守藤原実政だった。時に皇太子尊仁は三十四歳、花の向うに新月を迎えて春酒をくみかわすその姿に人々は望み多い明日を期待した。この時の作品群は九条家本詩集に出ている。

太子賓客

彼は夜ひるとなく東宮の学問・文学のチューターとしてつきあった。『帝範』や『群書治要』など帝王学の基礎教養とともに三史の基礎古典学を指導したであるう。順徳天皇撰『禁秘抄』によると、紀伝の侍読（じとく）は重い役目で、世間の認める学者を任命すべきだ、践祚後の宣命や願文・祭文の草案は東宮学士の作るべきものだとある。彼は勅諚（ちょくじょう）によって法華八軸を一夜のうちに暗誦したこともあるとさえ伝えられる。強記と博覧は、世の認めるところであった。

東宮と頼通との仲

頼通は永承七年宇治の別業（べつぎょう）をすてて寺を営み、平等院を造立したのだが、後冷泉の在位の終りごろは政治上の執務も怠りがちに、多く宇治にこもっていたようである。治暦三年春、宇治行幸の話が出ていたが停止になった。「東宮と御中悪しうおはしませば、そのほどの御事ども書きにくうわづらはしく」（煙の後巻）と『栄花物語』は筆をにごしているし、『愚管抄』は後三条院の方では「宇治殿ヲバフカク御意趣ドモアリケルニヤトゾ人ハ思ヒナラ」していたとしるす。それぞれ再度にわたる、法成寺と興福寺の炎上は何か摂関家の前途にくらいかげを投げる事件であった。

宇治行幸

しかし秋も深まった十月十五日宇治行幸は実現した。新造なった宇治橋に車駕がさしかかると、楽人の舟々がいっせいに漕ぎ上って奏楽して迎えた。主上は新造の阿弥陀堂を礼拝した。龍頭鷁首(りょうとうげきしゅ)の船が池にうかんで、かの浄土曼荼羅(まんだら)の世界を地上に現出した。この阿弥陀堂こそ今の平等院鳳凰堂に外ならない。翌日は雨、即興の作文会(さくもんえ)に匡房は応製の詩を献じた。

忽ち看(み)る　烏瑟三明(うしつさんみょう)の影

暫く駐(とど)まる　鸞輿(らんよ)一日の蹤(あと)

（後冷泉天皇宇治行幸御製。『今鏡』こがねのみのり）

御製の一句は定朝(じょうちょう)が造りあげたばかりの鳳凰堂の金色丈六阿弥陀本尊を賦したのであった。

東宮践祚

十二月から後冷泉帝の健康はすぐれなかった。年が改まり、女御歓子(かんし)が立后、関白職を頼通は子教通(のりみち)に譲った。その二日後、四十四歳の帝は高陽院(こうやのいん)で崩じた。

在位二十三年、御子はなかった。頼通は長女寛子（かんし）を后に送りこみ、さらに教通の女歓子を后に送りこんだが、子は生れず、摂関家をして失望せしめたわけである。帝の作品は新出の九条家本詩集に「松竹有二清風一」の七律一首が存する。二十三年間の東宮時代を終って、尊仁親王は四月十九日践祚した。匡房より七歳年長、時に三十五歳であった。大極殿も炎上したままだったので侍臣らは東宮御所閑院邸に参入して神器を新帝に献じた。教通は関白に、東宮学士匡房はこの日直ちに

匡房蔵人となる

蔵人に発令、殿上を許された。彼は昇殿の装束のもち合わせもなく、仕立てさせるひまもなかった。人の装束を借りて参内した。こうして清涼殿上の簡籍（かんじゃく）に匡房の名がしるしつけられたのである。彼は前官により、蔵人の式部大夫と号した。

蔵人の式部大夫

朝夕近侍して、新帝の侍臣として精勤した。七月八日空席ができたので中務大輔（なかつかさのたいふ）に任じ、こえて十九日正五位下に叙した。東宮学士の労をねぎらわれ、即位のときの功を賞せられたのである。

正五位中務大輔

東宮時代の後三条天皇

後三条天皇は東宮としてあしかけ二十四年もいた。その間、心静かに学問にうちこみ、和漢内外（ないげ）の学をきわめた。わが国の政治・経済の実情にも十分の研究をつんでひそかに期するところがあったと思われる。

後三条院院政の志あり

『愚管抄』はこの間、重大なあることがらをしるしている。宇治殿頼通が後冷泉院に対して、「スコシハ君ヲアナヅリマイラセテ、世ヲワガ世ニ思ハレケルカタノマジリニケルヨ、ナド見」えた。即位した後三条院はこの事実を確かに見とどけて、「今ハタダ脱屣（だっし）（位譲）ノ後、ワレ世ヲシラントオボシメシテケリ」と明記する。即ち後三条天皇には、何とかして摂関藤原氏の専制的権力を抑圧して、自身で退位後も権力を維持して摂関権力に代りたいと希望していたというのである。とりも直さず院政という政治形態を、白河院以前において考えていたというのである。こういう次第だから、東宮時代は、何とか隠忍して帝位につくためにひそかに努力と準備とを進めていたことが考えられる。あるときこういうことがあった。

尊仁北斗星を拝する

護持僧の成尊が尊仁(たかひと)に北斗を拝するかと問うた。東宮は月毎に北斗星を拝することを肯定しつつ、

　帝位につこうとて祈るのではない。しかし思うまいとはするが、自然即位のおりがあればという思いがかすめることもある。これは今上のため不忠になるので、そのことを慎しんで北斗を拝するのだ。

と答えた。後述する如く白河院が北斗曼荼羅堂を営み、松尾寺その他に北斗曼荼羅が遺存する事実をまつまでもなく、当年北斗を礼拝し、王法の安泰と帝皇の延命を祈る道仏習合の信仰があり、『覚禅鈔』によると匡房も北斗護摩法を研究したあとがある。北辰(北極星すなわち妙見菩薩)は帝位の象徴で七星・九曜・十二神・二十八宿等はその眷族に当るので、後漢の明帝も終南山で北斗にあって礼拝した説話(柳沢孝氏の研究参照)がある。

匡房北斗護摩法に通ずる

壺切の剣

藤原氏を外戚としない天皇が即位したのは宇多以来百七十年ぶりである。頼通

の女寛子、ついで教通の女歓子が後冷泉の后となったがついに子は生れず、二十四年も前例のない長期の東宮が続いた。頼通は後朱雀帝の意向であっても、藤原氏とかかわりのない三条院皇女禎子を母とする尊仁を天皇にすえる気はなかった。だから東宮のシムボルたる壺切の剣を尊仁に渡さず二十三年間も頼通は私蔵した。

　壺切を私が持っても無益だ、一向にほしいと思わない。

尊仁はそういっていた、即位後やっと頼通はその剣を進ったと『江談』にいう。

廃太子の危険

この長い東宮時代には世間からも、無言の圧迫をうけていた。廃太子の運命がつきまとわなかったとはいわれない。ある時東宮御所が武装兵で包囲されたことがある。検非違使別当が完全武装で中門の廊に案内もなくすわりこんだ。重罪犯人が東宮御所付近に逃げこんだのを逮捕するためだったが、『今鏡』では「かやうにのみあやぶまれ給ひて、東宮をも捨てられやせさせ給はんずらんと思ほしける」としるす。武力による廃太子の危険がつきまとっていることをうらがきすることがらではないか。

剛毅な後三条天皇の性格

頼通は道長をうけて二十六歳から七十六歳まで五十年間関白をつとめ通した強力な人物であった。これを相手に二十三年間、東宮の地位を守り通した後三条院はよほど剛毅な性格でなければならない。「この内の御心、いとすくよかに世の中の乱れたらむ事を直させ給はんと思し」たと『栄花物語』(松の下枝巻)はしるす。律令制のゆがみ、摂関制の不合理、この矛盾した社会をもとの姿にかえそうというひそかな憤り(いか)とたぎる情熱が、彼を支えたのであろう。かく剛直・革新的な明君であった新帝は、頭の古い曲学阿世(きょくがくあせい)的な姿勢の学者をよせつけられなかったと思われる。二十九歳の東宮学士匡房は今や五位の蔵人として近侍して、新政の重要なブレーンとまではいかなくても、ついでのおりの相談相手として、施政にある程度の影響を及ぼしうる地位についたことは十分に考えられる。こうして後三条天皇の親政と庶政の革新が展開して行った。

五　蔵人匡房

魏宮に鐘は動きて　天曙けむとす
雲少に霧多くして　自ら情を感ばしむ
山岳漸くに分かれにたり　残漏のところ
江河わづかにあらはれにたり　五更のほど
東楼の鳥の語は　人の夢を驚かし
中殿の月の光は　柝の声を止めしむ

（『本朝無題詩』巻五、大江匡房、秋暁）

――しずかな夜明け、清涼殿の屋根のあたり鳥のさえずりがきこえそめ、宜陽門の上のあたり如意ヶ岳のそらが明らみ、鴨河から一帯にしっとり朝霧がたちこめ、ふりかえると西空に大きく傾いた残月がなおさえた光を投げている、——夢よりも淡いある秋の暁の情景がうつし出されている、蔵人として殿中に宿直したある朝のすがしくはりきった気分がにじみでている。

新参の蔵人匡房は、二十三年の長い東宮時代のあとに即位した後三条院に近侍しうる日々を迎えて、心は躍動したにちがいない。

彼の生涯を見通してみると、この後三条院に登用されたということは、儒卿として生涯を貫き通しえた彼の一生の重要なきっかけとなったと考えざるをえない。彼はその後摂関家のあとをつぐ師通や忠実に、政治学の後見のようになって親しく指導をすることもないではないが、根本的には後三条院の新政を助け、荘園整理をおし進め、ついで白河院の近臣として、院政政権の中心的なブレーンとなって行く。彼自身はむしろ院政というものに批判的であったとみられるふしがあるけれども、彼の姿勢の根核になるのは受領層文人階級としての生活意識、律令制をゆがめて受領層を圧迫した強大な荘園貴族に対する批判的意識であり、そのきっかけは実に後三条院によって登用され、政治の中枢にちかづきうる地位につくみちがひらけたことにあると思われる。彼ははればれした澄みきった気持で、践祚の四ヵ月後にはじまった大極殿再興の木作り(こづくり)の音をきいて参内の日々をおくったにちがいない。

治暦五年左衛門権佐に任ずる

散位の五位蔵人たる青年官僚匡房は翌一〇七〇年（治暦五）正月の除目に、蔵人・東宮学士のまま式部大夫から左衛門権佐に遷任する。衛門府のことをユゲヒノツカサというから、彼が靭負佐(ゆげいのすけ)となったというのはこの時のことをさす。匡房が蔵人・東宮学士・中務大輔の如き宮人のままに靭負佐を兼任したということは、花山朝の惟成、後三条朝の資業、後朱雀朝の定親以来のことであって、『二中歴』諸司歴においても「靭負佐兼三宮人」として特記している。『江談抄』第二に大江音人が検非違使別当として適切な検察行刑の施政をしたことを語って、彼は自ら「匡房モ靭負佐（ゆげいのすけ）タリシ時、其ノ跡ヲ追ハンガタメニ、路頭夜行ノ事ニ、稠（きび）ク以テ申シ置クトコロナリ。国家ノオンタメ忠ヲ致セシナリ。仍（よ）リテ後三条院ノ御時、全ク以テ強盗ノ聞エナカリシ」と語っている。衛門府は検非違使の非違を検察糺明する役目をも兼帯した（使庁のことを靭負庁ともいうので、『江談』の口吻からいえば、遠祖音人のあとを襲って検非違使庁の役人となったという文脈にもよまれるがそうではない）。左衛門権佐は時をきめて巡検する役目だから、路上夜行の

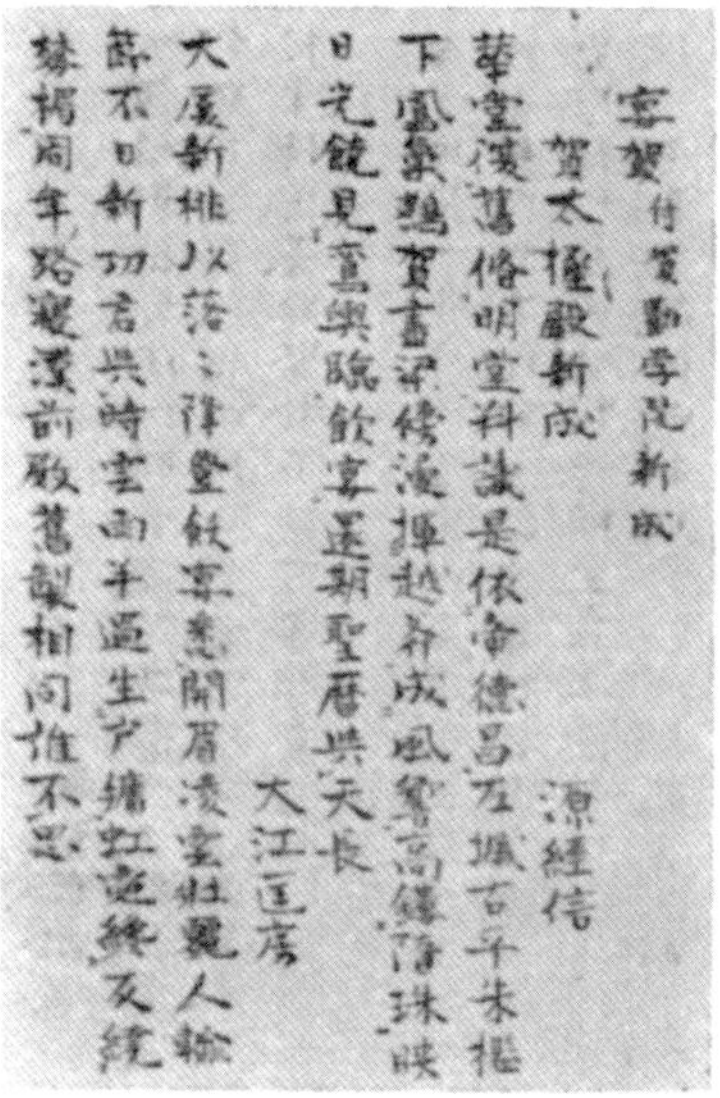

大江匡房「賀大極殿新成詩」
（西荘文庫旧蔵本『本朝無題詩』）

ものをきびしく警戒したことはまちがいない。尹家(これいえ)が長楽寺に参詣して、「弓忌む歌」をよんで匡房におくったので、匡房が、

あづさゆみはるのやまべのまどゐにもへだつるものは霞なりけり

と返しているところをみると、左衛門権佐——すなわち靭負佐という役目は人からはあるいはけむたがられる役目であったのかもしれない。

こうして彼が宮人のままに同時に検察・警備の官僚に任ずる一方、新しい改革政治のプランが新帝のもとでおし進められていった。後三条院にとって多年の課題であった荘園整理の発令と、荘園整理機関の設置は実にこの一ヵ月後であった。

延久ノ記録所トテ、ハジメテヲカレタリケルハ。諸国七道ノ所領ノ、宣旨・官符モナクテ、公田ヲカスムル事、一天四海ノ巨害ナリトキコシメシツメテアリケルハ。スナハチ宇治殿ノ時、一ノ所ノ御領、一ノ所ノ御領トノミ云ヒテ、庄園諸国ニミチテ、受領ノツトメタヘガタシナド云フヲ、キコシメシモチタ

リケルニコソ。（『愚管抄』巻四）

この有名な慈円の発言を引くまでもなく、荘園が諸国にみちて、受領の任務にいちじるしくさしつかえたところに荘園整理運動のおこる原因があった。たしかな宣旨や官符の公験（くげん）もなしに、ほしいままに公用をかすめとって荘園として私有しているものを審査・検地して、整理をおし進めようとした。

荘園整理令の発令

この年二月二十二日太政官符が出て、ついで三月二十三日五畿内七道の諸国の官符、四月十六日大宰府符などが出て、全国の末端に達せられた。それによると寛徳二年（一〇四五）に関白頼通の意見によって発せられた荘園整理令以後に新しく立てられた荘園は停止する、また昔からの荘園であっても券契（けんけい）（荘園の証拠文書）をもっていないもの、また国務の妨害になるものは厳しく禁制するというのである。審査の基準が公示されたわけである。大宰府符による筑前国嘉麻郡司の解文（げぶみ）の観世音寺領についての文書は八月二十九日の日付であるが、それによると、神社・仏寺・院

・宮・王・臣家などの諸荘園のうち、(1)寛徳二年以後の新たに立てた荘園のほかに、(2)すみっこのせまいやせた土地を嫌って、肥えてたっぷりした所とすりかえたり、(3)勝手に公民を駆使して、公田を隠し田にかかえこんだり、(4)土地台帳に坪数をちゃんとしるさなかったりする荘園、(5)さらにそれぞれの荘園にいる在地の領主と田畠の総数などを正確に書いて申告せよという宣旨が下令されている。

記録荘園券契所の設置

こうして太政官庁の朝所(あいたんどころ)に、荘園整理の中枢機関として記録荘園券契所を設置したのがこの年の閏十月十一日であった。匡房がやがてこの記録所の寄人(よりうど)として実務を担当するのであるが、武力をもたない記録所にとって匡房を衛門佐に任じたことは、必ずやかかわりのある布石としての人事であったと考えられる。

延久と改元
貞仁立太子

これよりさき、荘園停止令が出て一ヵ月半後の四月十三日に改元、延久元年と改め、次いで皇子貞仁を東宮とした。この皇太子が後に院政を開始したといわれる白河院である。当時十七歳、母は道長の三男、頼通の弟たる藤原能信の養女茂子であった。この能信について、白河院が後々までも恩に感じていたという逸話がある。

後朱雀の病が重く、後冷泉に譲位の時、頼通を招いて決裁せしめた。うっかり東宮のことにふれないで頼通が帰ると、能信が、

二の宮(後三条のこと)御出家の導師のこともこの際おきめ願いたい。

と藪から棒に奏上した。

何をいうか、二の宮は東宮に立てようと思っているのに。

それでは本日直ちにその沙汰をなさいませぬと機会がございませぬ。

頼通をよびもどして譲位の宣命に皇太子のことも付け加えた。能信の一言がなかったら、後三条院即位のチャンスもなく、したがってその皇子たる貞仁(白河院)即位のチャンスもなかったわけだ。そこで後々までも能信を「故東宮大夫殿」といって殿つけでよんだという。

三日に改元。さて、貞仁の母が藤原氏の出であることは、後三条天皇にとって、一つのひっかかりになることであったかもしれないが、それは同時に摂関家をなだめる道でもあった。はたせるかな右大臣藤原師実を春宮傅(ふ)に、権大納言藤原能長を春宮大夫に任じ、やがて四ヵ月後の八月には右大臣師実を左大臣にすると共に、内大臣源師房を右大臣に配して、ここに村上源氏系を進出せしめたのである。

右少弁に任ずる

匡房は立太子をみると同時に実政と雁行して東宮学士を兼任し、ついで十二月、記録所設置の直後に右少弁に兼任したのである。儒者として弁となったことは江家では音人・斉光(ただみつ)以来のことであり、菅原道真・紀長谷雄の旧蹤(きゅうしょう)を追うものであった。右方の弁官は兵部・刑部・大蔵・宮内の諸省を管掌するいわば総理府もしくは官房長官のような役目にも似ていた。

記録所は開設匆々(そうそう)活動運営を開始したとみられる。翌二年正月二十六日、記録所は叡山延暦寺の末寺支院たる東山の祇園社感神院領について審査し、これを法華三昧（さんまい）の料田として、国務の妨害になるものでないと正式に認定し、勘奏（かんそう）した。こうして存続を認められた旨の太政官符が七月三日付に出て、それが今日のこっているが、それに次の二名が署名している。

右少弁正五位下兼行左衛門権佐東宮学士大江朝臣（匡房）

正五位下行主計頭兼左大史算博士和泉守小槻宿禰（花押）

三官を兼帯する匡房の署名の、何という晴れがましさであろう。ついで同じ年七月三日付東大寺に下された官宣旨があり、寺家の破損調査の使をさしつかわす旨を通知し、右少史小野朝臣為貞と右少弁大江朝臣匡房とが署名し、同じく延久三年五月六日付河内国に下された官宣旨があり、醍醐寺が天皇の宝祚を祈るため河内庄一所の所領を認可し、大史小槻宿禰孝信と右少弁大江朝臣匡房とが自署している。同延久三年三月二十九日記録荘園券契所の勘奏により、薬勝寺が鎮護国家のために紀伊国名草郡三上院の田畠の課税免除を認可した六月二十二日付太政官牒にも小槻孝信と匡房が署名している。さらに同五月十四日付記録勘奏によって、美濃国の東大寺領の国役免除を認める太政官符二通にも小槻孝信とともに彼は署名している。

このようにして彼は少弁として、他の弁官藤原知房や大史和泉守だった小槻孝信のような人とともに記録所の寄人(よりうど)として活動していることはめざましい。いわば大蔵省の主計官とともに、総理府の主管の立場で、全国の荘園の審査業務を実際に担当したことは疑えない。彼が新政の開始とともに左衛門権佐、ついで右少弁に任ぜられたことは、彼が記録所の企劃ならびに運営に参劃した天皇側近の一中心人物だったことを物語るものであろう。彼は単なる詩歌の道にすぐれた文人学儒であったばかりでなく、白面の一青年侍従であったばかりでなく、実に政治・経済の実務に通じ、法家的・算家的な博識にうらづけられたところの官僚であったことに注目すべきであろう。繁雑を極める権門勢家や諸国の寺社の荘園文書を処理して、審定決裁するところの事務能力を具備した能吏であったのである。藤原氏とかかわりのうすい天皇のもとで、藤原氏とかかわりのうすい記録所の上卿(しょうけい)や寄人の機構の中で、彼は有能な実行力ある青年官僚として重んぜられたにちがいない。彼が晩年大蔵卿に任ぜられるのも偶然といえない。頼通の直接の荘園には手をつけなかったとはいえ、こうして底辺から摂関家の力をゆさぶり、皇権を恢復し、あわせて民生を安定しようという後三条院の新政は進行したのである。

延久二年「羽觴随波賦」

翌延久二年、大雲寺僧成尋(じょうじん)が五臺巡礼のため入宋(にっそう)の件を申請した同じ三月の三日、秘書閣において曲水宴(きょくすいのえん)を行ったようである。匡房が「羽觴随レ波賦(つばさあるさかつきなみにしたがうふ)」の大作を作ったのはこの時である。「周公卜レ洛、因レ流汎レ酒(みやこをぼくしながれによりてさけをうかぶ)」の八字を韻字とした緊張したリズムは『続文粋(ぞくもんずい)』の巻頭をかざるもの、平安後期の数すくない賦の中でも名作である。この作品の中で彼は「霊瑞を天地に配し、往事を左右に詢(はか)りたまふ」といい、新帝即位後、諸国から嘉瑞吉祥が報告されたことを天地が感応したとたたえ、かつ天皇の革新政治が往時の恢復にありということを示している。また生得の聡明を晉の武帝に、人民に仁政をしこうとしたことを秦の昭王に比している。この賦は若々しい力にみちた新政の讃歌とみられる。

石清水不断念仏縁起

この年八月勅によって石清水八幡宮放生会を修し、権大納言源隆国・参議源経信らを遣わし、諸儀行幸に准ぜしめる。また慈覚以来二百年西塔で続いてきた不断念仏を、石清水でも勤修するにいたり、その縁起の中で匡房は「八幡大菩薩は昔のこれ万乗の君、今も亦百王の祖」として朝廷の祖神たる性格を強調している。藤原氏の春日社信仰や、叡山の常行三昧の伝統的権威に対抗して、京都鎮護の新しい拠点として、山崎地方の新興経済力と相まって石清水信仰を鼓吹し、新しい念仏講の集団を民衆のあいだに作ろうとしたかに思われる。一方で石清水の荘園整理に手をつけながら一方でかように石清水の信仰を鼓吹するところに匡房の並並ならぬ配慮がうかがわれる。

円宗寺供養行幸

同じ十二月、後三条天皇御願の円宗寺供養行幸がある。伽藍・仏像・経巻の荘厳は都下に冠たりと称せられた。匡房は宝塔と鐘楼の造立とともに鐘銘を撰進した。

延久三年

円宗寺五仏堂願文

年が改って二月、成尋は母に別れを告げて京を発して宋を指した。六月再び円宗寺行幸、匡房は五仏堂願文を草した。五仏を安置した常行三昧堂で二会八講を始めることとなる。その荘厳は炎上した幻の伽藍法成寺もかくやとばかり、七宝荘厳の扉に月光がかがやき、玉の甍(いらか)に暁の明星も映発した。瑠璃浄土の再現であった。後三条院が石清水に不断念仏をおこし、円宗寺に不断念仏・法華三昧をおこしたのは、自らの子孫繁昌と天皇親政の持続を祈念したのである。ことに円宗寺を北京三会中の二会、すなわち法華と最勝両会の勅修寺院としたことは、北嶺をして南京三会の伝統的な羈絆(きはん)より離脱せしめるものであって教会史的にもつ意味は決して軽いものではなかった。

後三条天皇の性格

帝は犬がきらいで、一度「あの犬を追え」といわれただけで内裏はもちろん京中・諸国まで犬をとり殺すにいたったことがある。匡房が後年関白忠実に語ったところであって、秋霜のような威令が伺われる。『今鏡』に「たけき御心」と評するのはこういう性格をさすか。「諸事みな聖意により決した」と『江談』で匡房は語っている。ものに拘づらわない屈託のないところもあった。鰯は栄養のある魚だが供御にならない、鯖は供御になる魚、その頭に胡桃をぬってあぶって召したという。

延久の宣旨枡

延久四年のある日、天皇は自ら清涼殿の庭におりて、枡に砂を入れて標準に合うかどうか試した。枡目――〃延久の宣旨枡〃に心を入れる入れ方に感歎する人と、あまりのことに舌うちする人とあった。これよりさき、絹や麻布の品質の統制をしいて、価格の基準を重量で規制したこともある。民政におり目をつけようとするこうした努力の背後に匡房らの智慧もはたらいていたのであろうか。

藤原実政左中弁をのぞむ

延久四年、多年の東宮学士近江守藤原実政が「左中弁に任じてほしい」という希望を訴えた。権左中弁ならともかく、いきなり正左中弁とは飛躍がある。しかしわけがあった。東宮時代、実政は東宮の春日の使(『愚管抄』では祭の使に作り、賀茂祭の物見の際のこととする)として下向して木津の渡頭(わたしのほとり)で同じく後冷泉天皇の使として下向した弁の隆方にはずかしめられた意趣があった。一足さきに渡河しようとした実政に対して権左中弁隆方は、

東宮につかえて待ち幸(まさいわい)するものが、何故そんなにいそぐのか。

といって軽蔑したのである。隆方を見返してやるためには何でも左中弁にならなければならないのだ。後三条天皇は「天照る御神の御心のままにこの人事の是非をきめよう」といってついに実政を左中弁に発令した。その後伊勢の奉幣使に宸筆の宣命をことづけられた。蔵人匡房が側近にいてその宣命のことばをきいていたが、口をはさんだ。

〝朕は即位以来、一事としてまちがったことをしていません〟というおことばですが、この文句だけはいかがでござりましょうか。

帝は色をなして匡房をにらみすえ、「何事についていうか」と詰めよる。

実政に、かの弁隆方をこえて正左中弁に任ぜられたことは如何でござりましょうか。

ああ、そうだったかと、帝の機嫌はなおった。道理を政治の上に実践して、古（いにしえ）の正しい姿にかえそうとした一種の気魄のようなものが、この新帝と若い侍従との間に貫かれている。こういうしかたで二十代の江侍従はその律儀な正義感をもって政治に影響を及ぼして行ったのであろう。

延久二年のころ、頼通は宇治にこもり、子の左大臣師実に「内裏へ日参せよ。さしたることがなくても日をかかず参内して奉公せよ」と教えた。主上は蔵人を召しては「殿上に誰々が居るか」と日に二―三度は尋ねる。そのたびに「左大臣

京極左大臣師実のむすめ東宮の妃となる

が居りまする」との答え。こうして数十日・数ヵ月が経過したある晩、例によって「左大臣が居りまする」というと、「これへと言え」との仰せ。師実が参ると「近くそれへ」といって、なんとない世間話の末に、夜もふけた時分、

そなたはむすめをもっているか。

特に気をつけて育てている女の童がござりまする。

師実は源師房の三女麗子を室に迎えており、顕房の女賢子を養女としていた。

そういうむすめをもっているならば、早く東宮の妃に迎えたいものだ。

と主上がいった。座を立った師実は、即刻宇治へ自ら急行した。

一方宇治の頼通は年八十、夜ふけに目がさめて、何となく胸さわぐ心地に京の方を見やると、京の方から松明の火が点々と見えてくる。随身のさきおう声もかすかにきこえてくる。やがて束帯姿もいかめしい我が子師実が姿をあらわした。

日々仰せのようにに参内しておりましたところ、むすめが居るならば東宮へま

いらせよとの仰せでござりまする。

頼通ははらはらと涙をこぼして、

何となく不安だったが、やはりこの君はすばらしい主上だ。すぐに東宮に参らせる準備をせよ。

といったという。このとりつぎをした蔵人が匡房でなかったともいわれない。延久三年、後の白河院中宮賢子が東宮御息所（みやすんどころ）に入ったのであるが、そのきっかけはこうしてきまった。このとき十五歳だった。村上源氏を媒介として、摂関家は再びかすかな希望をここにつなぐのである。

こえて延久四年の四月、かねてより大極殿の造営工事をいそいでいたが、ついに竣工、天皇は幸して新成を賀した。経信・匡房以下応製祝賀の詩を献じた。

延久四年
大極殿新成

大廈（だいか） 新たに排（つら）ねて 落々（らくらく）たり
登（のぼ）りみ降（くだ）りみ飲宴して 悉くに眉を開く

雲を凌ぎて壮麗なり　人は節を輸す
日ならずして功新たなり　天は時に与す
雲雨　半過ぎて戸牖に生ず
虹霓　纔に及びて棼楣を遶る
周年の路寝と　漢の前殿と
旧の製と相同しきを　誰か思はざらむ

（『本朝無題詩』巻一、七言孟夏陪宴賀大極殿新成応製詩、大江匡房）

石清水八幡宮寺荘園の検定

同じ月、彼は備中介を兼ね、防鴨河使にも任ぜられた。九月に入って量衡の制を定めて基準をたてた。匡房は記録所における荘園整理の事務を、券契所発足以来四年にわたって執り続けていたのであった。延久四年九月五日付の太政官牒が石清水文書にのこっているが、それによると前年の五月二十八日の記録所の勘奏によって、石清水八幡宮護国寺の荘園を審査決裁しているのである。すなわち宮寺領の荘園三十四ヵ所を一々国司たちの注文や文書によって審定し、領掌を認可されたもの二十一ヵ所、否認されて荘園を停止されたもの十三ヵ所を宮寺当局に通告したもので、前述の主計頭（かずえのかみ）の小槻宿禰と「防鴨河使右少弁正五位下兼行左衛門権佐東宮学士備中介大江『朝臣』」とが署名していることによって、明らかである。石清水を崇敬し祭事をおこすことと、その荘園を峻厳に審査することとは、彼においては矛盾がない、真の道理に立とうとする姿勢がよみとられる。

大江匡房手署
（延久四年九月五日 石清水八幡荘園太政官牒）

後三条院譲位

　このようにして荘園整理事業が着実に進行し、効果をあげていたにもかかわらず、後三条天皇は突如十二月八日に譲位し、二十歳の東宮貞仁が践祚した。白河天皇の時代がここにはじまる。『愚管抄』にいうように太上天皇として政治をとり、後継ぎに藤原氏が再び外戚の地位を恢復するみちをふさぐため、第一皇子貞仁を位につけ、第二皇子実仁を皇太子とした。この時すでに第三皇子輔仁(すけひと)を基子が懐妊していた。竹内理三教授は「譲位も第三皇子懐妊を見きわめての上のことであったかもしれない」と推測しておられる。

匡房新帝の蔵人となる

とまれ左大臣師実を東宮傅(ふ)とするとともに匡房を新帝の蔵人に任じ、新東宮の学士を兼ねしめたのであった。

延久五年天王寺御幸

翌年正月から上皇はすこし気分がわるかったが、機嫌のよい時もあった。二月二十日、天王寺御幸、親しい廷臣と女院(陽明門院)と一品宮(いっぽんの)(聰子)を同伴した。八幡に詣で、橋本の津から船で淀川を下る。諸国の船が御料船を迎えた。殿上人の舟は奏楽入りでつき従った。二十二日の午前八時ごろに発して河陽(かよう)を下って行くと、江口の遊女たちが二船に分乗して御座舟を迎えた。かつて長保年中、東三条院が住吉・天王寺詣でのおり道長は遊女小観音を寵した。この時遊女狛犬（こまいぬ）と犢（こうし）らが御座舟に近づいた、餘りの美しさに人々は「神仙だ」と感歎した。翌日住吉社に参詣、日暮天王寺に参入。二十四日は御堂御覧、二十五日午前八時に発航、十二時ころ、左衛門権佐匡房は御機嫌伺いのため勅使として、赤い袍衣（うえのきぬ）の装束いかめしく訪れた。船上で和歌の会をひらく。この時の御製や関白以下の作品は『栄花物語』松の下枝巻に出ている。匡房は、

住吉の千代にひとたびあひぬれば松のかひある旅にもあるかな

という応製の歌をよんだ。二十六日雨の中を発航、天の河で仮泊、翌二十七日淀より帰京した。

後三条院崩ずる

三月より上皇の病気が重くなり、大赦令も出された。四月二十一日、御悩（ごのう）重く、円宗寺に出家入道、同日中宮も落飾して尼となった。こえて五月七日、源高房朝臣の大炊御門亭（おおいみかどてい）にて崩じた。不撓（ふとう）の剛毅、古今に絶する才智をたたえられた上皇

は病のため、わずか四十歳であえなくかくれた。匡房の悲しみは深かった。彼は後年『続本朝往生伝』において、後三条院の往生極楽を疑わず、自らその伝をかいていう、

聖化世に被り、殆ど承和・延喜の朝に同し。相伝へて云ふ、冷泉院の後、政は執柄(摂関家)に在り。華山院二箇年間、天下大いに治まれり。其の後権また相門(藤原家)に帰し、皇威廃れにたるがごとし。ここに天皇五箇年の間、初めて万機を視たまふ。俗は淳素に反り、人は礼儀を知る、日域は塗炭に及ばず、民今に其の賜を受くる故ならくのみ。和漢の才智、誠に古今に絶れにたり。耆儒元老なりとも、敢へて抗ひ論ふことあらず、雷霆の威のごとくならずとも、必ず雨露の沢あり、文武共に行ひ、寛猛相済したり。太平の世、近く斯に見れたり。

匡房はある時、後三条院の学才をきかれたとき、「佐国ほどの学才であろうか」

と答えた。長方はこれをきいて感泣した。国王として大江佐国級の学才とはまことに稀有（けう）のことである。まことに「世ノスヱノ大イナルカハリメ」を現出したすぐれた王であった。

後三条院五七日供養願文

神楽岳（かぐらがおか）東原に葬った。五七日供養願文に匡房は旧主をしのんで、

儒雅みな中興の風を仰ぎ、花夏ことごとく太素の俗に返らざるなし。

といって、天皇親政の世に復した英主とたたえている。『江都督納言願文集』巻頭をかざる名作である。この五七日の供養に「奉二摺写（しゅうしゃ）一墨字六十部開結経」の文句が見える。摺経はすでに唐末西夏（せいか）などの中央アジアから中国社会にかけひろく通行していたが、わが国でも印刷術がこうして行われていたことは注目に価する。

供養経の摺写

匡房はこの年の秋、円宗寺に詣でて故帝をしのんだ。

西におちしてる日のかげをこふるまにもみぢのいろとなりけるかな

歳の暮れに、

ふぢごろもぬぎもやすると惜しければとしのかへらんこともほになく

とよむ。かなしみの深さは知るべきである。一説によれば匡房が出家を思いたったのは、このときだという。そういうことも十分に考えられるが、私は前述のごとく東宮学士出仕直前と考えておきたい。

六　美作守

黄金の中山に　鶴と亀とは物語り　仙人童のみそかに立ち聞けば　殿は受領になりたまふ

（『梁塵秘抄』巻二、雑）

時勢は大きくかわろうとしていた。白河天皇の新しい親政の時代を迎え、宇治の頼通、つづいて上東門院彰子がみまかって、寛弘からひきつづいてきた摂関家の黄金時代はここに幕をとじ、白河の御堂法勝寺造立の木作りの音とともに、平安後期を彩る白河院の時代がはじまるのである。

美作守に任ずる

延久六年の年があけて、宇治の頼通の病は重かった。正月二十八日、県召の除目に、新帝は匡房を美作守に任じた。防鴨河使・備中介・東宮学士はもとのままである。蔵人がもとのままで受領に任ずるということは考えられないし、受領が弁官を兼ねるということも特殊の場合以外にないから、美作守発令と同時に蔵人も右少弁もともにすて去ったとみなければならない。彼は後年、生涯のうらみは蔵人頭を歴任しなかったことだという。蔵人をやめ右少弁をやめて、受領に発令されたことは、たとえ同日、策(さく)の労により従四位下に昇叙したとはいえ、彼にとってはいささか失意の人事だったとみるべきか。そうではなく、備中介の上に美作守に任じたことは彼にとって得意の人事とみるべきであろうか。

蔵人頭に任ぜず

彼は少年のころ「逸士の貧居する」ところの景と情とを叙べた「秋日閑居賦」を作って文人たちの絶讃をあびた。大江家は決して富裕なめぐまれたくらしむきではなかったにちがいない。当時の学儒や文人といったものは多く貧窮ということと無縁ではない。すこし時代は溯(さかのぼ)るが、平兼盛が国守の闕に任じてほしいという奏状を書いて、中で「一国を拝する者(ひと)すら、その楽しみ餘りあり、金帛(きんぱく)蔵に満ち、酒肉案に堆し。況んや数国に転任せむをや。諸司に老ゆる者は、その愁へ尽くることなく、荊棘庭に生じ、煙火炉に絶ゆ。況んや窮苦多年ならむをや」と訴えている。

匡房の家柄は前述のごとく歴代侍読や文章博士・大学頭などをつとめた文筆の家柄であるが、曾祖父匡衡は尾張・丹後などの守をつとめ、祖父挙周も丹波・三河・和泉などの守をつとめ、父成衡も信濃守になったこともある。彼が備中介についで美作守に任じたことは、彼の家柄としては、鶴と亀とがほぎことばをとりかわすほどによろこばしいことであったにちがいない。しかし蔵人頭となり、参議に進もうとあるいは考えたかもしれない匡房にとっては、かつて菅原道真が讃岐守に赴任することを失意と観じ、客愁を歎じたように、あるいはそれほどよろこばなかったかもしれない。しかし美作守を経た直後に彼は土地を買い、もとからの邸をも改築している。彼は蔵人頭と美作守とをひきかえにして皮肉な笑いをもらしたのかもしれない。ともあれ彼は依然として東宮学士として在京の任務もあったから、直ちに赴任するに及ばなかったにちがいない。

頼通の死

その四日後、宇治の頼通は病あらたまって八十三歳の生涯を閉じた。五十年間摂関の座を占めて、道長のあとを守っていた彼を失うことは、藤原一族にとって、重い打撃であった。「釈迦仏のかくれ給へるをりの有様に劣らず涙を流した」のももっともであった。

彰子の死

同じ十月、法成寺の阿弥陀堂で、上東門院彰子も八十七歳で瞑目した。長保・寛弘期の名だたる才女群——紫式部・赤染衛門・小馬命婦(こうまのみょうぶ)・小少将・兵衛・出羽弁などを侍せしめ艶にきらめく王朝女房文学星座の中心的存在だった巨星もついに墜ちて、王朝の栄光の光(かげ)も消えた。二十二歳の青年帝王白河院がここに大きく鮮明にクローズアップされてくる。

改元承保

八月、承保と改元。十月、中宮賢子は七ヵ月の身重で内より退きやがて十二月

第一皇子生誕

待望の皇子を誕生した。第一皇子敦文親王、匡房はその御産平安の祈りを師壇の契り深い三井寺頼豪阿闍梨に嘱していた。この十一月、大嘗会には美作守匡房は主基方(すきがた)四尺屛風六帖をあつらえ、比良の谷水をはじめ丹後の名所を十二月にわけて風俗歌とも二十八首の和歌をよんだ。

承保二年

あくる正月五日、先坊学士の労というので匡房は正四位下に叙した。異例の昇叙で、第一皇子誕生とかかわりがあるかもしれない。

二月、大井河行幸、延喜の旧儀の復活である。匡房は、

おほゐがはちよにひとたびすむ水のけふのみゆきにあひにけるかな

（『続古今集』『江師集』）

とよんだ。

七月、白川御願寺で立柱上棟(りっちゅうじょうとう)があり、左大臣師実以下参会した。関白教通はこの五月、先公道長のため京極殿で法華八講を営み、願文を匡房に草させたりし

ていたが、九月八十歳でみまかって、後二条左大臣師実が関白をついだ。彼もその数日前に大井河に遊覧して和歌会を催し、匡房が「菊契二遐年一」という序題を献じたばかりであった。

このころの作かと思われる仲秋名月の詩を出しておく。

「月下言志詩」

月明かにして三五　快く清吟す
遠く旧事を訪ひて　志沈々たり
ただ恥づらくは　下愚は夏の首に同じきことを
誰か知らむ　左鬢は秋心に倍したることを
一杯の酒と　一篇の草と
閑寂なる窓の中　直千金

（『無題詩』巻三）

詩酒の興に思いをやりつつ、三十二歳をすぎた秋の日の感慨を潘岳に托してうたう。彼は一杯の酒をたしなみつつ孜々として勉強の姿勢をくずさず、一介の受領たるに甘んじなかった志をよみとることができるようだ。

承保三年

承保三年三月石清水行幸、四月賀茂行幸、十月松尾社行幸・北野社行幸・大井河行幸と相次ぐ、関白師実も関白辞表を美作守匡房に草せしめつつ、布引滝遊覧に出かけている。大井河といい、布引の滝といい、正しく寛平・延長の親政時代の旧儀の復活であり、復古主義の傾斜をよみとられるとともに、荘園整理の反動を宥和する一種のゼスチュアともみられるのである。「大井河行幸和歌序」は右大臣源師房が草した。明らかに醍醐朝の旧事をつぐことを強調する。

任国下向

ところでこの時の行幸和歌の作品群の中に匡房の作がみえない。あるいは任地美作へ下向していたのかもしれない。しかし六月の金剛寿院の御堂供養に匡房は願文を作っているから、その翌月あたり下向の途についたのであろう。

『江師集』に、

七月に美作(みまさか)へくだるとて

みやこをば秋とともにぞたちそめし淀の川霧いくよへだてつ

美作国は、備前国の西大川の上流地方、全く中国地方の山谷の間にある国で、日本海方面とは因幡・伯耆と境し、瀬戸内海とは備前・備中で隔てられる。彼は交渉のあった女性とも別れを告げて、淀から船にのって瀬戸の潮路を渡って播磨で上陸し、杉坂ごえの山道を国府(津山付近)を指したらしい。

ありあけの月に心はなぐさめてめぐりあふよをまつぞかなしき

と、かどでに女によんでおくった。播磨の二見の浦で暁に郭公(ほととぎす)をきいてよんだ。

たまくしげ二見のうらのほととぎすあけがたにこそなきわたるなれ

任国に下って府衙(ふが)で受領(ずりよう)の生活をした。

みまさかのくににて、山里のもみぢ

山里のかきねの紅葉ちるなゆめいとど人めのかれもこそすれ

府では新任の国守のために鷹狩りを催して旅愁を慰めもしたであろう。

みまさかにて深き山のあられ
鷂(はしたか)の白斑(しらふ)に色やまがふらんとかへる山に霰ふるなり

『金葉集』、冬にも収められる。

翌一〇七七年(承保四)二月ごろ、匡房はあるいは秩(ちつ)満ちて帰洛したかと思われる。この年は疫病が流行し、諸々の寺社で祈禱作善(さぜん)が行われた。堀河左府源俊房の日(にち)乗(じょう)である『水左記』によれば、二月十一日、この日匡房朝臣が易筮勘文(えきぜいかんもん)の消息状を権大納言俊房によせて、「主上の卦(くえ)の体(てい)、重く慎しむべきである、但し他人の病においては恐れがあるが、君子の道においては消散する方法がある」と告げている。この翌日、俊房の父右大臣師房が上表、この師房の辞状は匡房の作、その中で、師房を疲れた老馬、病んだ鶴に比している。五代の朝に仕えた七十何歳の老宰相はその四日後にみまかっている。君子というのは師房をさしているかもわからない。

承保四年
易筮勘文

夫人を先立つ

亡室四十九日願文

美作守在任中、最大の事件はその夫人を失ったことである。承保四年四月、上(かん)達部(だちめ)の家柄の出自(しゅつじ)である夫人は、妊娠していたが病んで落飾出家、ついで十七日についにあえなくみまかった。願文は子のことにふれていないから、ついに生れなかったのかもしれない。彼が三十七歳だから、三十歳前後であったかと思われる。美貌で心ばえもやさしかった。もう衾(ふすま)をともにすることもかなわない。泣いてまた泣き、歎いてまた歎いても悲しみは尽きない。彼女の使いなれた鏡をみても、平生の面影はどこへ行ったのか、使いなれた衾には空しく彼女の餘香がのこっているばかり。綿々たる長恨をその四十九日願文で訴え、その幽霊のための供養として、三尺阿弥陀像一軀と、色紙法花経八巻その他転女成仏経(てんにょじょうぶつきょう)・法花経六部四十八巻等を供養し、演説作善した。正四位下美作守兼東宮学士の充実した経済力をみることもできよう。彼は幽魂の上品上生(じょうぼんじょうしょう)を信じて疑わなかった。

源隆国の死

こえて七月九日前権大納言正二位源隆国は七十四歳でみまかった。この源氏系

散佚した宇治大納言隆国卿の物語

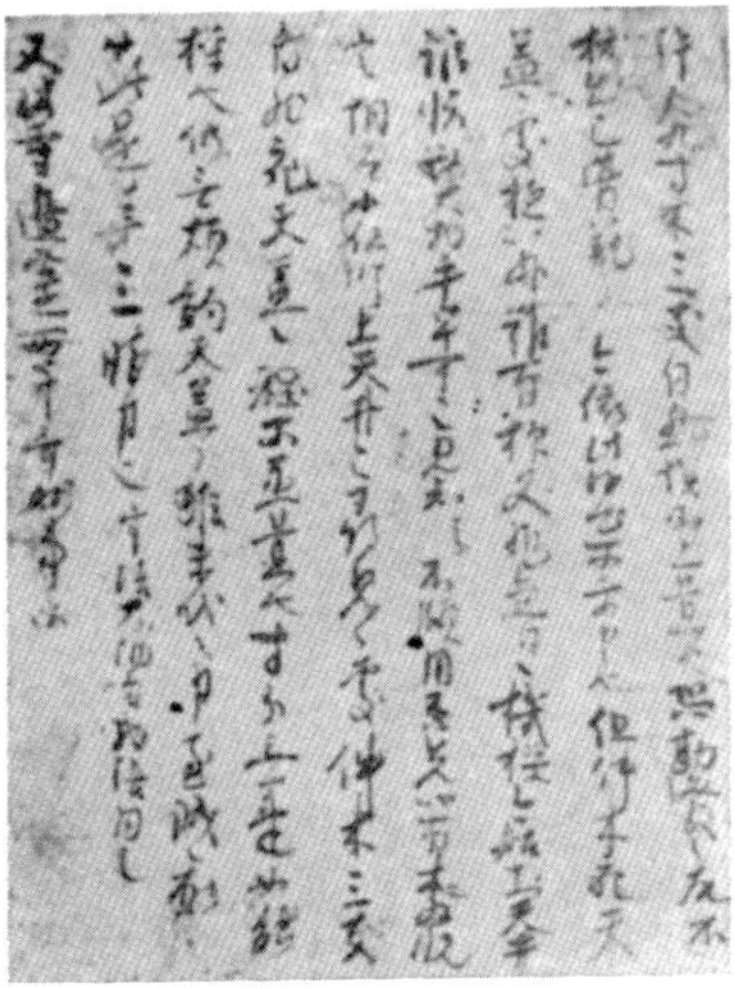

大江親通『七大寺巡礼私記』
（宇治大納言物語の書名見ゆ）

の老貴族は晩年宇治の山荘にこもって、道行く諸国の旅人たちから、世間の雑事、古今の逸話をききとって、筆記しとどめたと伝えられる。彼は『宇治大納言物語』というまぼろしの大説話集を書いたと伝えられる。もしそれが事実であったとしたら、今日のこっている『今昔物語集』や『古本説話集』とかかわりがあったにちがいない。こうした民衆の世界、世俗の世界のことがらに興味を示す彼の趣味・性行・生活態度は、晩年の匡房の生活の姿勢に一つのいろこい影を投げているように思われる。

宇佐宮使として発遣

この年二月、香椎（かしい）宮が焼亡したので、七月十七日美作守東宮学士匡房は香椎宮と宇佐宮とに使としてさし遣わされた。前例によって、災異を祈りはらうためである。ところが匡房も夫人を失ったあと気分がすぐれず、発向したけれども二十一日ついに途中から病気が快くならず、引きかえして帰洛した。俊房は日記に「正家朝臣を改め遣わすべきか。世間の大事なり、頗（すこぶ）る便ならざるか」としるしつけた。

病のために途中より帰京

こうして右中弁正家が宇佐使に任命進発するのである。

後三条院の皇子実仁と輔仁

八月、天皇不豫（ふよ）、世間の人民も疱瘡（ほうそう）に苦しむものが多いので、非常の赦を行い、修法（しゅほう）もひまがなかった。このころから若宮敦文（あつぶん）も工合がよろしくなかった。中宮賢子に皇子が生れることは、白河天皇にとって最も大切な課題だった。この時皇太子は後三条院の皇子実仁。更に延久五年一月に第三皇子輔仁が生れていて、さきにもふれたが後三条院は実仁のあとには輔仁を東宮にしたいという意志があったといわれる。白河天皇は何とかして自分の皇子をつくって皇位を継がせたいと思った。三井寺の頼豪阿闍梨に皇子誕生を祈請させ、成就したら所望は乞うままにしようといったという。こうして期待通りに承保元年敦文が生れたので、頼豪は宿志により三井寺に戒壇を建てる許しを乞うた。しかしこれには山門の反撃が予想されるので許されなかった。『愚管抄』ではこのところを劇的なふくらみをもって描写している。

三井寺の頼豪阿闍梨

勅許がないことがわかると頼豪は怒った。彼はハンストに入り、

この上は祈り出し申した皇子をばとり殺し申し、魔道へ行くまでじゃ。

彼は持仏堂にこもって若宮を祈り殺そうとしているといううわさがたつ。そこで美作守匡房が「頼豪に師壇（しだん）の契り」があるので、彼をつかいにして頼豪をなだめさせようとした。匡房は三井寺の房にいそいで行って、

匡房、三井寺の頼豪を訪う

匡房こそ、参りて候へ。

といって椽に腰かけてみると、持仏堂の明り障子は護摩の煙にくろずみ、何とな

く身の毛のよだつけはい、障子をあけて出てくるのをみると目はくぼみ落ち入り、顔の正体もわからぬくらい、白髪ながく生(お)いあがり、

今さら何の仰せぞ、もう思いきったこと、かほど口惜しきことのあろうや。

といって室に入るので、匡房もやむをえず復命、こうして頼豪の咒咀によって皇子も死んだと伝えられる(『平家物語』巻三、頼豪)。事実敦文は九月六日に死に、この二年後にこんどは山門の祈りによって次の皇子善仁、後の堀川院が生れるのである。

敦文親王の死

千種殿を購求する

一〇七七年(承暦元)十二月十五日、『水左記』は匡房の受領としてのくらしむきについての興味あることをしるす。

この日、高倉殿の御領、六条の地一町、字(あざな)して千種(ちぐさ)殿といふところの新券、美作守江匡房朝臣に渡し了りぬ。件(くだん)の朝臣に沽却(こきゃく)せらるるに依りてなり。

千種殿の位置

千種殿というのは『拾芥抄』に「六条坊門南、西洞院東、中務卿具平親王家、保昌伝ニ領之一」とあるが、指図によれば六条坊門北、町尻東の町である(挿図I・II参

照）。『二中歴』によれば「千種(チクサ)殿　六条坊門北、西洞院東、具平親王家、抄云、保昌并江師伝二領之一」とある。これらはどれも一致していないが、これは千種殿がもと四町を占める広大な邸宅であったことを看過したことからおこる混乱である

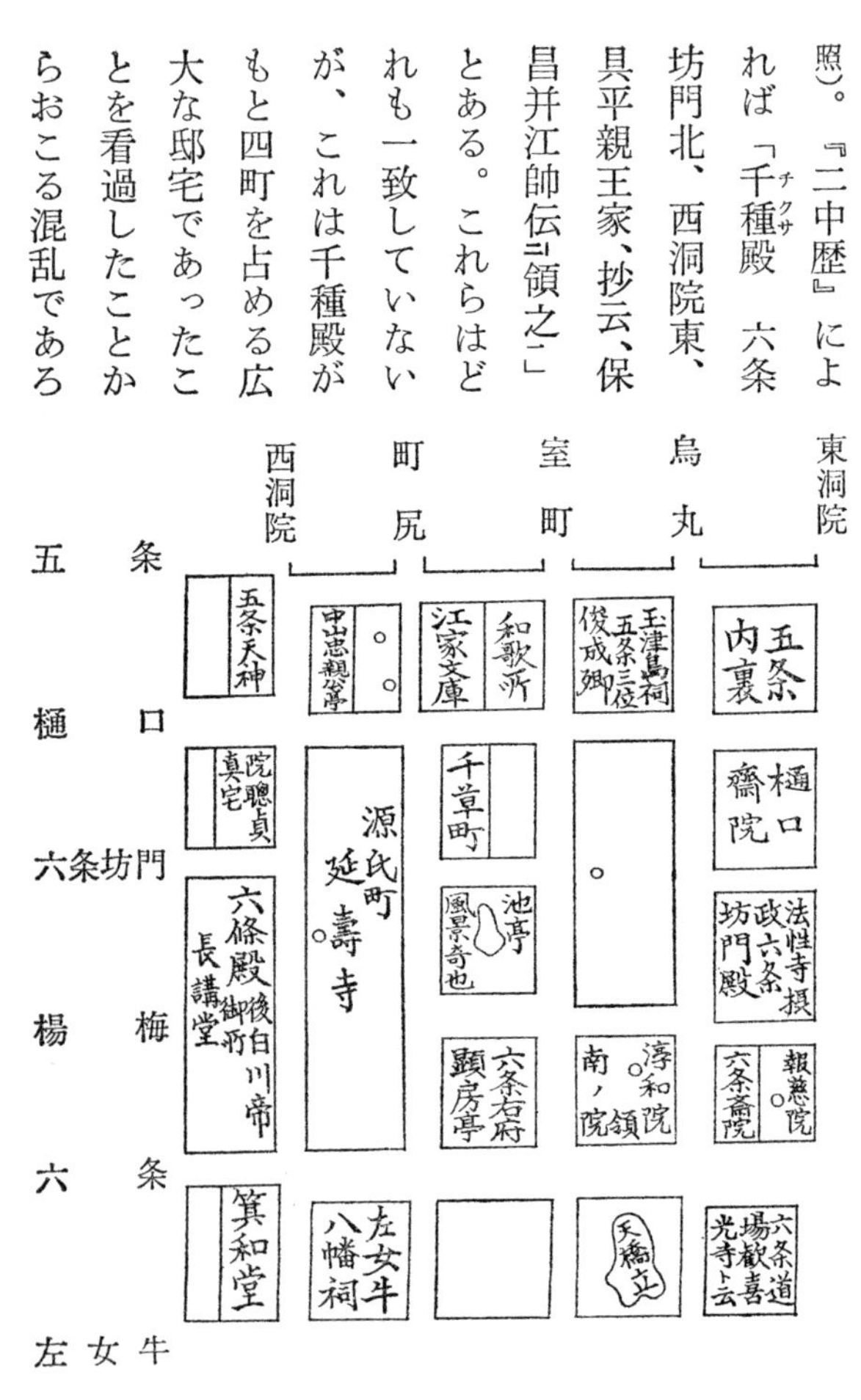

I 『中古京師内外地図』江家文庫付近図

う（挿図Ⅲ参照）。高倉殿というのは土御門南、高倉西一町、入道大相国家のことで、故頼通邸をさす。要するにもと具平親王の広大な千種殿を関白師通から買得したのだと思う。匡房が美作守として外国していて、当時の受領一般の例にもれず、相当の経済力を蓄積した。そこで江家代々の文書を蔵するところを求めていたので、俊房らが斡旋したのではないかと思われる。その一帯はもともと俊房の祖父具平親王の領であり、後朱雀の皇女、後三条の異母妹たる六条斎院禖（ばい）

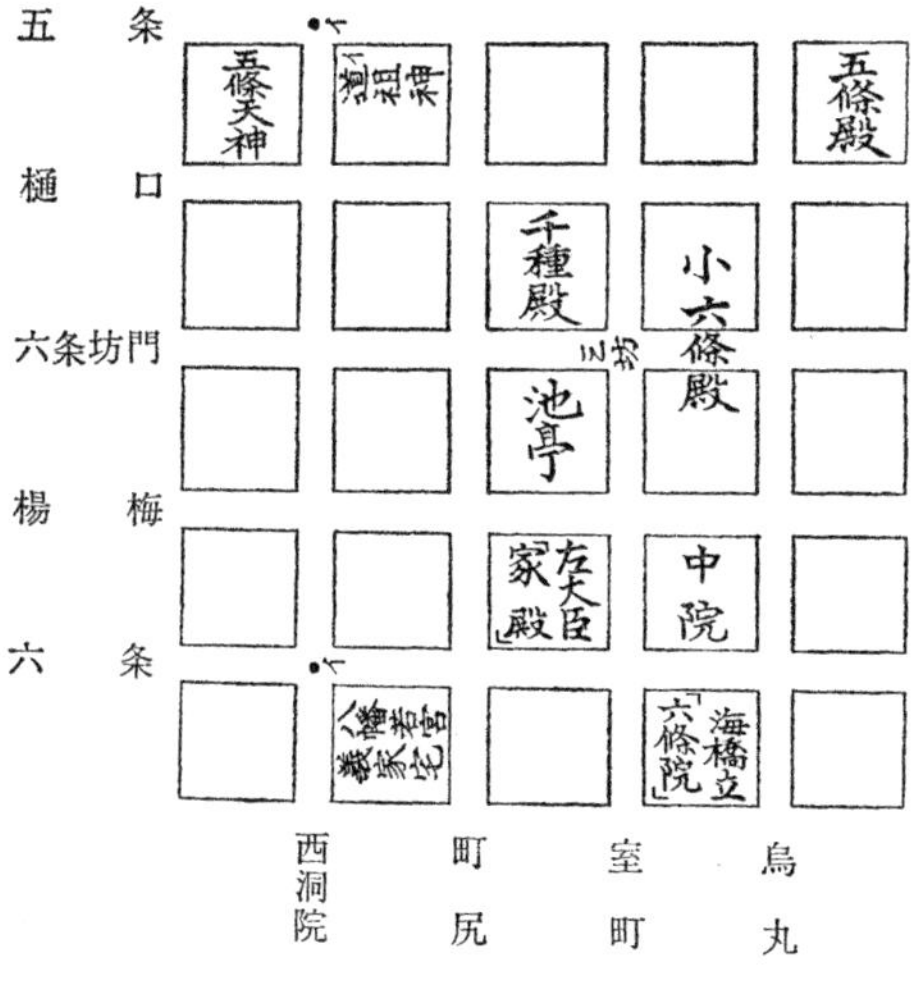

Ⅱ 『拾芥抄』東京千種殿付近図

子（し）内親王家の家司（けいし）をしていたこともある師房も、自分の妹の縁で、禖子のためにここに住まわせたかと思われる。彼の妹は頼通に嫁し、後朱雀中宮嫄子（げんし）を生んだので、禖子はその中宮の子である。

慶滋保胤の池亭

そもそも具平親王も詩友保胤（やすたね）のためにこのところに池亭を営ませたので、彼の『池亭記』（『本朝文粋』巻十二）にここの荒地十余畝を開いて、小山を築き池を掘り、池西に阿弥堂を、池東に書閣を、池北に妻子のすむ

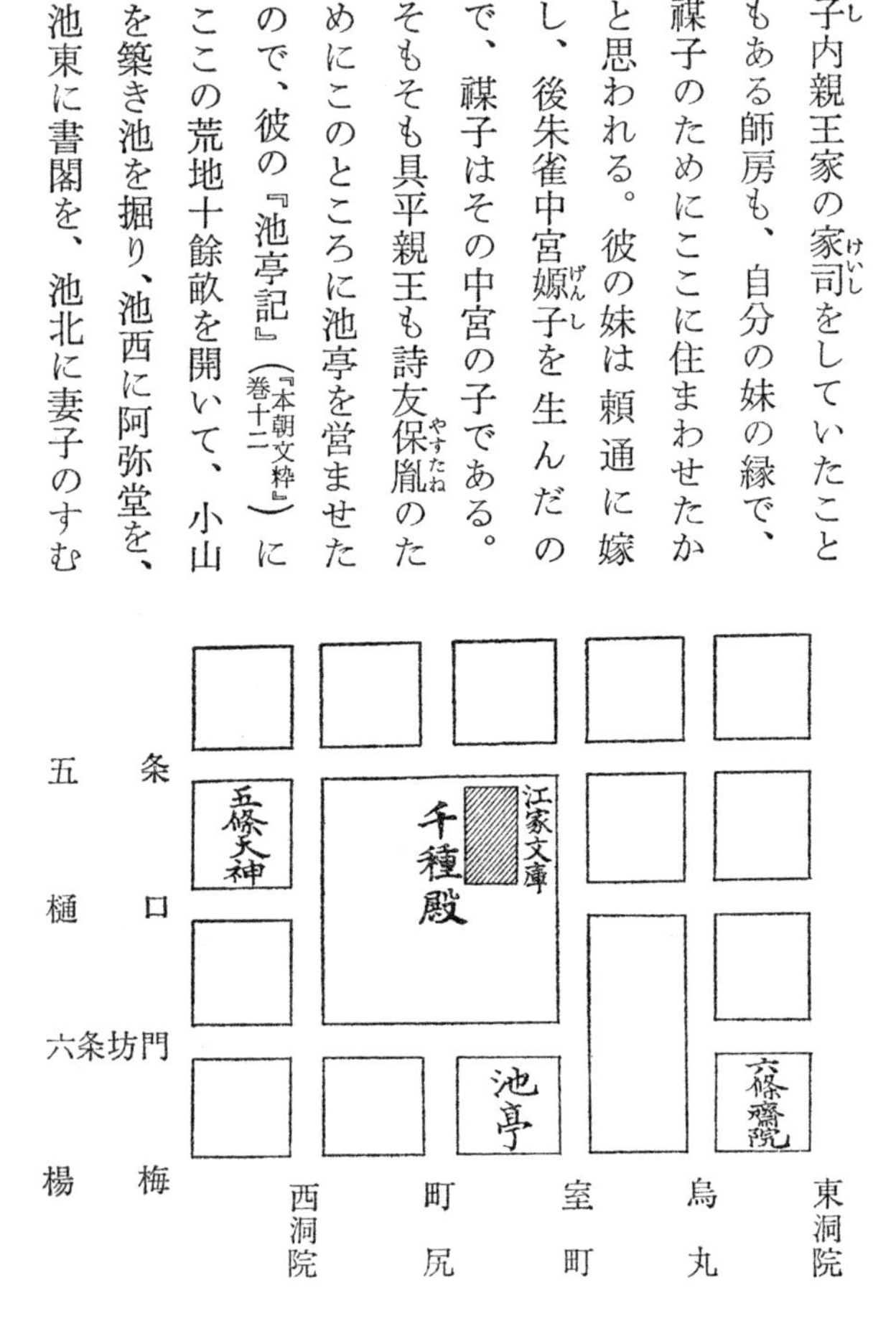

Ⅲ　五条江家文庫千種殿推定図

平屋を建てたことを叙する。どうやら匡房は九十五年前の保胤の出家直前の市隠的仕官生活にひかれて、ここに書庫を営もうと思ったのかもしれない。それにしても名所千種殿の広大な地所や邸宅を購入しうる財力というものは、驚歎すべきものといわなければならない。『朝野群載』(巻廿一、家地売買券)に左京五条四坊二町の地所と建物八宇を、文章生藤原某が丹波守に「米千七十石・絹二千二百疋」で売却している証文が出ている。もって類推すべきであろう。

当時の不動産の価格

匡房はここを購入して、やがて校倉(あぜくら)造りの江家の文庫を建設する。こうして当年漢文芸の最高知識人たる匡房と、和歌女房文学の星座の中心的存在たる前斎院禖子とが、保胤の築いた池亭をはさんで、期せずして近くに相隣するに至った。

江家の文庫

この江家の文庫は、匡房の死後数十年、『兵範記』によると仁平三年四月十五日、京に出火があり、五条坊門以南、六条以北、東洞院以西、西洞院以東が全焼したときに、樋口町尻の江家文庫の校倉造りも、開闔(かいこう)する能わず、万巻の書籍も

仁平の火災により江家文庫炎上

片時の間に灰となった。彼はつねづね江家の図書は、朝家とその運命をともにするのだと豪語して、「京中火災おそるべし」という疎開の忠告をうけつけず、

日本国失せずばこの文失すべからず、朝家失すべき期きたらば、この文失すべし。火災をおそるべからず。

といい放っていた。仁平の火災後、果して保元の乱に突入、その後朝家なきが如くになったと『続古事談』はしるす。

六条斎院美作の君

このすぐちかくになった六条前斎院家の女房に美作の君という才女がいた。匡房の恋人とは友人であった。匡房の通う女がある年の五月にみまかったのを、その冬美作の君がとぶらいの歌をよんで匡房に寄せた。匡房の返し、

別れにしそのさみだれの空よりも雪ふればこそかなしかりけれ

（『後拾遺集』『江帥集』）

承暦の殿上歌合

承暦二年の春、歴史にのこる殿上歌合が行われた。形式のととのった晴儀の歌

合の典型であり、天徳歌合に匹敵すると称せられた。ここにも復古的な古典主義の精神がみられる。三月一日、御前で歌合のことが評定され、十九日、右方の歌人二十二人が匡房に祭文を嘱して、梅宮大神に右方の作者が「幽玄な秀歌」をよみえて勝利することを祈った。歌合に対する異様な熱気とも奇妙な執念ともいうようなものが感ぜられる。四月二十八日、雨ふり。殿上侍臣を左右にわけ、題は十五題、読人は各十人。匡房は右方の読人になった。午後八時、主上出御、左右それぞれ金銀珠玉の作り物の洲浜（すはま）を出し、透筥（すいばこ）に三巻の巻物を収めてある。巻物は題目に従って絵をかき歌をそえてある。調度の風流、目を驚かすばかり、燈がともされ、楽が奏され、いよいよ歌合がはじまる。判者は皇后宮大夫（だいぶ）源顕房。論評の後で勝負を決して行く。左方が勝って、方人（かとうど）は前庭に下りて勝利の拝礼をするころ、東天がほのぼのと明けてゆく。俊頼の篳篥（ひちりき）をはじめメムバーで合奏がはじまる、まことに天徳の遺美をしのぐものがあった。匡房は刑部卿政長と対し

て三番鶯の題を、

いかなれば春くるからに鶯のおのれが名をば人に告ぐらむ

とよんだ。判者皇后宮大夫右大臣源顕房は「ざれ歌なり」といって持にした。

殿上後番歌合

同じ月の三十日、内裏後番（ごばん）歌合があった。このたびも十五番歌合、一番で匡房は前述の美作君と相対して、匡房が勝ちと判ぜられた。

白河天皇側近グループ

この両度の歌合を通じて、白河天皇を中心とした近臣グループ、小野宮系の通俊を中心とした後の院司サークルをもって構成した事実は興味がある。そこには摂関藤原氏と土御門源氏という最高貴族グループがしめだされて、白河天皇親裁のもとに侍臣・近臣・女房たちによってかくも盛大な歌合を行い、旧儀に匹敵しようとしたところに、並々ならぬ力のいれようをうかがうに足る。

詩人にして歌人たる人

当時は前述のごとく歌合の盛んな時期であって、近臣グループは多く歌人であり、また同時に漢詩人でもあった。いま匡房の時代、漢詩と和歌との両方の作品を今日にのこす作者をあげてみる。まず後冷泉天皇、源氏の高明流では資綱・隆俊、重信流では経信・基綱・道時（経信の第三子俊頼は歌人）、具平親王流では師房・俊房（顕房は歌のみ）、藤原氏では真夏流に家経・正家・経衡・資業・実綱・有綱・有俊・実政、実頼流には通俊・資仲、伊尹流には伊房、道隆流には良基・師家・師基、道長流には師通・基俊、師尹流には実季・師成、宇合流には義忠・敦光、菅原氏では在良、大江氏では匡房らを数えることができる。これら多くは『九条家本中右記部類紙背詩集』の詩人であるとともに、承暦の殿上歌合の歌人である。これは白河天皇を中心とする近臣詩歌壇の大観であって、文芸派のさかんだった時代とみていい（ただ貞嗣流の実範の一族に歌人が目立たないのは注意すべきである）。

作文会の盛行

右中弁藤原通俊はこれらの一中心、歌合に活躍し、一方自邸で文人（漢詩人）を集めて作文をもしている。他方左中弁藤原正家・右大弁蔵人頭藤原実政も文人としてすぐれた活動をしている。師房なきあと、大納言源俊房のサロンは漢詩文芸の一中心を形成し、匡房ら殿上人両三人、文人儒士四―五人、学生一両人集めたりなどして、作文会をしばしば開いたことが『水左記』にしるされる。その他芸閣(御書所)や勧学院や北野廟や長楽寺・六波羅密寺などでもしばしば作文が催され、釈奠作文や勧学会作文も行われた。復古主義の傾向みるべきである。

なかんずく、これら文人歌人圏にあって抜群の人物は源経信と大江匡房とであった。彼らはともに多くの漢詩をのこすとともに、それぞれ『源経信集』『江帥集』の和歌の家集をのこした。

七　左中辨

花さかりに小二条にて、基綱の辨のもとへつかはす

かずかずに訪はむことこそかたからめ花のさかりは過ぎがてにせよ

（『江師集』）

来る春ごとに小二条の匡房の邸宅の庭には、桜が美しく花ひらいた。彼は美作守ではあったがむしろ京都にいて、中央政府の権力者に親近することにつとめていた。

承暦四年　一子隆兼蔵人に補する

彼が妻を失って三年目、一〇八〇年（承暦四）の一月十日、関白左大臣師実は匡房の一子、前文章得業生大江隆兼を蔵人に補する旨を指令している。彼にとって、

明るいニュースであった。彼は八月十七日・十八日、連日のように正二位大納言源俊房の家を訪問して対面して、何らかの要請をし続け、そのたびごとに俊房からさりげなく「謝し遣わ」されている。謝とは「カタチガヒ」の意で、色よい返事をしないでお帰りを願う意味である。ここに秩満ち（ちつ）た一受領（ずりょう）の、次の就任へのはげしい欲求焦慮と、人事権にかかわるものの求職猟官運動をするものへの慎重なあしらいが看取されないであろうか。はたしてその四日後の除目（じもく）において美作守匡房朝臣は任国を去（す）てて、権左中辨に加えられた。この人事について『水左記』が特記しているところをみると、謝し遣わしながらも、俊房は匡房の中央復帰の人事に努力したと思われる。

権左中辨に任ずる

彼が権左中辨に任ぜられたことは江家にとって上なきよろこびだったにちがいない。例えば宗忠が後年除目で右中辨になったとき、十日前からうわさがあり、競争者の暗躍があったが、氏の大明神に祈請した。辨官は才智の任ずるところ、この光栄は朝恩の深きと稽古の力によるもの、仰天伏地、欣喜にたえず、こっそり直衣（のうし）で北の陣よりはせ参り、女房に見参して帰宅したら卯の一点（午前六時）、暁にかけて慶（よろこ）び申しの上官の人々がきたとしるす。匡房のよろこびも似たようなものであったろうか。

同月二十九日、晴後曇り。今日権左中辨匡房朝臣は、新築した小二条の邸に渡ったということだと俊房は日記にしるす。小二条の邸というのは『中外抄』にいうところと一致するから匡房の宅としてまちがいがない。三年前に千種（ちぐさ）殿を買っているから、そこに一時移っていたかもしれない、また近くの鴨院の源師頼邸、もしくは彼の領地が三条北、西洞院東に一町あるから（一一六ページ挿図参照）、本宅改築中、その仮宅にすんでいたかもしれない。受領の任中に、京に土地を購求し、しきりに本宅を建て、文庫を建てるところ、寒門の学儒の生活に比して、一変した当年受領の経済生活をものがたるものである。彼はまた摂津国長町庄内西倉村に領地

匡房室家子伝領の摂津長町庄

をもっていて、匡房卿室家従三位家子というものに相伝させていることが京大所蔵『地蔵院文書』に見えるという。

日宋の交通

はなしかわって、八年前、宋商孫忠の船に便乗して、入宋していた僧成尋からは時々通信があった。時には宋帝から朝廷に進献する金泥法華経や求法の新訳経や錦を、宋僧につけてとどけてきたこともある。またわが国の船頭や貿易商らしいものが、高麗の国に渡って、わが国産の螺鈿や日本刀や水銀等を進上したりしたこともたびたびに及んでいた。宋の

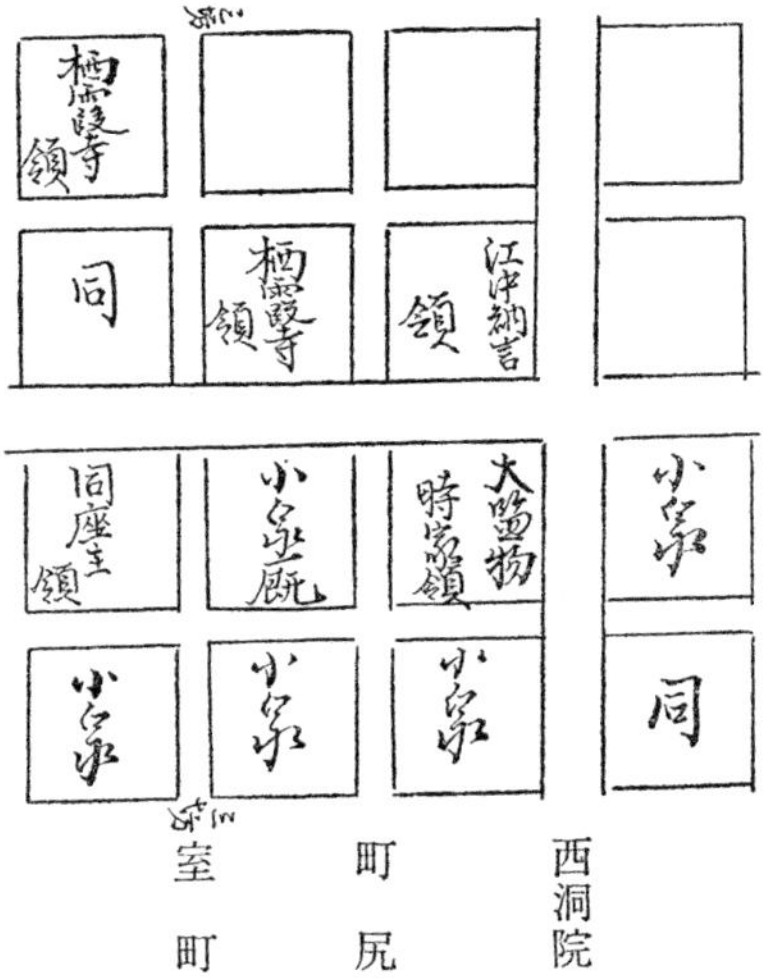

『京都古図』(仁和寺所蔵) 三条江中納言領付近図

都汴梁の相国寺市場では日本扇が店頭に飾られていたと日記にしるされている。異国の珍物奇貨に対するかわきに似た欲望は、いつをとわず、何人をとわず強烈なものらしい、文化的に積極的な関心をもった二十五歳の白河天皇も例外でない。彼は博多から宋商のもたらした羊三頭を引見したり、敦賀の津から宋商のとどけた鸚鵡をみて喜んだりしている。しかし国としての対外貿易政策は慎重であり、対外的警戒心を怠らなかった。

承保二年（一〇七五）宋帝趙頊が成尋の弟子の僧に付して経論や信物を献じてきたのに対して、納否を議し、先例を勘申せしめ、結局収納して和琴・細布・阿久也玉・金銀の類の一部を答礼として贈った。承暦二年（一〇七七）宋から重ねて錦や唐黄などが贈られてくる。わが中央政府の要路の人々は「朝家の大事」として納否を議している。道真以来外交停止、貢物も中止されているのに、近ごろしきりにこういうことがあるので狐疑をいだいたのである。こえて承暦四年（一〇七九）宋の牒状や信物がかさねてもたらされたので議して疑いありとして、大弐をして和市（わし）（税関検閲）を加えて直ちに宋に返し遣わす指令を出している。こうして日宋関係が少々こみ入っているとき半島の高麗から、商人に托して、信物を送ってきて、風疾治療の医師を派遣してほしいと乞うてきた。

高麗より医者を求めてくる

閏八月のある日、匡房は権中納言源経信邸に行って談話、『円堂院蔵書目録』を借り出してきた。その翌日、高麗からの牒状の件が審議された。経信は半島との歴史的関係にたって、わが西府に良医ありときいて要請したことに同情を示した。そこで一人だけでは外国では心鬱（しんうつ）が多かろうから医二人を遣わそうというので、人選に入り、丹波雅忠にほぼかたまってきた。ところが彼に腫物ができ、おりもおり、関白左大臣師実に故教通の夢の告げがあり、派遣すべからずということで、ことわりの返牒を匡房に書かせることになった。

九月に入って、匡房は草案を俊房に内示する。「文中に、改二処分一聖旨非二殊俗之可レ称、とあるところ、殊俗(しゅぞく)の用語は荒涼(こうりょう)でないか」といわれ、匡房は「蕃王に改めます」といって直した。俊房の積極的な性格があらわれている。何度か推(すい)敲(こう)をかさねて、大宰府より十月二日に返牒を高麗に発した。全文は『朝野群載』巻廿・『続文粋』巻十一に出ている。

高麗返牒の内容

貴国には風疾になやむ人が居て、医療の人を波をこえてわが国に求めてきた。まことに同情にたえない。しかし牒状の文句は故例(これい)にそむき、処置を誤っている。「聖旨を奉ず」などという言葉があるが、蕃王のいうべき言葉ではない。半島は大陸と陸続きだから万事勝手がちがう。まして商人の船に託して、異国の消息を寄せるのは、公式の礼にかけているではないか。貴翰の趣旨はわが国朝廷にききとどけられにくい、わが国の良医を半島にさし遣わすことはできない。送ってきた方物(ほうもつ)はすべてお返しする。

という内容である。この状中の駢儷体(べんれいたい)の摘句、雙魚猶し鳳池の月に達り難し、扁鵲何ぞ雞林の雲に入ること得むや。

は名句として讃えられ、式部大輔藤原実綱はこれをみて心服した。宋商が大宰府へきて、宋の天子がかの文句をみて感心して百金で一句を買いたいといったという。『江談』で自讃して語ったところである。

土御門俊房邸作文

彼は宋への返牒も草した。これら外交文書の作製や対外策について俊房はしばしば匡房と言談した。また俊房邸では経信や伊房や匡房らと聯句や作文をたのしんでいる。例えば承暦四年九月二十八日「秋深知二夜長一」の作文は季宗・正家・通俊・有綱・行家・義綱・知房・基綱・季仲・季実・有信・佐国・孝言・敦宗・敦基・通国らの面々で、講師は敦基、読師は正家である。

この前後のころであろうか、城南の閑亭に遊んで八月十五夜の月を賞する作がある。

山屐に田作りの衣をきる　三五の夜

短い韡（かわぐつ）に低（た）れた帽子をかぶり　放（ほしいまま）に遊ぶ空のもと
秋さく花の前に酒を酌んで　衰日（すいにち）だということも忘れる
月下の風情は少年のときとかわらない
ここは海内第一の名勝の地
今宵は一年中の最も美しい満月
百錬鏡にも似た月光が山を照らし出し
千金の価と思われる水がさらさらと流れ
緑の酒も数巡し両韻の詩もできた
この閑亭の興趣は何によるのであろうか

（『本朝無題詩』巻三）

翌承暦五年（一〇八一）二月、永保と改元、その五月十八日に匡房は亡室の四周忌を営んだ。神事のために一月延ばしたのである。金色観世音迎摂（こうしょうぞう）像一体と色紙法花

永保元年、亡室四周忌願文

経八巻その他を造写供養し、「陽台に来って朝々暮々の雲雨となることなかれ」と幽霊の浄土安楽をしずかに祈っている。

山門・寺門の闘諍

　しかし京をめぐる南都北嶺のたたずまいは漸く穏かならぬものがあった。「今年末法に入る」と『扶桑略記』にしるされた永承七年（一〇五二）からはすでに三十年、白河天皇の中宮賢子の前後の御産祈禱などをめぐって山門・寺門の対立が尖鋭化していた。一方興福寺の大衆は多武峯僧徒を襲撃して不穏であった。四月十五日日吉社祭礼の妨害よりおこって、三井寺と叡山の大衆が合戦をまじえ、ついに六月九日延暦寺の僧徒は園城寺を襲撃し、御願十五所、堂院七十九所、塔三基、鐘楼六所、経蔵十五所、神社四所、僧房六百二十一所、舎宅一千四百九十三宇を焼き払った。「広く天竺・震旦・本朝の仏法の興廃を考ふるに、未だ此くの如きの破滅有らず、今此の災を記すに、落涙点に添ふ。時人云へらく、但に仏法の陵遅のみにあらず、兼ねてまた王法の濁り薄れたるなり」と阿闍梨皇円はしるした。三井寺の僧三百が夜陰にまぎれ叡山に復讐にでかけて、みな殺しにあった。前下野守源義家が検非違使と共に三井寺に捜索に出た翌九月十五日、第二回襲撃が山門より寺門にかけられて、残りの堂院二十所、経蔵五所、神社九所、僧房一百八十三所、舎宅幾千を焼き払った。恨みをのんで死ぬもの、山林にかくれて蒼天（そうてん）に訴えるもの、まこと此の世ながらの地獄図絵だった。

左中辨昇任

かように騒然たるなかに、八月八日の除目に匡房は左中辨に昇任、位次は右大辨藤原正家・左中辨源師賢の上におかれた。文字通り、政治の中枢にたって、この難局に正面きってたちむかわざるをえない。永保二年三月二人の文章博士実綱・有綱が同月に卒しており、学儒・東宮学士としても一段と重みがかかってきた。

永保二年

明法博士勘問

このころ、遠江守基清が神戸（かんべ）田を盗み刈りした罪で告発され、明法博士定成・有真らがその罪名を審定していた。しかし定成らの勘文にあやまりがあったので、匡房は二人を召喚して勘問し、ついに有真を停職処分にし、基清をも国司停止処分にした。最高裁判所の判事のようなしごとである。また対宋返牒もこの年作って送る、外交当局所管のしごとである。この年仁和寺行幸、喜多院新堂供養があり、匡房は願文を作った。

俊房右大臣に任ずる

十二月十九日、堀河大納言源俊房は四十八歳にしてついに右大臣に任ぜられた。『水左記』には自ら「此日予任右大臣の大饗なり」とうれしげにしるす。この人事に左中辧匡房が一役かっている。

六条宮具平親王は村上の皇子、詩人、後の中書王とたたえられる。その子が土御門右大臣師房、師房の二子、兄が按察使大納言俊房、弟が権大納言右大将顕房、三つちがいである。

兄俊房は先年女事によって一時蟄居したが、情熱はだで学殖の深い詩人、堀川殿に住む。弟顕房は和歌のたしなみがあり、歌合の判もした、六条殿に住む。世評は兄よりも高く、まして中宮賢子の父でさえあった。この年十二月二日右大臣

匡房、俊房を推薦する

俊家がみまかったので空席となった。白河天皇は兄弟のどちらを任じようかと思案にあまり、匡房に相談した。匡房は言下にいった。

――堀川の大納言を任じなさいませ。

――弟だけれども左大将は中宮の父親だし、彼自身、このたび右大臣にならねば出家して法師になってしまおう、という。ほかにも年功のものがいて、自分こそこんどは順序と思っている。それらもすてがたいのだが。

――大納言から大臣に任命することは必ずしも年功序列によらない。適材を任じたらよろしうございます。国守の経験ある人は如何でございましょうか。顕房はかつて伊豫権守をかねたことがある。帝はいった。

――菅原のおとども讃岐守だったのに右大臣になったではないか。

――道真ごとき大学者は格別でございます。俊房のように教養の高い兄を大臣にしたからといって、出家する弟など世にござりますまい。

こうして俊房の任命は決定した。高麗返牒も大宋返牒も俊房は文句について訂正させせ、匡房はその見識に服している。学識のほど知るべきである。

一ヵ月後、永保三年一月師実は左大臣を辞し、俊房左大臣、顕房右大臣となって、廟堂に兄弟あい並ぶに至る、村上源氏の進出、目をみはるものがある。

永保三年村上源氏左右両大臣となる

源氏系王党の復活進出

こえて寛治七年十二月に俊房が左大将に任ぜられ、源雅実が右大将となって雁行、たまりかねた藤原宗忠は「左右大臣、左右大将、源氏同時に相並ぶ例、未だ此の事有らず、今年春日御社の怪異、興福寺大衆の乱逆も、若しこれ此の徴(しるし)か。加之(しかのみならず)、大納言五人の中、三人已に源氏、六衛府の督も五人已に源氏、七辨の中四人なり。他門として誠に希有の例なり、藤氏のために甚だ懼(おそ)りある故か」(『中右記』)としるして、この源氏系王党の復活進出ぶりを特筆している。

一月末、除目初夜に読帳のことがあり、美作守であった匡房の功過の申文に封租抄と税帳年付などしるしてなかったかどで、匡房は民部卿経信より尋問をうける。後日、匡房は頭辨通俊とともに、経信は受領交代の案内を知らぬものだといって嘲弄したということが、『藤原長房卿抄』というものにしるされている。匡房にある、一種のいやらしさがはしなくも露呈している。

二月、中宮賢子和歌御遊の会があり、匡房は「梅花久薫（うめのはなひさしくかおる）」の題を献じ、同じころ堀川殿水閣に「花樹契二遐年一（はなのきはるかなるとしをちぎる）」詩宴があり、匡房は序を献じた。

備前権守・式部権大輔に兼任する

三月、右中辨匡房は、備前権守・式部権大輔を兼ねた。美作守を去って二年たらずで再び受領を兼ね、かつ儒職最高の式部大輔任官のみちをひらく。匡房の得意は思うべきである。

四月、白河天皇御願の法勝寺金堂に等身金色観音像百体を供養し、願文は匡房が草した。十月、同じ法勝寺九重塔・薬師堂・八角堂供養行幸があり、匡房は呪願文を作った。

八 左大辨

月影ゆかしくは　南面（みなみおもて）に池を掘れ　さてぞ見る　琴（きむ）のことの音（ね）ききたくは
北の岡の上に松を植ゑよ
（『梁塵秘抄』巻二、雑）

寛治八年八月十五日夜、鳥羽殿にて、池上翫レ月といへることをよませ給ひける
院御製

池水に今宵（こよい）の月をうつしもて心のままにわがものと見る
（『金葉和歌集』巻三、秋）

応徳元年任
左大辨

一〇八四年（徳応元）六月二十三日匡房は左大辨に転じた。式部権大輔・東宮学士・

備前権守は元の如くである。八月には内大臣師通の息男牛丸が昇殿し、匡房は名字を注申した。師通は時に二十三歳、小児牛丸は後の関白忠実である。

牛丸昇殿

九月二十三日源賢子が三条内裏でみまかった。二十八歳であった。彼女は十五で東宮に入り、十八で立后、皇子敦文や善仁(堀河天皇)や郁芳門院を生んだのであった。主上は悲泣して一時は悶絶して天下の騒動をひきおこすほどで、数月は供御も召さなかった。

中宮賢子の死

世のまつりごともなく、なげかせ給ふこと、唐国の李夫人・楊貴妃などのたぐひになん聞え侍りし。(『今鏡』ところぐの御寺)

と旧記はしるす。供養のために多くの造寺・造仏が営まれた。この翌々年六月叡山東坂本梶井御願寺円徳院に、中宮死後毎月一体の丈六弥陀像を作って九体になったのを移し、公卿・侍臣らが参集、金色九体の阿弥陀像の前に絲竹管絃を奏して供養した。別当は師房の三男法性寺座主仁覚であった。

円徳院供養願文

願はくは専夜の昔の恩（うつくしび）に引かれて巫嶺（ふれい）の雨に輪廻（りんね）することなかれ
願はくは七夕の旧（ふる）き契（ちぎ）りを憶ひて驪山（りさん）の雲に帳望（ちょうぼう）することなかれ

という美しい四六の願文は匡房が作るところ、惟宗孝言（これむねのたかとき）・大江佐国（すけくに）をして歎賞せしめた名文句であった。

美作土民の修善願文

さて応徳元年は女人や尼公たちのため多くの願文を製作したが、なかで注意すべきは美作の士民、散位従五位下藤原秀隆が三層瓦葺塔婆を建てて善根を修する願文を代作したこと。

弟子、山陽の士民となりて、洛外の□老たり。少壮の昔は鷹（たか）を臂（ひぢ）にして雉菟（ちと）に従ひき。衰暮の今は農桑を事として、租税を営む。

などという、在地豪族の生活も伺われる、彼が美作守だったゆかりになるものであろう。秀隆が造塔・造仏、写経・斎会を営み、一族の現当の福利を祈るいきさつに、当時地方豪族の富裕さと、辺境への文化浸透の様子をみることができる。

「源師頼書閣作文序」

この年三月・四月、師通邸で作文や和歌の会も催されたが、冬に、弾正少弼源師頼の書閣で作文会が催される。師頼は俊房の子である。「琴書雪裏に携ふ」という詩を一同賦し、序を匡房が書く、

予が如きは、生涯水のごとく急かにして、鬢は霜華二毛の歳に悴かみ、栄路山高うして、眼は露蘂万里の雲に倦めり。事を記して詞足らず、学に疲れて老いのまさに至らむとすといふことしかり。

と結ぶ、匡房時に四十四歳。

応徳二年

あくる二月十五日、勘解由長官を兼ね、同年十一月八日東宮学士を止める。皇太子実仁が十五歳で死んだからである。疱瘡(天然痘)の流行による。

三月に師通は清水に七日参籠、匡房は満願の前日に参詣してその宝蔵を見ている。牛一頭を主上より下賜されたのはこの翌四月である。六月庶人たる雅楽助源某のために金峯詣での願文を作る。参詣前の百日精進中に蔵人所の雑色の故に神

事につとめて精進を欠いたので、病気になったことを謝するためである。

この年師通は摂関侍読たる惟宗孝言について『左伝』『文選』『論語』等を読み、故実関係は一々匡房にたずねた。

応徳三年『後拾遺和歌集』撰進

白河天皇は文事に関心が深かった。『後拾遺集』撰進はその一つのあらわれである。応徳三年九月十六日参議右大辨藤原通俊が『後拾遺和歌集』二十巻を撰進した。春上巻に内大臣師通邸歌宴で匡房が「遙に山の桜を望む」の題でよんだ作、

高砂の尾の上の桜さきにけりとやまの霞たたずもあらなん

が入集する。小倉百人一首の名歌である。この集は、そもそも天皇の意志というよりも通俊が申請したもの、歌人第一たる源経信をさしおいて、通俊が撰したのはここにもとづく。通俊自らは歌人第一として自負していた。匡房は歌でも「ことなる上手」であったが、ある時通俊は面とむかっていった。

通俊と匡房

そなたは詩賦においてすぐれていらせらるる。どうして勝手しらぬ道に入つ

て和歌を好みなさるるのじや。

匡房は答えた。

しからば今日以後、和歌の道をばふつと止めましようずる。

その座に源経信がいていった。

詩賦とは関係はありませぬ。野相公（小野篁）も在納言（在原行平）も和漢を共にたしなまれたではござらぬか。（『八雲御抄』六）

定家・順徳院の匡房の和歌評

定家がかつて匡房の和歌を評していった。匡房の歌はたとえていえば浪の花が細く白く、深山からほとばしり出る流れの水に似ている。その流れが絶えようとして、尽きないおもむきだと。順徳院の評価によると、匡房は公任以来の歌人で、楚国に屈原がいたような地位にあるといい、通俊と匡房とは白河朝にならびたつ賢臣であったが、歌は比較にならぬほど匡房がまさっていたとある。

『文集』江家点

十月のある日の午前十時、匡房は召されて関白師実邸に行って、『文集』の江家

江家点の特色

点本によって、摂関家に伝わる本に点を移し加えるようにという命をうけた。『文集』の江家点は先祖千古以来伝わったもので、千古をはじめ維時・斉光・定基・匡衡と代々『文集』の侍読となった。匡衡は勅命により『文集』七十巻に加点して主上に献じたこともあり、「江家の江家たるは白楽天の恩なり」とさえいっている。猿投神社蔵『白氏文集』墨点や書陵部蔵侍従時賢書写『文集』黄点をはじめ、神田本たる明衡以来の伝本にも江家点が入っている。江家の点は藤家の点とともに、和訓が多く、助詞・助動詞などの補読を比較的多く加えるところの和文脈的な訓読の点法であった。これに対して菅家の点は清家の点とともに添意性の助詞をあまり用いず、助詞・助動詞の添加による補読もすくなく、字音読みの多い漢音調を主とする訓法であった。江家点はやわらかな屈折したリズム感にまさり、菅家点は簡勁なところがある。総じていえば平安朝の訓みは古雅な特色をもっていて、江戸期の訓法の無味なるにまさるのである。

従三位に叙する

白河院譲位、堀河院践祚

十一月二日、関白は義家の同母弟たる源義綱を召して、陸奥に兵乱がおこり、源義家が合戦しているといううわさについて問うている。二十日、譲位の議が定って、除目に匡房は従三位に叙せられる。こえて二十六日、晴天、善仁親王を皇太子として、即日譲位が行われる。白河天皇は父後三条院の遺志に反して、皇統を自分の弟である三宮輔仁(すけひと)に継がすよりも、中宮賢子の生んだ自分の子の皇子に継がせたいとかねてから思っていた。応徳二年十一月皇太子実仁が十五歳にして亡くなると、この考えがいっそうかたまり、ついにその一年後、突如として譲位が行われたのである。白河院は時に三十四歳、新帝は八歳。堀河院において践祚、関白師実は摂政になった。時代を劃する白河上皇の院政の時代はここにはじまる。それは幼帝を自ら後見して、藤原摂関勢力からも、三宮輔仁に集る無言の同情的な勢力からも防衛する処置であったともみられる。

匡房、白河院初任別当となる

同日、堀河院の践祚のあと、新任の摂政師実は白河院に参り、院司等の別当任命を院より仰せ下された。白河院の生母の兄にあたる按察大納言藤原実季やその養子であり、院の乳母子である顕季、実季の三男仲実、源師房の三男源大納言師忠ら、院の生母の血筋のものや、乳母筋のもの、また王党筋である人々に伍して、左大辨匡房が、院の別当に任ぜられたことは注目すべきことであろう。同日院司の判官代や院庁頭や主計(かずえ)たちも任命され、ここに白河院政の最初の組織が成立し発足した。後三条天皇の時代に記録荘園券契所の寄人(よりうど)として実務を担当決裁した匡房がこれら五人の初任別当たち、院の近臣グループの中にあっても学識経験者として中心的な存在となったことは容易に推察できるのである。

改元寛治

儒宗左大辨三位大江匡房は文章博士成季と敦宗とともに年号勘文を上り、匡房の考えた年号が採用されて、応徳四年四月七日年号は寛治と改まった。『礼記(らいき)』に湯王が民衆のために寛大な政治をして、民の苦痛を除いたという文句から取ったのである。鳥羽殿や白河の寺塔の大工事を強行していたこの時点において、この新しい年号は意味からいえば少々皮肉であろう。この年一月の県召の除目で、匡房は権大輔より正の式部大輔に転じた。儒職の最高たる式部大輔に任じたことは江家にあって維時・斉光・匡衡以来のことであって、院庁の別当となったこととともに匡房にとって一段と貫禄を増すこととなる。

城南鳥羽離宮竣工

位を譲った上皇白河院は自由をたのしむごとく鳥羽に、宇治に、あるいは白川の法勝寺に御幸をした。昨年来、備前守藤原季綱は鳥羽の領を院に献じたので、讃岐守高階泰仲が御所の建築をひきうけて、九条の南郊、鳥羽に林泉を営み、水閣を造った。スケールは小さいものではない。五畿七道六十餘州が課役に従い、池を掘り山を築いて、蓬萊の仙郷もかくやと思われるばかり、近習の卿相侍臣以下地下雑人ばらにいたる舎宅も設営されて百餘町に及び、ものさびしかった鳥羽田のあたり、羅城門の南方、朱雀のメーンストリートの延長の造り道のさきに忽然としてニュータウンが現出したのである。「帝都の南、一の仙洞あり、林池幽深、風流勝絶」とたたえられた城南(せいなん)の離宮は今の下鳥羽の中島の御所内というところにあたる。池の広さは南北九〇〇メートル、東西七〇〇メートル、水深は三メートルに近かった。深淵蒼海の趣で、岩石をたたみあげて蓬萊山を写し、帆船をうかべつらねた。おそらく鴨川の水を引いて湛えたのであろう。

下鳥羽は桂川と鴨川の合流点に近く、桂川のほとり久我(こが)の水郷の東方にあたるところ、かの宇治の大納言源隆国の子鳥羽僧正覚猷(かくゆう)が、往来の人を見て絵を描いたというのもこの鳥羽の津のほとりであり、後年鳥羽殿の近習の侍佐藤兵衛尉義清が出家して西行と改めたのもこの鳥羽であった。下鳥羽の北の壇上というのは覚猷の故地(こち)、竹田村の西の西行庵というのも義清の宅址であろうか。

十七世紀、ルイ十四世は三万六千の人と六千の馬を使ってパリ西南郊に豪奢華麗なヴェルサイユの宮殿を営んだという。十一世紀、極東の列島王国の三十四歳の新上皇はさしづめ、東方のルイ十四世とでもいおうか。二月五日午後八時、三条殿を出て、太上皇のパレードは新築落成した鳥羽殿に向った。池の堤には篝火(かがりび)がいっせいに点ぜられた。——わが国の歴史の年代記の上に「院政期」というランプが、こうして点ぜられたのである。これから上皇は三条殿や六条院と鳥羽殿と往ったり来たりの自由な生活がはじまる。この鳥羽の新離宮から時には摂政師実をたずねて、宇治平等院に足をのばしたり、またちかく右大臣源顕房の古河(こが)水閣に遊覧したりした。この日の豪華なパレードや大がかりな饗宴、さては勧賞(けんじょう)の禄などの費用はたいへんなものであった。

法勝寺御幸

次のスケジュールは法勝寺の御幸であった。六月二日の黎明から九日の夜まで参籠して、懺法(せんぽう)を修し、常行堂・阿弥陀堂・五大堂・薬師堂・円堂・講堂・法華堂・御塔等を巡詣した。九年前に落慶供養を営んだばかりの堂塔は眼もくらむばかりの壮麗さにかがやいていた。

この白河院政劈頭(へきとう)に華々しく行われた鳥羽御幸と法勝寺御幸は院政政権展開に

とってまことに象徴的である。白河殿・鳥羽殿の殿舎造営の大土木工事、法勝寺をはじめとする六勝寺一円の寺院建築とその荘厳(しょうごん)、豪奢を極めた信仰行事の誇示は、それらを支える諸国受領層の財政力とそれを動かした白河院庁の権力組織の成長、なかんずく院に対する荘園の集中現象を豫感せしめるに足る。こうして摂関家の政所(まんどころ)は昔日の光を失い、これにかわる政庁として院庁が大きくうかび上ってくるのである。

金沢柵陥落

この夏旱魃(かんばつ)が続き、神泉で祈雨の修法(しゅほう)もしきりに行われるうちに、奥州後三年の合戦も、苦戦の末に陸奥守義家は、出羽の金沢柵を陥落し、清原武衡・同家衡らを誅して、ほぼ乱を平げていた。院が法勝寺に懺法をはじめた日、三宮輔仁親王の元服が陽明門院御所で行われた。去年より度々延引をかさねていた行事が、遂にとり行われたわけである。太皇太后宮寛子の方で歌合が行われ、匡房は、

三宮元服

夕さればなにかいそがむ紅葉(もみじ)ばのしたてる山はよるもこえなむ

大嘗会悠紀屏風歌をよむ

とよんだ。内相府（師通）の書閣で作文会も行われていた。十一月十九日、大嘗会の悠紀方は近江国、匡房がこれをつとめた。四尺の十二月屏風をしたてて、「ひらの山に霞立つ」以下の歌をよんだ。

寛治二年

新帝朝覲行幸

　翌寛治二年一月十九日は大雪であった。前夜から摂政師通は宿侍していた。九歳の幼主が午後二時ごろ輿に乗って南殿より出て、雪のふるみちを上皇御所大炊殿に即位後の朝覲行幸をした。ひんづらを結った幼帝が輿よりおりる姿は、人々にめでたいながら涙をそそった。摂政は鼻切れ浅履をはいて中門の裏より入ったという。対面、饗饌のあと日没後舞楽になった。当日の行事の別当の一人が匡房であった。左が万歳楽・蘇合・陵王を奏した。右が地久・林歌・納蘇利を奏した。この時院は「太平楽の佐良居突きを奏してみよ」と命じたが、匡房は、

　太平楽にはそういうものはござりませぬ。賀殿に左良居突きはござりまするが。

匡房の舞楽の知識

と答えた。これはまちがった答えで、匡房はすばらしい才人であったが、舞楽のことはよく知らなかったのだといわれる。しかし彼は先祖の文時が撰した『舞楽略注』という書をもっていて、玉樹後庭花の舞、天上月宮(がつきゅう)の曲を定めたという。これがいわゆる霓裳羽衣曲(げいしょううい)で、この年の春、その装束が元興寺(がんごうじ)宝蔵から出現したと狛光季(こまのみつすえ)が奏上し、匡房は勅使となって宝蔵の調査をした。天人のすばらしい衣装一式が出てきたのである。

匡房は貞保親王の『横笛譜(ようじょうふ)』なども見ており、羽衣曲の楽と舞とについて訓読(読んで説明する)して、八十何歳の老楽師狛光季を指導しており、『江談』には玄上(げんじょう)以下の音楽の名器について語っている。彼が舞曲に不案内だったともいえないであろう。

正三位に叙し周防権守に任ずる

それはともかくもあれ、匡房はこの日の院行幸別当の勧賞にあずかって、正三位に叙した。同じ二十五日に周防権守を兼ねた。内大臣師通の子忠実が元服して侍従に任ぜられたのもこのころである。

名医――日本の扁鵲と喧伝せられた典薬頭丹波雅忠が死んだ四日後、二月二十二日院は高野御幸に出で立った。そのはなやかなパレードを見んものと洛中・洛外は湧いて、深草のあたりまで人垣ができた。高野の弘法大師廟堂を拝むためである。午刻に宇治に着いて、平等院本堂北廂を御所として昼食、山水はきよらに澄み、春を迎えた草木は艶やかにかがやき、一同前途の旅路も忘れる思、ここから摂政師実・内大臣師通以下とともに匡房も命によって帰京し、源氏の左右大臣がつき従った。一行は泉川の渡河に難渋してこの日東大寺の東南院に泊り、次は葛上郡火打崎に泊り、三日目に高野政所に到着し、翌日徒歩で登山、二十七日に廟堂に参り、表白や説経をきき、大塔造立の願を立て、大師の御影を拝した。かの今に伝わる高野の仏涅槃図はこの前年四月に描き上げられたばかり、かの図の抑制した悲しみの静けさは、あるいは上皇の胸をうったかもしれない。こうして京都に還幸したのは三月一日の午後であった。

白河院天竺力遊の志あり

そもそもこの高野御幸を上皇が思い立ったには匡房にかかわりがあるといわれる。寛治二年正月、上皇の仙洞御所で講経のおり、上皇が粟散辺土（ぞくさんへんど）の島国の王として、今や私は自由をえた。只今印度に生身（しょうじん）の如来が世に出て、説法しているという。聴聞しに天竺に渡りたいものだといった。多くの近臣は賛成した中でひとり匡房がいった。

天竺と震旦（しんだん）のさかいに流沙（るしゃ）・葱嶺（そうれい）という嶮難がある。葱嶺は八千里の西にあり、草も生いず、水もな

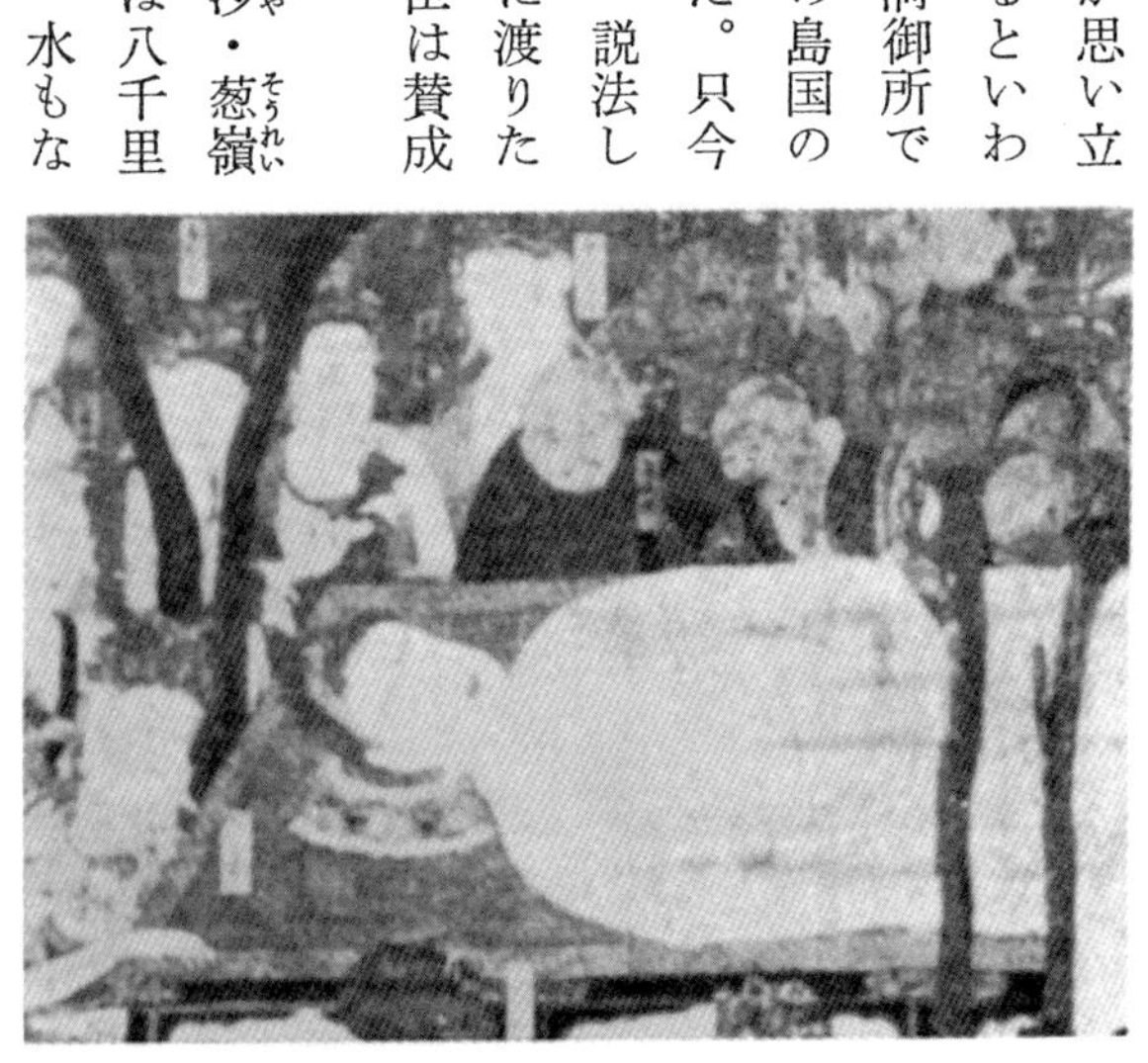

「仏涅槃図」〈部分〉（金剛峰寺所蔵）

く、銀河の高さにあり、白雲を踏んで天に昇る高嶺、頂に立てば三千世界が眼の中にありといわれる（カラコルム山系の西北パミール高原のこと）。次に流沙というのは、昼は谷風はげしく砂をとばして雨の如く、夜は妖鬼が走り散って火をとぼすことと星に似るという（タクラ゠マカン沙漠のこと）。玄奘が六度まで生命を失いかけた難路である。だが天竺でもなく震旦でもない、京より三ヵ日のところ、わが国高野山に生身の大師が入定していらっしゃる。この霊地を踏みもしないで、いきなり印度の仏蹟霊鷲山へ行けようなどとも思われません。

匡房のこの智識は『大慈恩寺三蔵法師伝』より得たものだ。それでは明日高野へ参ろうと上皇がいうと、匡房は、高野を日本の霊鷲山と思って、御幸の儀式を整えて参られるがよろしうございますというので、一月後に御幸に出立ったのだと、旧記は伝える。上皇が高野で、帝釈天宮に入り、近臣たちの錦綾が青苔に変じ、繡織が白雲に変じた夢を見たり、阿闍世王が祇園精舎で献燈した故事に

『白河上皇高野御幸記』

匡房の母のために母の亡父橘孝親の追善願文を作る

ならって、石壇の上に三万燈をかかげて供養したり、奥院で表白をよむ最中に大塔造立の願を立てたりしたいきさつも私にはわかるような気がする。

右大辨藤原通俊がこの御幸の始終を実録して、『御参詣高野記』と名づけた。御幸の次第は『扶桑略記』に詳しいが、最近高野山西南院から『寛治二年白河上皇高野御幸記』という鎌倉期古鈔本が発見せられた。一部は『略記』にも引用せられる。

当時匡房の母は七十歳ちかく、尼となって某寺に住んでいた。六月二十二日、匡房は母堂のため、先考宮内大輔橘朝臣孝親のための遠忌修善の願文を草した。つまり匡房にとって母方の祖父、孝親は「外には風月を嗜み、内には仏法に帰する」人物であった。老いた母は信心深かった慈父のおもかげをまぶたに描きながら法華経八巻・開結経等各一巻を手づから写し、別に阿弥陀五仏の図絵一鋪と心地観経八巻を書写し、開講・供養した。匡房は母のためにこれらの費用を負担したことはいうに及ばない。

参議に任ずる

内大臣師通の指導をする

こえて八月二十九日の除目に、匡房はついに参議に任じた。左大辨・勘解由長官・式部大輔・周防権守はもとのごとくである。江家にとって異数の昇進、遠祖音人の予言は匡房にいたって適中したといっていい。

参議匡房は、摂政師実にとって、最も信頼する相談相手であり、わが子師通の指導についても、摂関侍読として彼にたよるところが多かった。だから師通は彼を「いみじきもの（すばらしい大学者）」と敬重していた。匡房の屋敷は二条の北、東洞院の西にあり、後二条殿は二条の南、東洞院の東で、ちかい隣りであった。匡房は衣装もあきれるほどひどくわるいものをきたまま無愛想に日毎師通の邸にやってくる、師通は内大臣左大将の身分であるにかかわらず、折れ烏帽子をちゃんとつけて、逢って話をする。師通の子、後年の知足院関白忠実が、この五十年ほど後に人に語っている。――

堀川院や故殿（こどの）（師実）は匡房卿をさほど大した人物とは思っておられなかったよう

だが、後二条殿（師通）は、全く彼に傾倒しておられた。ある日、例のように匡房がにくさげな面もちで、無造作な恰好で参入してきた。ちょうど私のいるところに父もいて、そこへ匡房がきた。

実用の学として日記をつけさせる

「この子は、一文不通、とても勉強ぎらいでどうしようもない」と父が訴える。匡房は、「学問嫌いでも結構、関白・摂政は詩を作っても無益というもの。朝廷の公事こそ大切です。そこで勉強のやりかたを申しますと、紙を三十枚ほど続いで巻子本にして、大江通国ほどの学問のあるチューター（個人指導者）をそばにつけて、毎日の日記をつけさせることです。〃只今馳せ参り給ふ〃とか、〃今日天晴る〃とか、〃召しに依り参内す〃などと書かせなさい。文字を知らないなら、チューターに問わせたらよろしい。そうした日記を二-三巻書き続けたら相当の〃うるさい学生〃になれましょうし、四-五巻に及べば文句のないところ、しっかりした政治家の卵になれます」と答えた。

和魂漢才

要するに匡房が若い摂関家の御曹子に対して示した教育方針は、「漢才」を重視しないで、むしろ「大和魂」に強くなることを強調したのである。中国の古典学や漢詩文の学問よりも、むしろ本朝の故実有職に通暁することを重んじて、日記をつけることこそ、稽古の本道としたのであった。師通のチューターであった匡房は、だから師通に対してそうした指導をしたにちがいない。

『後二条師通記』

『後二条師通記』が今日のこっていることはそれを証する。同時に彼自らも、丹念に記録を書き続けた。それが今日断片的におびただしく残存する『江記』というものであろう。

『江記』

『江記』は『匡房卿記』とも、『江都督記』とも、『江中納言記』とも称せられる。これが今日のこっていれば彼の人間像や生涯のことはもっと明らかになるであろうが、今日佚文のほかのこっていない。彼は死ぬ直前に自分で「老後の間の日記」を焼きすてさせているが、それは『江記』の一部であったかもしれない。現存は寛治四年十一月伊勢奉幣使の記事と寛治八年四月賀茂詣の記事と天仁元年十一月大嘗会の記事だけで、『続々群書類従』五に収められる。また寛治元年十二月二十四日の『江記』佚文が『本朝世紀』に引かれているのをはじめ、寛治から嘉保・永長・長治・嘉承にわたり、『江記』のフラグメント(片断)は『主上御元服上寿作法抄』『御遊抄』『直物抄』『柳原家記録』『西園寺家記録』『石清水文書』『除目抄』『元亨三・四年具注暦裏書』『伏見宮家御記録』『修法要抄』『三僧記類聚』『歴代残闕日記』『小朝拝部類記』『年中行事秘抄』などに散見する。元永のころ宗忠のしるすところによれば、白河院はこの『江記』を書写せしめているところをみると、おそらく宮廷の有職故実にわたる記事にみたされており、有用なものであったのであろう。

堀河天皇元服

寛治三年一月五日、新帝は十一歳、匡房が習礼の上、元服の儀を紫宸殿にあげた。七日にその後宴があり、摂政師実は匡房の草した賀表を進った。加冠は師実、理髪は左大臣俊房、上寿は大納言経信であった。

故中宮賢子供養堂願文

八月十七日右大臣顕房室は、その娘、すなわち白河上皇の中宮、堀河天皇の生母である賢子が二十八歳で五年前に崩じたのを悲しんで、その旧居三条殿に仏堂を建立して供養した。匡房はその願文を作り、「新仏托胎(たくたい)の家に親近せむ」といって娘を失った母の心持を代弁した。

宇治殿扇合

こえて同月二十三日、雨の中を太皇太后(後冷泉皇后、寛子)は、父頼通の遺した宇治泉殿で庚申(こうしん)の歌合を行った。この歌合は、一種の物合せであって、寛平の菊合、永承の根合などと相ならんで、寛治の扇合として名高い。判者は経信、匡房は女房備中や俊頼とつがって四首をよんだ。紅葉の題で、

ゆふされはなにいそぐらむもみぢばのしたてる山はよるもみえなむ

(『廿巻本類聚歌合巻』四条宮扇合和歌)

『江師集』や『詞花集』にもとられた名歌である。

三月七日・九月二十一日師通邸で作文会があり、匡房も出席した。

院、彦根山西寺観音参詣御幸

寛治四年熊野御幸

『大峯縁起』の絵解き

白河上皇はこの年五月延暦寺に、十二月に彦根山西寺に御幸、こえて寛治四年一月に熊野御幸、寛治五年一月に日吉御幸、同二月に再び高野御幸をした。近江彦根の観音の霊異に、当時都鄙の人々は争って参詣した。利生(りしょう)は年の内の参詣に限るというので院は雪を冒(おか)して王公卿相(けいしょう)を引率して参詣した。しかし天狗の所為だという風説もあって改年以後ばったり人足は絶えた。院の振舞、すこし軽々(きょうきょう)に御幸づいているとみるべきである。熊野御幸のために一月十六日から、鳥羽離宮で熊野精進をはじめ、一月二十二日進発、二月十日に熊野本宮に奉幣、翌日、熊野の読人が『大峯縁起絵』を御覧に入れる豫定であった。院は縁起をみるために密河で沐浴をした。しかし読人の僧隆明は眼病のために、供奉の匡房がかわって『大峯縁起絵』を開いて絵解きをして院に見せた。帰洛は二十六日、一ヵ月をこえる大旅行であった。この時先達(せんだつ)をつとめた増誉が熊野三山検校職に補せられた。この増誉が聖護院を草創(そうそう)して、三井修験道の始として活躍するのである。

鳥羽殿行幸
水閣詩宴

四月十九日、院と帝と鳥羽殿に幸し、諸儒・文人を召して擬文章生(ぎもんじょうのしょう)の試が行われる。試験というよりも一種の作詩の競技のようなものである。匡房が「殿庭に舞衣を翻へす」という詩題を出した。翌二十日に鷲羽殿で競馬御覧、ついで馬場殿で詩宴、匡房は召されて、「松樹池水に臨めり」という題を献じた。下平八庚(かひょうはちこう)の情を韻字として匡房は次の一首を賦した。

仙家の池水　正に泓澄(おうちょう)たり
松樹臨み来りて　殊に情あり
草聖　煙を帯びて残月暗し
波臣　緑を衣(き)て晩風清し
亜(た)るる枝は色を瀉(そそ)ぐ　金塘の裏(うち)
密(きび)き葉は陰を浸す　玉岸の程
勝地に宸遊したまひて　看れども飽かず

千秋万歳　幾たびか相迎ふる

この時の序は『師通記』『続文粋(ぞくもんずい)』に出ている。序者は「参議正三位行左大辨勘解由長官式部大輔周防権守臣大江朝臣匡房」であった。彼はこの詩宴の興趣を魏の両主の西河の遊覧、唐の二帝の前殿の内宴に比した。

この時の作文(さくもん)の人々は、匡房を筆頭に、源俊房・藤師通・源経信・藤通俊・藤季仲・源師頼・源道時・藤行家・藤宗忠・藤季綱・藤成季・藤敦基・惟宗孝言・藤有俊・藤有信・源成宗・藤為房・菅在良・平時範・江隆兼・藤俊信・藤友実以上二十三人、まことに壮観というべく、それらの応製詩の全作品は新出の『九条家本中右記部類』紙背詩集に出ている。匡房は子の隆兼を帯同して参加したのである。

匡房は後三条・白河・堀河三朝の学士侍読で、六月九日には主上に召されて『漢書』の孝文本紀を昼(ひ)の御座で進講したり、寛治五年一月十七日には帝王学のテキストたる『帝範』を献上したりする。同時に、摂関家の侍読として師通の読書をも指導した。四月には師通邸で『漢書』を講授し、不審が出てくると師通は江家の本を借りて比照(ひしょう)したりする。十二月になると『後漢書』の列伝に読み進んでいる。師通という人物は「御心ばへたけく、すがたも御能もすぐれ」ていた。匡房はある晴れの儀のときに、彼をほめていった。

　ああ、何とかしてこのすがたを大陸(もろこし)の人に見せたいものだ。一の人としてさし出せば、どんなにかかれらも賞め讃えよう。

十二月七日陸奥貢馬の日に、師通は匡房に詩題を求め、彼は晉の王子猷(しゆう)の会稽山陰の故事を偲(しの)んで「冬の朝舟の裏(うち)なる意(こころ)」の題を出した。九日には『後漢書』講読、十日、雪の日、師通邸で聯句並びに管絃の詩宴が開かれる。経信も参加、通宵興言(きょうげん)・酩酊した。月が傾いたので人々は帰宅した。聯句は唐でも、中唐ごろから行われた。李白や杜甫(とほ)や顔真卿(がんしんけい)たちが、その仲間の詩人たちと五言・七言一句又は二句ずつを共同で、一首の律詩や排律を聯作したりしている。白居易も劉禹錫たちと聯句をたのしんでいる。わが国ではいつごろから行われたか明らかでないが、皮日休や陸亀蒙たちの影響もうけて、九世紀中ごろから早くも行われたかと思われる。わが国では『江談』に、匡衡の、

深草人為レ器　匡衡　小松僧沸レ湯

などの作品を紹介している。深草の人が茶碗を焼いて、小松の僧が茶の湯を沸かすというので、平語で対句の妙味と諧謔とをたのしんでいる。匡房の生れたころから聯句・聯歌と和漢任意に舟の上などで即興的に行うことも流行していたが（長元八年『賀陽水閣歌合』）この翌年六月にも師通は経信ら五-六人と八条へ行って、朗詠・催馬楽をうたい、連句・聯歌を行って楽しんだことがみえる。聯歌は『江帥集』にもみえる。連歌が勅撰集にとりあげられるのは『金葉集』である。なお『今鏡』に俊頼と基俊の連歌についてしるしており、このような言語遊戯は、掩韻（いんふ・たぎ）など

聯句・聯歌和漢任意

連句と連歌

匡房五十歳

「銭塘水心寺詩」

とともに行われていたのである。

匡房はこの年五十歳であった。白楽天も五十歳の秋、銭塘湖岸に月をみる詩があるが、それを思いやって、匡房も「水心寺詩」を作った。『本朝麗藻』『江吏部集』に為憲や孝道や匡衡らの水心寺詩とその奉和の詩があり、その作品群をうけて同じ韻を次いで匡房も作ったのである。

餘杭なる蕭なる寺は　湖の頭に在り
伝へ道へらく　水心は景趣幽かなりと
火宅出離す　門外の路
月輪落ちて照らす　鏡中の遊

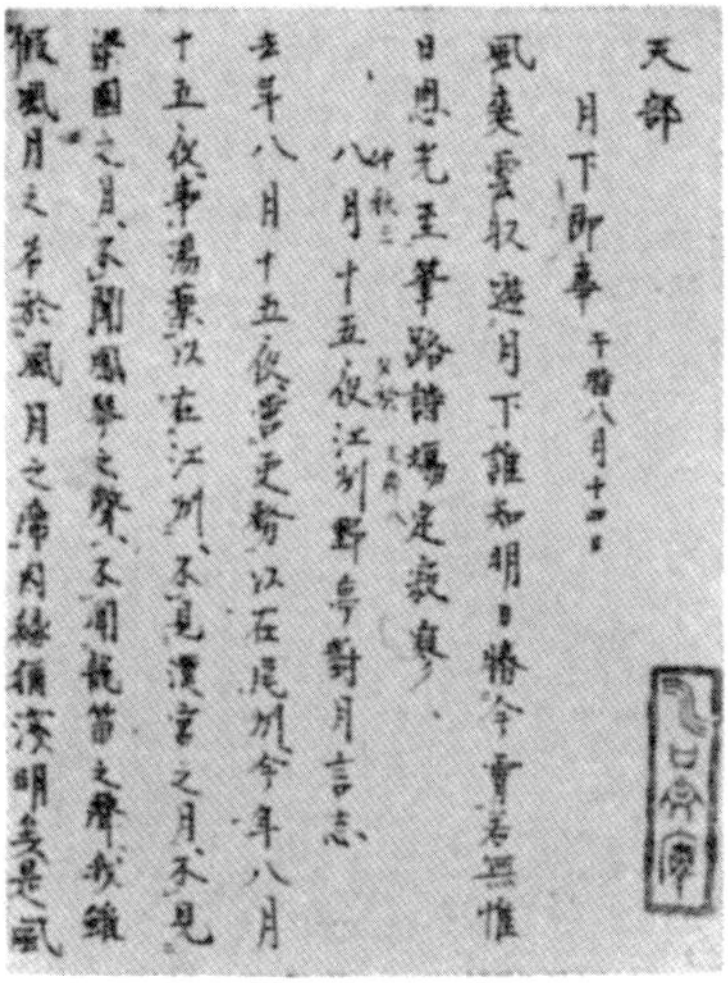

西荘文庫旧蔵本『江吏部集』

雲の波烟の浪　三千里
自ら想ひ心に馳す　五十の秋
天外茫々として　齢已(よわいすで)に暮れぬ
此の生　何(いずれ)の日にか相求むること得む
（『本朝無題詩』巻九、山寺）

「五十にして江城の守たり、杯を停めて一に自ら思ふ」という白詩句の投影は明らかである。詩酒と道場の気分ととけ合うところ、勧学会(え)的な気分が流れている。

「鳥羽離宮上皇和歌御会小序」を作る

白河院は漢詩・和歌をとわず、匡房に傾倒するところがあった。東京大学史料編纂所に『扶桑古文集』という写本が所蔵されるが、その中に、ある年の冬、白河院の御製和歌「松の影水に浮べり」というのがあって、匡房作の応製和歌一首と真字(まな)体小序とが出ていて貴重である。鳥羽殿は院の仙居であり、林泉は蓬萊さながらで、松が池の堤に老い、影が水面にうかび、夕(ゆうべ)の浪が花を揚げ、寒(ひやや)き流れが月を帯びているのをたたえて、

ゆく水にときはの影をうつしてぞ松のみどりも色まさりけり

と詠んだのもこの前後のころであろう。

『朗詠江註』

ここで匡房の『朗詠江註（ごうちゅう）』にふれておかなければならない。上皇は漢詩を愛好し、公任の『和漢朗詠』に入っている詩の残りをたずね、四韻そろった完全な詩をあつめるしごとを匡房に命じたという。今日その佚文（いつぶん）のみが残存するに過ぎない『朗詠江註』というのはその名残りを伝えるかと推察されるが、実際に『袋草紙』などに散見する『朗詠集江註』というものは、例えば「三壺雲浮、七万里之程分浪、註云、都良香神仙策也。良香私通二彼家女一、善縄作云々。竊取二件破却紙一、開読所二作設一云々」とあり、これは匡房の『本朝神仙伝』の都良香事第二十四と一致するものであるが、『今鏡』のいうところと合わないし、『江註』は和歌をも注しているから、全く別のものであったと断ぜざるをえない。今日佚書（いっしょ）というほかなく、あるいは岩波古典文学大系本『和漢朗詠集』付載の出典一覧のごとき性

『和漢朗詠』出典研究

質のものであったかもしれない。

寛治五年

二月十日夜、匡房は易の勘文を院に進っている。重い慎しみがこの年二月と七月にあるので、匡房の判断にたよったのであろう。三月十六日、内大臣師通は曲水の詩宴を父の関白師実の六条水閣で行った。道長が東三条においてかつて行った旧例を追ったのである。庭中水辺に草座をしいて、鸚鵡盃を浮べて桃の花の宴をし、匡房は「羽爵流れに泛びて来る」という詩題を出して、俊房・師通・経信以下二十三人の公卿や学儒・文人らが応教詩を作った。その模様は『師通記』『中右記』に叙べられ、全作品は『九条家本中右記部類紙背詩集』に出ている。

六条博陸殿下水亭曲水宴

周旦の古の風　暁の水に伝ふ
魏年の昔の浪　春の苔に寄る

という匡房の摘句は『新撰朗詠』『和漢兼作集』に収まる。

藤原親子草子合

この年十月十三日に白河上皇乳母従二位藤原親子が白川の家で草子合を行った。

康資王の母などが参会しているが、顕季とそのグループの歌合で、匡房の好敵手たる通俊にゆかりのふかい親子の主催、当時は草仮名書芸と女絵の絵冊子にみる大和絵芸術の極盛・爛熟期であり、料紙や装幀の技術も洗練・巧緻を極めた。『西本願寺本卅六人集』の豪華・絢爛をうみ出す時代で、草子合も「絵かきたる冊子に、歌かける冊子を添へてその意匠を競ふ遊技」(関根正直博士の説)であったと考えられる。まさに禖子内親王家における物語合とあいまって、『源氏物語』における絵合の流れに立つ文化史上注目すべき歌合と思われる。

師通の曲水宴と寛子の草子合は寛治五年をかざる復古主義・文化主義の行事、これが栄花の時代のくぎりをつける象徴というべきであるならば、次にのべることがらは新しい時代の到来を予感せしめる前兆といっていいかもしれない。六月十二日、前陸奥守源義家とその弟源義綱とが、あやうく合戦をひきおこそうとして、五畿七道に宣旨が発せられ、「天下の騒動、これより大なるはなし」と称せ

義家・義綱京中合戦

られた。宣旨というのは、義家の随兵が入京することと、諸国の百姓が田畠公験を義家に寄せることとを禁ずる旨のもので、河内国の領所のことでおこったもめごとが原因で、義家と義綱の間に権力争いがもちあがり、すでに京の中で合戦がはじまったという事件である。この翌年五月五日には義家が恣に諸国に荘園を構立することを禁ずる宣旨が出ている。如何に武者の棟梁たる義家の武力にたよって、荘園を寄せるものが多かったかの証左であり、正しく新しい変革の時代の到来を告げることではなかろうか。この翌寛治六年をもって、『栄花物語』四十巻がフィナーレ（終幕）となることは何かしら一つの時代が終末したということを暗示するようで興味ふかい。

近畿強震

寛治五年八月七日近畿一帯に強震が襲った。法成寺の丈六の軍荼利像が震倒し、

師実五十賀

九重塔の流星が傾き、金堂中尊の瓔珞が落ちた。十二月師実は法性寺にて五十賀を行った。彼が道長筆『時務策』二巻・『抱朴子』七巻・為憲撰『本朝詞林』十

巻を師通に譲ったのも五十歳を記念したのであろうか。

寛治六年越前権守となる

翌一月二十七日の除目には匡房は越前権守を兼ねる。

春日祭上卿忠実の下向に随行する

二月六日、霜の朝、十五歳の中納言中将忠実が春日祭上卿(しょうけい)として奈良に下向、匡房も随って下る。宇治に到着すると、四条宮寛子が宇治殿にいて迎えた。設けの桟敷(さじき)から寛子方の女房共の衣がこぼれ出て、絵のように美しかった。紙幡(かみはた)河原で、扈従(こしょう)していた源義綱の武者たちが笠懸を射て、一行の見物に供した。養由基(ようゆうき)もかくやと思われる射芸の見事さであった。

無事に勤めを果した上卿の行列が中一日おいて、三日目の午後四時ころ九条につくと、関白師実は左右両大臣俊房・顕房と同車で物見に立つ有様で、京洛の上下ひとしく讃歎して見物した。

『栄花物語』の大団円

行く末もいとど栄えぞまさるべき春日の山の松の梢は

という藤原道長の子孫の栄えを讃える一首の歌をもって、『栄花物語』四十巻は大団円を告げる。摂関貴族藤原氏の伝統的権力の、いわばフィナーレというべきか。

『栄花物語』と『大鏡』と

これとともに、このあと源氏系院政貴族によって、もう一つの世継の物語が、『栄花物語』とすっかりちがったスタイルで書かれる。『大鏡』である。『栄花物語』と同じく王朝の世継を語り、道長の栄光をたたえながら、そこに新しく王威のいみじきことを強調し、道理の感覚による道長批判を織りこむ。前者は女房日記の編年体の体裁であるに対して、後者は男性の手による戯曲的構成で貫かれた紀伝体という嶄新(ざんしん)なスタイルである。匡房の生きた院政という新しい時代の息吹きがここにも正しく反映する。「王威の尊重」と「道長の栄花」とはいわば矛盾するテーゼにちがいない、そこに天皇家中心の院政期の時代特性がうかがわれる。

『宇治大納言物語』と『今昔物語集』と

もう一つ、『宇治大納言物語』『今昔物語集』の成立もほぼ匡房の生きた時代とかさなる。これらが匡房の歴史感覚や説話に傾斜する性格と如何にかかわるかはおのずから興味ある課題でなければならない。

この年、院は四月三十日より金峯精進（きんぷしょうじん）をはじめ、匡房の指導のもとに、七月二日金峯に参詣する。昨年閏七月に上皇が布引（ぬのびき）滝御幸をしていることが、寛平八年の旧例によるとすれば、これは延喜五年の旧例にそうもので、七月十七日に帰洛この時の願文も匡房が草した。

師通に『後漢書』を講授する

試みにこの前後の匡房の動静を『師通記』などを通してうかがってみる。彼は後二条殿に行っては連続して『後漢書』の列伝を次々と講授している。これも寛平時代の遺風を襲うもの。十二月七日と二十日に班超（はんちょう）の伝をよむ。「武勇の人なり」と、匡房から講義をうけた師通がしるしているところをみると、班超をよみつつ、新しいわが朝の武勇の人――擡頭する源義家グループのことを思い描いていたにちがいない。十月、十日間匡房は奉幣勅使として伊勢に出張、帰洛した日に彼は『白氏洛中集』一巻を携えて師通に復命している。十二月には師通邸で作文、「雪は飛ぶ羇旅（きりょ）の中」という題は匡房が出した。『晋書』に伝せられる悲劇の人嵆（けい）

康を師通と論じた日もある。暮もおしつまって、仏名の時、内親王媞子から『三代御製』『本朝佳句』『本朝麗藻』を見たいと師通の許に申しこまれる一方、内裏へ師通は『系蒙』二帖・『琵琶譜』を返却し、『儀礼注』『時務策』二巻を借用している。匡房がこれらの図書について一々かかわりをもっていたにちがいない。翌寛治七年も『後漢書』講義は休まない。時に明衡の点した『後漢書』を源経信より借りたりもする。

寛治の左大弁時代、匡房は春秋の佳期にしばしば東山の長楽寺に遊んで詩を作っている。おそらく師通に扈従し、経信・伊房をはじめ、季仲・基綱ら宮廷の辨官たちや大学頭藤是綱以下の文人たちと同行したもの、長楽寺は柳桜をこきまぜて春の錦のような平安城を一眸の下にする東山の御寺、そこには有名な地獄絵の画堂もあった。いまその一首を『九条家本無名詩集』からあげておく。

春日遊長楽寺詩

春日遊二長楽寺一　　左大弁匡房

老い来りていかでか芳しき辰(とき)を惜まざらむ

蓮府の閑遊に後塵に従ふ

衰鬢(すいびん)の白霜は　まさに雪に至らむ

浮生(ふせい)は已(すで)に暮れて　幾ばくの春をか残せる

　偶(たまたま)蟬なす冠(かむり)に交はりぬ　花の前なる客

暫(しばら)く龍　鐘(りようしよう)としておとろへにたるを慰みぬ　夢の裡(うち)なる身

禅侶言ふこと莫(なか)れ　偏へに綺(いは)へたる語(こと)と

縁を結ぶはともにこれ善根の人なり

五十歳台にふみこんで彼は老いについての感慨をしるしているが、次の作——

賦牡丹花詩　初夏に牡丹花をみて詠物詩を作ったのもこのころであろうか。

　賦ニ牡丹花一

花に対(むか)ひて日夜欄干に倚(よ)る

再三沈吟して牡丹を憐れぶ（中略）
老い去つてなまじひに冠蓋の客に交はる
嘲ることなかれ　興に引かれて漏まさに闌けにたらむことを

これもやはり老いを意識しているといえよう。

郁芳門院根合

五月五日、白河上皇の皇女郁芳門院媞子内親王の寿を祈り病をはらうために盛大な菖蒲根合が催される。天徳詩合や永承六年殿上根合の旧例を襲っている。この日のために左方は一院（上皇）を中心に、右方は女院を中心にして、早くから準備が進められた。五月一日には左右ともに河原で七社に奉幣して勝利を祈る。右方は匡房をして告文を草せしめて祈った。

当日午後二時、左右の方人は六条院の泉殿に参集、燭ともしごろ、左の方人は龍頭の船にのり奏楽とともに入場する。右の方人は紙燭をとって参入、簾中に上皇、その東の間に門院が坐する。左方の菖蒲の根一丈六尺、薬玉の花枝をつけて

ある。右方は八尺ばかり、薬玉もないので負け。銀製の根をも合わせ、次に和歌合。一番の題はあやめ、

　　ながき根ぞはるかにみゆるあやめ草ひくべきかずを千年と思へば

とよみあげられる。二番は郭公（ほととぎす）、大貳とつがった匡房の作、

　　ゆふつくひいればをぐらの山のはにたちかへりなく郭公かな

左方大貳方の人は「匡房の歌は梵語みたいで通事がいなければ意味がわからない」と評して大貳の勝と信じたが、顕房は思案の後に持にしたもので、左に腹立（ふくりゅう）の色があった。三番五月雨、四番祝、五番恋。左方が勝って勝方の舞。十番あったので、郁芳門院十番歌合ともいう。右方に源義綱の女伊与がえらばれていたことは注目すべきである。九月には左方が賀茂社にお礼まいりをし、上皇御覧の競馬がある、盛んなものである。

この歌合で右大辨通俊と左大辨匡房とは好敵手であったが、相対することを避

けた。通俊が、「和歌の道においては能宣や忠岑であろうとおそれることではないが、貴殿（房匡）に対しては深く恐れる」と以前に言ったことがあるからである。

郁芳門院は時に十九歳、その寿を菖蒲の根にかけて祈ったかいなく、上皇鍾愛の門院は永長元年二十一歳でみまかった。

専制の主白河院

この六月十九日、匡房の書いた『江記』の佚文によると、「今の世のことは、すべてまず上皇の御気色を仰ぐべきか」とある。治天の君白河上皇のところに政治権力が移っていたことの証左である。大治四年白河上皇崩御の時、中御門宗忠はその日記『中右記』にしるしている。

> 天下の政を秉ること五十七年、意に任せ法に拘はらずして、除目・叙位を行ひ給ふこと、古今未だ有らず。（中略）威四海に満ち、天下帰服せり。幼主三代の政を秉り、斎王六人の親となる、桓武以来絶えて例なし、聖明の君、長久の主なり。但し理非決断、賞罰分明、愛すると悪むと掲焉たり。貧しきと

富めると顕然たり。男女の殊寵(しゅちょう)多し、已(すで)に天下の品秩(ひんちつ)を破れるなり。仍(すなわ)ち上下の衆人、心力に勝(た)へざるか。

と評して、白河上皇が専制君主だったことを強調している、「男女の殊寵多し」とあるあたりは歴史小説の題材にもなりうる。宗忠はまた白河院の年来(としごろ)の善根として、

院政期数量の文化

絵像五千四百七十餘體
生丈仏五體 丈六百廿七體
半丈六十六體
等身三千百五十體
三尺以下二千九百卅餘體
堂宇、塔二十一基、小塔四十四万六千六百卅餘基
金泥一切経書写
此外、秘法修善千万壇、不レ知ニ其数一。(『中右記』大治四年七月十五日)

としるしている。右のうち小塔供養の数に注意すべく、その他千日供養・千僧読経・千部経供養・千日御講など盛んに行われ、『水左記』によれば、観音像三千三百三十三體図絵供養や延命菩薩像一万體等がしるされ、『今鏡』によれば万燈一斉点燈がしるされる。院政期はかくて数量文化をほこる時代といっていい。匡房の『江納言願文集』にみえる造寺・造仏のおびただしさも同じ傾向を示すものというべきであろう。

　このようにおびただしい数量をかさねるということはどこからくるのであろうか。雄大なスケールと、念の入った数量のつみかさねとによって仏事作善を営むというのは、当年の支配権力層における何らかのあせりをあらわすものではないか。もりあがってくる民衆世界からの何らかの力に対する一つのバランスをはかろうとするものではなかろうか。当時ことに洪水・大風の被害、疫病の猖獗による死者の増大、盗賊の横行、山法師や神人たちの強訴、国司や荘園による誅求、

──もりあがってくる民衆世界からの怨嗟の声と悲痛なうめき、それらはまだ組織化されないながら、救いのない末法のすがたとして、聖たち──山窟に禅行する神仙のいきほとけや廻国勧進の遊行の聖たち、在俗の沙弥たちによって一層痛切に地獄への畏怖、生存への不安をかきたてられもしたであろう。そうした無言の民衆世界からのもりあがりに対抗し、貴族支配層の人々は魂のバランスをとりかえし、力と権威とのあかしとして、経済力を傾けて造塔・造仏・写経・講経の供養・作善につとめたかに見える。民衆の上にも、貴族の上にも苦悩にゆがむ顔がみられるのである。匡房は貴族の側の作善願文を作ると共に、一方民衆の側の聖や神仙や往生人たちの行実にも関心をはらった。

南都北嶺の闘諍

かくて上皇の造寺・造仏と寺社参詣御幸の頻繁さに比例して、一方世間の騒動、なかんずく衆徒たちのはげしい諍乱は深刻さを刻々にまして行った。八月興福寺衆徒騒動に対する処置について、山門の大衆が乱発し、座主良真の坊をうちこわし、春日社荘園の紛議は山門の内紛をおこして良真の兵は西塔を襲い、横川の僧徒が撃退する。聖域叡山は合戦場となったので座主は辞任してしまう。九月興福寺大衆は発向して金峯山をうって合戦、金峯焼亡の風聞である。天下の大事、世間の大変として、師通とそのブレーンたる匡房らは、この傾きかける王朝秩序を歎く。こうした苦悩の中に、師通は『後漢書』列伝八十巻を匡房より講義をうけ、十二月二十八日全巻をあげるのである。

九　江中納言

遊女の好むもの　雑芸　鼓　小端舟
簦　翳　艫取り女　男の愛祈る百太夫
（『梁塵秘抄』巻二、雑）

寛治八年
権中納言に任ずる

遠祖音人の餘徳

寛治八年六月十三日の除目に、右大辨通俊・左大辨匡房はともに数輩の上首を超えて権中納言に任じ、匡房の後任として藤原季仲が左大辨となる。次いで十二月十一日従二位を勅叙される。匡房が納言に任ぜられたのはまことに華々しい抜擢であった。彼は自らこれは先祖音人が長岡獄で寛仁の処置をした餘徳だと語っている。このことは『江談』にみえるところ、この話は、前述のごとく『蒙求』に見える于公高門の故事を付会したところ、いかにも説話管理者でもあった彼のあたりから出てきそうな話とみていいであろうか。

伯の母の賀歌

このとき神祇伯康資王の母は、匡房の任中納言をよろこび、

くらゐ山こずゑはたかくのぼるともおいそのもりをおもひわするな

と詠んできた。中納言になっても、老いた伯の母を忘れるなという意をこめている。伯の母は伊勢大輔の娘で、すぐれた歌人、歌僧若狭阿闍梨隆源との風流説話や、常陸守の妻として下向して、在地の豪族左衛門大夫平維基をめぐる経済力の強大さに驚く説話は『梅沢本古本説話集』にみえるところ。

高陽院殿歌合

八月十九日夜に入って関白師実は高陽院で永承の例によって歌合を催した。関白殿五番歌合とよばれる。左は女房、右は男房、男房には通俊・匡房・正家・俊頼ら。判者は源経信。江中納言匡房は四条宮筑前君と対した。桜の題で筑前の御（女房を通称御とよぶ）は、

紅のうす花さくらにほはずはみな白雲とみてや過ぎまし

と作り、匡房は、

白雲とみゆるにしるしみよしのの吉野の山の花さかりかも

とよんだ。経信は「くれなゐの桜」は詩には作るが、歌にはよんだことがないと難じて、負けにした。師実は、

しら雲はたちへだつれど紅のうす花さくら心にぞそむ

とよんで筑前の御を慰めた。この筑前の君は神祇伯康資王母にほかならない。

女絵・男絵の下絵料紙

この時の歌は春・夏・秋・冬・祝各一巻で、琉璃の軸に色々の色紙、下絵に左方は女絵、右方は男絵で、歌の心をそれぞれ絵にかいて、「美麗過差、極まりなし」と評せられた。こういう風流を愛好する風潮を背景にして、『隆能源氏絵』や『西本願寺本三十六人集』にみるような院政期のおどろくべき絵画装飾の技術も磨きあげられ、同時に文芸においても『新古今』へ橋渡しする幽玄の歌風も、漢詩的世界の基盤の上にかかる風流によってその下地を準備されて行ったと思う。

新古今風体の基盤

右大臣源顕房赤痢により薨ずる

九月五日右大臣源顕房が十日ほど前からの赤痢の病により五十八歳であえなくみまかった。国母たる中宮賢子や久我(こが)家の祖中院雅実や、東大寺覚樹たちの父である。邸は六条室町にあり、その池亭は彼の別業(べつぎょう)久我の水閣とともに有名であった。公には十五日まで廃朝を仰せ出された。

疱瘡により嘉保と改元

十二月十五日、嘉保と改元、江中納言の勘申した嘉保と承安の二つの中から採用されたもの、『史記』の「嘉保太平」の文句を出典とする。国内の静謐(せいひつ)・平和というものを翹望(ぎょうぼう)する意がこもる。去年の冬より国内に疱瘡が流行し、今年の秋冬になって赤疱瘡が猖獗(しょうけつ)を極めたので、年の凶を避けるためであった。

『栄花物語』と『扶桑略記』の獲麟

前年春二月の記事をもって『栄花物語』四十巻は大団円をつげることは前述した。同じく本年三月の日蝕と関白師実浄妙寺参詣の記事をもって、仏教的視角から神武天皇より堀河天皇までの歴史をおびただしい資料の引用によってあとづけてきた阿闍梨皇円の『扶桑略記』も大団円をつげる。『栄花』の続篇も『扶桑略記』

もひとしくこれより間もないころ、十二世紀のはじめころに成立したとみられる。『栄花』続篇の作者も阿闍梨皇円も、この寛治の末年で筆を絶ったことは、文字通り一つの時代を劃したのであり、ともにここらに時代が大きく転換したとの意識を身をもって痛感しているやに思われる（人によっては『大鏡』の作者にかかわりありと想定される源顕房の死も、寛治の最終の時にあたる）。

時代転換の意識

匡房個人についても寛治は彼の文筆活動の面からも、公人としての生活の面からも一つの転換期であった。江家出身の一学儒が中納言に昇進することは正しく異例のことであり、彼自身の述懐によれば、彼の文筆活動において、「寛治以後、文章は一変」したのである。彼の前半生の漢文学作品は雕心鏤骨（ちょうしんるこつ）の苦心をしたものが多い。それは平安朝漢文学の黄金時代たる弘仁・寛平朝の晴れの儀の文章の栄光の再現・復興につとめたかと思われる。かかる尚古主義の理想に努力したことはいいかえれば伝統的権威主義官人文学の風体の復活への努力であり、とりもな

寛治以後、文章一変

おさず四六文との苦しい戦いであったと思われる。しかもそれは孤独な戦いであった。彼の「暮年詩記」をみると、それらを真に理解してくれる文人は寥々たるものであった。菅原定義・平定親・源経信・同時綱・惟宗孝言・大江佐国・藤原実綱・同有信らに過ぎない。彼らのあるものは泣いて匡房の詩に感歎した。その一握りの文人が彼を真に理解し彼の文章に苦心することを支えたが、彼らが次々にみまかって行くと、そぞろに文道における孤独感・寂寥感にせめられる。

「暮年詩記」

文道における孤独感

爰に頃年以来、此くの如き人、皆物故しぬ。文を識れる人、一人も存するなし。司馬遷謂へること有り、誰がためにか為らむ、誰をしてか聞かしめむと。蓋し聞く、匠石（『荘子』にみえる名工の名）は斧を郢人に輟め、伯牙は絃を鍾子に絶つといふことを。何に況むや、風騒の道、識る者は鮮し。巧心拙目といふこと、古人の傷ぶところ。

（『朝野群載』巻三）

――巧心拙目、作者が巧緻を極めて深い心より文を作っても、見る人の眼力が拙劣であれば嘲笑せられるだけだというのは陸機(りくき)の『文賦』のことばである。だから彼を理解する文人がみまかった寛治以後、彼の文章は一変したのである。自ら彼はいう、「寛治以後、文章は敢えて深く思いをめぐらさなくなった。人から依頼されればやむをえずただ翰墨(かんぼく)の責をふさぐばかりである。もし創作的衝動がわけば、自然作品として表現し、独吟や偶詠も作らないではない。」

匡房の文学意識の変移

彼の内部におけるこうした文学についての意識の変化はいわば四六の伝統的美文に苦心する藻飾濫調(そうしょくらんちょう)の作品より、さらさらと事実を直叙するところの、現実の事態に密着してそれを把握・表現するところの文体への変革・転進である。それは匡房の内部意識の変革であるとともに、王朝後期――院政期漢文学の大きい潮流そのものの推移でもあった。また大陸の晩唐詩においてみられる現象とも多少似ないでもなかった。

「詩境記」――匡房の詩論

彼は「詩境記」というエッセイにおいて、文学創作の秘密は、瞬間的に人の心にひらめき訪れるところの詩的衝動にありとして、その衝動を誘発する詩境——佳境というものを重視する。次に中国において『詩経』よりはじまり、元白(元稹と白居易)の元和体の展開に及ぶ詩史を大観し、次にわが国の弘仁・承和以後、貞観・延喜と承平・天暦と長保・寛弘という風に王朝漢文学のピークを四つに区分しあとづける。注目すべき詩論・詩史の概説である。

儀式典礼の変移

寛治が一つの転換期として意識されることは単に漢文学作品の上だけでない。彼が有職故実の規範、儀式典礼の法則たる、新しい次第を書いたのも、寛治ごろの政治変革と社会意識の推移が契機である。彼は寛治のはじめごろから丹念に日記——すなわち『江記』をかきのこして行ったことはたしかであるが、宮中・府中の儀式典礼において、伝統的な古礼の前例を尊重し参照しつつ、新しい時代と社会に適合する規準を問われ、そのたびに、政府要路当事者——主として関白師通のために意見をまとめて行った。

『新儀式』以下古礼となる

そもそも儀式典礼は、東洋古代の礼楽の意識にもとづく不易の社会原理であるとともに、儒教に基盤をおくところのわが律令体制下の天皇国家を維持する公的な根本儀則であった。しかしこれは時代や社会意識の推移によって、不断に変化することを免れない。延喜の時には『儀式』十巻を撰したが、古礼となったので、天暦の時に『新儀式』一巻を撰した。その後西宮左府源高明が『西宮記』を、四条大納言公任が『北山鈔』を相次いで撰した。『新儀式』を補足・助成したものである。一条天皇以来、天下の政務は一変し、白河・堀河天皇に至って大きい変革を迎えて、『新儀式』がすっかり古礼となってしまった。一条兼良の『江次第鈔』によれば、匡房は後二条関白師通の命により、その時その時の公事について恒例・臨時の次第を立ててしるして行き、別に一書を成すつもりはなかったが、後人が集めて二十一巻に部類・集成したのである。師通は康和元年に死んでいるから、『江次第』の骨組はそれまでに大体成立していたであろう。後年富家殿忠実

『江家次第』の成立

は「末代の公事（くじ）、これに過ぎたるものはない」といい、「神妙のもの」といいながらも、「但し参考には便利だが、すこしばかりさかしい僻事（ひがごと）もまじっている」と評した。中原師元のしるした『中外抄』に忠実の物語をかきとめたものをみると、『江次第』のうち内辨・官奏・除目・叙位等の作法に「僻事（まちがい）」があるが、その外の常の次第はすばらしいものだといっている。『台記』でも頼長は大嘗会の記事において智者の一失ありと指摘している。

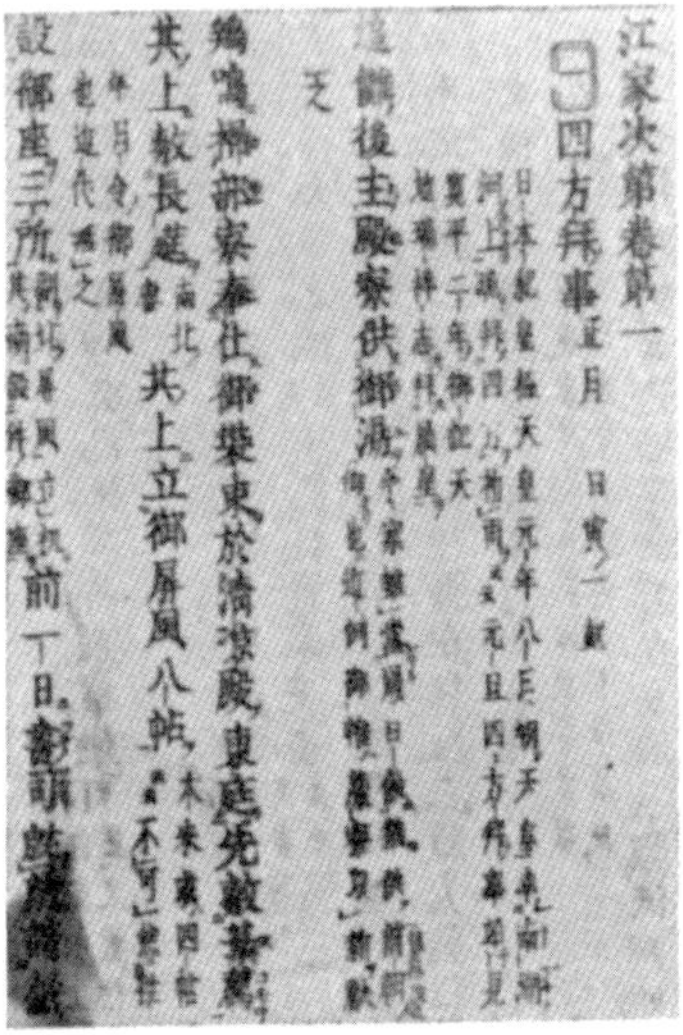
江家次第巻第一
四方拜事 正月
追儺後主殿寮供御湯
掃部寮奉仕御座東於清涼殿東庭
共上敷長筵 共上立御屏風八帖
設御座三所

承応二年版本『江家次第』

『江家次第』の内容

『江家次第』は二十一巻だが現存は十九巻。巻一の正月恒例の四方拝よりはじまり、巻十一の十二月恒例の追儺（ついな）に及び、巻

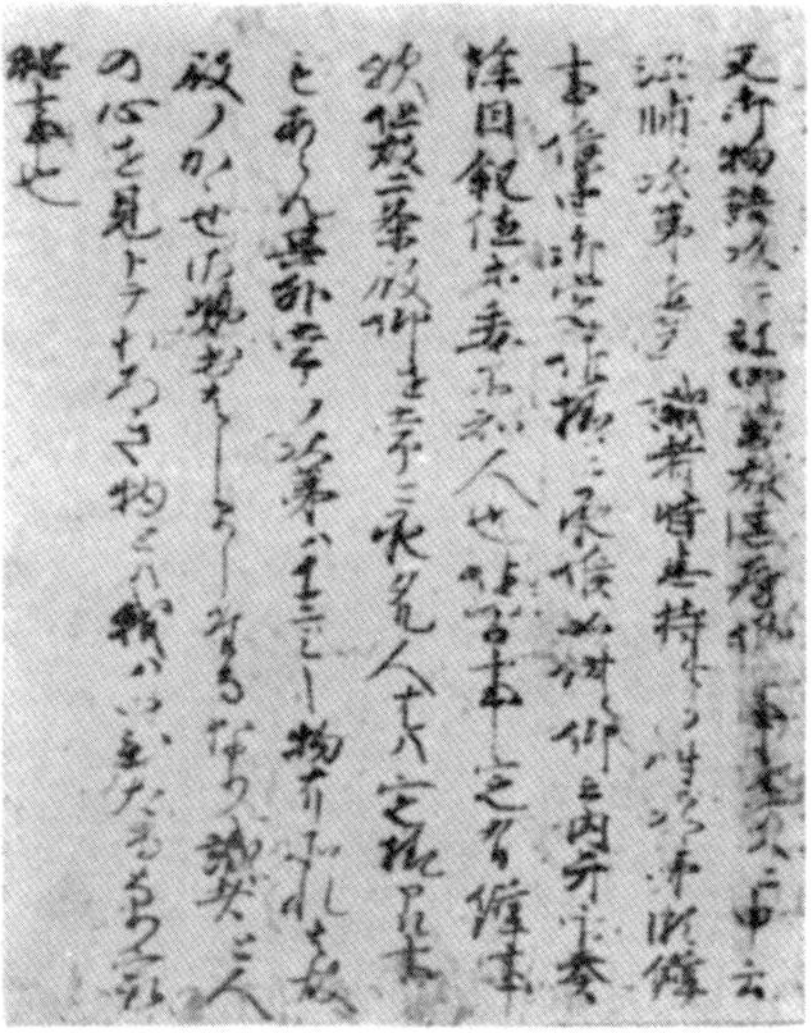

『江帥次第』に対する批判（前田家本『中外抄』下巻）

十二は神事、巻十三は仏事、巻十四以下は臨時で譲位・践祚などから巻二十一の国忌（こき）や皇后崩などに及ぶが、巻十六石清水行幸等の巻と、巻二十一とは闕逸している。『寛平御記』『天禄御記』をはじめ、師輔（もろすけ）の『九記（きゅうき）』や『九条年中行事』や、『内裏式』『西宮記』『北山抄』等を多く引用・比照し、復古的官僚としての匡房の慎重な編集ぶりがうかがわれる。恒例・臨時の政事、祭典・法会の儀式などすべてを網羅し、朝廷の亀鑑、有司の準則として匡房以後大いに行われ、識者はほとんど座右にしたといわれる。

『江記』「匡房記」「江納言書状」

匡房には故実有職を日記にしるしたところの『江記』のあることは前述したところ、その他「匡房記」とか「江納言書状」とよばれるもので、『江記』と類似の内容のものもあり、『師通記』や『殿暦』や『中右記』等をよむまでもなく、彼自身が院政期の政務遂行の上でつねに基準を諮問されるところの存在であったことは明らかである。

嘉保二年

嘉保元年より二年の年頭にかけて匡房は師通のために度々内大臣辞表を書いた。六月のある日の『中右記』の記事をみると、宗忠が参内すると、江中納言が出居に伺候して『左氏伝』を進講していたとあるから、このころ堀河天皇に『春秋』を講義していたことがわかる。

「閑院安鎮不動法祭文」を作る

六月、院は新造した閑院に遷ろうとして、新宅を鎮めるために九日より十六日にかけ安鎮不動法を勤修した。阿闍梨は座主仁覚、伴僧二十人、地に穴を掘り、仮屋を造り、仏師丹後が描いた四臂不動の曼荼羅一鋪と、天王を描いた幡十六旒とをかざる。結願の日に祭文は江中納言が作ってよみ上げられた。通夜護摩を修し、曼荼羅は函に納めて、新居の梁上に安置した。祭文は『阿娑縛鈔(あさばしょう)』百廿に収められる。

閑院はもとこれ万金の勝地、伝はりて仙院の名区となれり。方今土木の功を究め、工匠の妙を尽す。山池草樹の幽深なる、旧の改まらずといへども、風臺月観の壮麗なる、今これ新なり。

と叙べて院の寿を祈っている。二十六日に院は皇女郁芳門院とともにここに移る。七月、源経信が大宰帥として赴任、この三年後に匡房がその後を襲って鎮西に赴くわけである。

郁芳門院鳥羽殿前栽合

八月二十八日、上皇は鳥羽殿で郁芳門院のために前栽合(せんざいあわせ)を行う。公卿・殿上人・蔵人所の衆や随身(ずいじん)等皆左右に別れて、五―六日前から準備した。過度の風流を停止し、匡房らも直衣(のうし)で参加した。判者は堀河左府俊房、萩の題で匡房のよんだ歌は、行宗の作に負けた。このことを三宮輔仁は評していった。

　匡房に合って勝つということは、義家の顔を打つようなものだ、なかなかできないことだ。

三宮輔仁親王

　ここで三宮が見えるので、ちょっと足をとどめてこの話の意味を考えてみるのも無駄ではあるまい。三宮は後三条の第三皇子、後三条天皇はまれにみる英主で文才にもすぐれていたが、三宮もまた英才であった。後三条は延久四年東宮貞仁（さだひと）に譲位するとともに、即日第二皇子実仁（さねひと）を新東宮に定め、さらにその次の東宮に同母弟の三宮輔仁（すけひと）を考えていた。後三条がなくなるとき、白河天皇に、実仁の次に輔仁を東宮に立てよと遺言したと伝えられる。しかし白河天皇は中宮賢子の生んだ皇子に皇位をつがせたいと思って、父の遺命に背いて善仁に譲位したことは前述したところ。ついでその堀河天皇に皇子が生れると、涙を流して喜んでこれを東宮とした。輔仁はこうして父帝の意志があるに拘わらず、ついに日蔭者としてしりぞけられた。輔仁の背後に村上源氏の後楯があったが、白河天皇は源俊房・顕房を懐柔して左右両大臣にするとともに、三宮の反撃をおそれて、自ら堀河天皇の地位を守るために院庁をひらいて、院政という変体政治を開始したといわれる。

白河上皇の院政開始と三宮の御室花園幽居

三宮は仁和寺の花園に退いて、詩歌管絃に欝を散じていた。世間には不遇の人もいるから、そうした人々は院や内裏よりも却ってこの三宮に通うものも多かった。これを世間では三宮の百大夫とよんでいたと『源平盛衰記』にしるす。彼が仁和寺花園の池亭の花をよんだ詩に、

三宮池亭翫花詩

池頭の小(ささ)やかなる閤(たかどの)には人事少(まれ)なり
芳菲(ほうひ)に勧められて　幽興を驚かす
世上多年　好悪(こうお)に迷(まど)ふ
花前一日　身名を忘る

垂れたる枝は雪を簇らしめて衰鬢に混けたり
残んの艶は風に伴ひて寸情を労せしむ
老い去つて料り知る　詩の感びの減りたることを
嘲ることな　客を招きて一篇の成りしことを

（『本朝無題詩』巻四、池亭翫花）

注によると昨日午前八時より午後十時までうちつづけに酒を飲んで、文友両三人とともに今日晩景にこの詩を詠んだのだという。

三宮の漢詩作品

彼の作品は詩二十五首が『本朝無題詩』に出ている。しかし『九条家本無名漢詩集』には一首も見えない、作品の中に大原より出て秋風ふく京の窮巷を売り歩く売炭の老婦を詠じた作もあり、林春斎（鵞峰）は『本朝一人一首』で、同じ兄弟でありながら得長寿院の造営に国費を浪費した白河院と、大原の炭うり女を同情の眼でみる三宮とは天地の相違だと慨歎している。義家は院の乗輿の前後をひそかに警衛して、三宮の何らかの反撃を予想して警戒体制をとっていたとさえ『愚管抄』がつたえる。匡房は白河院政下の中納言として白河院政の初任別当たる五朝臣の一として活動して以来、一つの柱をなしている。その匡房を歌において鼻柱をとりひしいだ俊房の判に、内心喝采（かっさい）した三宮の心事は、そのことを義家の頬をうつことと比較せしめたことにうかがわれて興味がある。『袋草紙』所載の説話である。

嘉保三年所々の歌会・作文会・詩歌合

翌年三月一日、院の御所鳥羽殿で和歌管絃の会がひらかれ、匡房は「逐レ日看レ花」の歌題を献じ、朗詠や御遊に日をくらした。翌二日は関白師通の二条第で作文会（さくもんえ）が催され、「林花被レ隔レ霞」の詩題によって匡房はじめ人々は詩を作ったが、難題であったために秀句はなかった。こえて十一日は清涼殿で和歌管絃御会があり、「花契二千年一」の題を献じた匡房はその和歌序をも作った。序は『続文粋』に収められる。二十五日には内の御書所（ごしょどころ）作文、題は「禁庭松表レ貞」で、序者は江中納言の息男大江隆兼で、『続文粋』に出ている。この月堀河院中宮の方でも詩歌合があり、「旅宿暁鶯」「草漸滋」などの題であった。

江中納言家歌合

こうした文事の盛んな時に、五月二十五日、江中納言匡房卿家のサロンにおいて、歌合が行われた。『二十巻本類聚歌合』にその断簡がある。匡房は承暦二年内裏歌合以来、主な歌合には必ず出詠し、通俊に拮抗して活躍してきたが、自家において催した歌合はこれだけが現存している。郭公・五月雨・廬橘・螢火・水雞・祝・恋の七題七番歌合、純粋に歌だけを合わす私的な歌合であったであろう。判者は匡房か、総歌数十四首のうち現存七首、作者の名は不明である。

　待ちかねてたづねきたればほととぎすこのくれやまにひところゐぞなく

は匡房の作であろうか、『江師集』に似た作が見られるからである。

匡房と和歌

ここで彼の和歌について考えておきたい。彼の作品は『江師集』や勅撰集や歌合等にみることが出来るし、その和歌会において題を出し、序を作ったこともしばしばかぞえることができる。彼は歌合の判者としてあまり活動したあとが見られない点で、同じ漢文学者たる源経信とちがっており、また藤原通俊よりも控え目である。しかし歌人としての力量ははるかに通俊をこえていたと前述のごとく順徳天皇は評している。彼の和歌における特色は学儒・文人としての豊かな漢詩人的教養が、否みがたくその作品に投影していることをあげられるであろう。彼の作品には漢文学的発想や漢文学的な措辞(そじ)や語法も見られる。これは匡房だけにみられるのでなく、源経信や藤原基俊にもみられるところ、院政期宮廷歌壇の一つの特色とかぞえてもいいかもしれない。

『江帥集』と『扶桑明月集』

彼には家集の『江帥集』のほかに『扶桑明月集』(単に『明月集』とも)という撰集もあったのであろうか。その集を匡房在世中は「朧(ろう)月集」といったという。いま佚(いっ)して存しない。

匡房の万葉追加点

また『万葉集』に対して、村上天皇の天暦年中大中臣能宣らが加点し、これを古点とよぶが、江中納言匡房も追加点し、これを次点と名づけたと『詞林采葉抄』にしるす。匡

『夫木和歌抄』

匡房の歌論

房の家集『江帥集』の作品には、藤原忠通の『田多民治集』の作品とともに、『万葉集』中の措辞を用いてよみこんだり、万葉調と思われる作品が散見するのは、彼の万葉研究の影響であるとともに、和歌革新の時代的潮流を反映するものであろう。また藤原長清の撰した『夫木抄』は中ごろの歌人の家集や代々の勅撰集にもれた作品を集成したもの、これに「扶桑集」と名付けよと匡房が夢に告げ、結局その一部をとって「夫木抄」と名づけたという伝説がある。匡房に和歌はわが朝の至宝で、倭国の風俗であるという意識があることからくる説話である。彼の歌論は、歌合の判詞などものこっていないので、わずかに「花契二千年一和歌序」（『続文粋』）・「早春子日和歌序」（『本朝小序集』）・「冬日同詠二松影浮一レ水応二太上皇製一和歌序」（『扶桑古文集』）等の和歌序と、「詳二和歌一策」（『続文粋』）あたりより伺うほかない。ことに「詳二和歌二」の問策は紀貫成、対策は花園赤恒とあるが、おそらく『朝野群載』に分注するように匡房の擬作であろう。これらに一貫する考えは、和歌は日域の風雅、わが国の風俗であり、わが民族の師友となるものだという意識であり、中国の文学形態たる詩賦をかりずに、直ちに習俗の風情を、内心の詩的衝動によって表現したものである。従って最もよく幽玄の興趣や、すばらしい詩的感動をうたい出すことができるというのである。『本朝無題詩』などにみる如く院政期の漢詩には和歌の投影を指摘することができるが、同時に院政期の和歌に漢詩的発想の投影をみることができ、そこに幽玄の風体も形成されてくる、ここに新古今風を導く一つの契機をみることもできようかと思う。

新古今風体への傾斜

さて、匡房の母は四月のはじめ十日ばかり所労が重かったので、匡房は大神宮遷宮造営上卿を辞退していたが、すでに恢復のきざしが見えたのでまた還補せられた。しかし八月の『師通記』に、匡房が母の病気のことを奏上しているから全快したわけではない、翌年十月九日に母はついにみまかる。

匡房の母所労

この年の『師通記』を読むと、師通は夜ごと関白家へ伺候する匡房と言談をかわし、『礼記』の古典によって儀式作法を論じたり、『三国史』の『魏志』の曹操の謀略を書きぬいたり、『青史秘録』から水鳥を二矢で射ることを書きぬいたり、匡房の持参した『華林遍暦』という類書を参照したり、匡房から『文集』の講読を授かったりしている。

『華林遍暦』を利用する

『華林遍暦』は六百巻、梁の徐勉らの撰で、これを藍本として北斉の陽休之らは勅撰の部類書『修文殿御覧』をつくったのである。今日佚して、その一部の残巻のみが、敦煌より出土したに過ぎない。かようないわばまぼろしの大百科全書を、わが院政期貴族が参照・利用している事実は、私にはつきない興味をそそらせる。

郁芳門院の死

八月七日午前四時、上皇最愛の女、郁芳門院媞子内親王が二十一歳で俄かに六条院でかくれた。白河上皇は故中宮賢子の死を悲しみ、その遺児たる媞子を身辺につき添わせて、昔をしのびがてら、深く愛していたのであった。いま突然にこ

白河上皇の出家

の姿も心も美しく人並すぐれていた娘の死にあって、「神心迷乱して、東西を知り給はざる」有様であった。こえて九日午前二時、上皇は悲歎のあまりついに出家、醍醐の法眼勝覚が髪を剃り、夜深く東北院に渡ってしまう、四十五歳であった。この大事について宗忠は匡房の許に行っていろいろ打合わせをしている。

洛陽に異変相次ぐ

その四日後、天の一方に怪しい星が出現した。同じ月の二十四日、興福寺が焼亡(しょうもう)した。この年の夏ごろから、京都の内外に異様な社会現象がおこっていた。

田楽の流行

大田楽(でんがく)というものの旋風のような異常な大流行である。郁芳門院はこの田楽に関心が深く、仙院の奥にあってもこれを見物することを好んでいた。

ここでこの前後に匡房がしるしとどめた『遊女記』『傀儡子記(かいらいしき)』と『洛陽田楽記』についてあらあらのべておかなければならない。

傀儡子孫君詩

『本朝無題詩』には、忠通や基俊や敦光や匡房の傀儡子や遊女を詠じた作品が散見するが、匡房の傀儡子孫君(くぐつまごのきみ)を詠じた律詩を引いておく。

旅の舶(ふね)は君に逢ひて　涙は窮(きわ)まらず
珠を貫(ぬ)ける歌曲　まさに玲瓏(れいろう)たり
翠蛾(すいが)なして眉は細し　羅(うすもの)の衣の外
紅玉なす膚(はだえ)は肥えたり　錦の袖の中
雲遏(とど)まり響通(かよ)へり　晴れし漢(そら)の月
塵飛び韵(ひびき)引きたり　画ける梁(うつばり)の風
才名此(か)くのごとく　運此くのごとし
底(なに)によりてか多くの年　転蓬(てんぽう)に随ふならむ

——すき透る薄物を通して、ほのかに見える肉体の線、むっちり肥えた皮膚が、錦や綾の袖から誘うように露(あらわ)れている、官能的な描写に注意すべく、匡房自身、特にこの孫君というくぐつの歌妓に傾倒していたのかもしれない。

匡房の『遊女記』

『遊女記』は長谷雄(はせお)の「貧女吟」や源順(したごう)の「詠二遊女一詩」、江以言(ごういげん)の「見二遊女ニ序」、明衡の『新猿楽記』十六女の記事などの系統に立つもの、さらさらとした記の体の散文である。

山城淀の津より西下一日、河陽の一帯は山陽・南海・西海三道の水陸交通の要津で、江口・神崎・蟹島など、水辺に民家が連なり、倡女が群(むれ)なして舟上で春をひさぐ。舟は水上に満ちて、水もないくらい。天下第一の歓楽境。江口には観音をはじめ中君・小馬・白女ら、蟹島には宮城をはじめ如意・香炉・孔雀ら、神崎には河菰(かわごも)の姫をはじめ孤蘇(こそ)・宮子・小児らのすばらしい美形がひしめく。上は卿相より下は一般の庶民に至るまで、彼女らを愛好し、ついには妻妾にもする。南の住吉社、西の広田社には、男女の愛を祈る道祖神百大夫のたぐいがある。これら遊女を人々は神仙と名づけたりして、道長や頼通も愛寵した。後三条院行幸の時も舟を並べて歓迎したものである。まことに近代の勝事(しょうじ)だ。

『今昔物語集』巻十九に、京の寺のある堕落坊主の話をしるして、「朝晩京の人々を集めて遊び戯れて、酒を飲み、魚類を食べ、仏事を営まず、遊女・傀儡子を集めて歌い嘲れていた」男の描写がある。北宋の都の汴梁あたりのさかりばでは杖頭傀儡・懸糸傀儡・薬発傀儡など専ら人形操りの見世物として演ぜられていたが、わが国では傀儡子は人形つかいであると同時に歌妓・遊女のようなものでもあった。

匡房の『傀儡子記』

匡房の『傀儡子記』には、

> 傀儡子は定った住居がなく、テントを持参して水草を追って移動してあるく。男は弓馬をつかって狩猟し、弄剣の伎をみせ、木人を舞わし、手品をしてみせる。女は厚化粧して淫らな歌をうたう。彼らの生活は不安定であるが、税金から免れているのがこたえられないところ。夜は百神を祭って、はげしいダンスに興ずる。東国の美濃・参河系統が第一、山陽の播磨や山陰の系統がこれにつぐ。西海道系統は最下等である。小三・日百・三千載・万歳・小君・

孫君等は名歌妓である。そのレパートリー（出し物）は今様・古川様・足柄・片下・催馬楽・黒鳥子・田歌・神歌・棹歌・辻歌・風俗・呪師・別法士など数えきれない。まことに天下の一物である。

京都炎旱

京都の田楽旋風

この嘉保三年六月五日、日照り続きで五月十五日から雨が降らないので匡房は上卿となり祈雨奉幣使として諸社に差遣された。十三日神泉苑で孔雀経法、龍穴で御読経を修して雨を祈った。祇園の御霊会で御輿迎えをめぐって神人と院方の壁ぬり職人との間に諍いがあったが、この十日前ごろから京の雑人ばらの間に田楽遊びがおこり、祇園会とともに万人の間に田楽が流行して、制止することができなくなった。ついには諸宮・諸家の青侍や下部たちに伝播し、十四日は禁中はがらあきとなり、院の召使い男共四百人、院蔵人町の童七十人、内蔵人町童三十人が、五十ヵ村の田楽と合流して祇園会に参加し、近代第一の見物のパレードを現出したという。昼も夜も鼓笛の声が道路にみち、神明の好まれるところと称し

清涼殿南庭の田楽

て、田楽の曲を奏し、諸社に参詣し、妖言も横行し、異様な雰囲気に包まれた。
七月十二日、清涼殿南庭で殿上の侍臣と田楽たち三十人あまりが田楽をして天覧に入れる。蔵人少納言成宗が田主（たぬし）となって豪華眼を驚かす装束をして田楽をひきつれて曲を奏し、それから上皇や女院の方々を巡回して御覧に入れる。さらに院方の侍臣の間でも田楽の風流（ふりゅう）を行い、こうして、日々夜々、在々所々、諸院・諸宮・大殿（おおとの）・関白・蔵人所以下、村々の田楽を召し、満都さながら酔い癡（し）れた有様。

匡房の「洛陽田楽記」

遊女や傀儡子のような社会外社会にうごめく人々に関心をもった匡房は、この田楽旋風をみすごすことはできなかった。「亭子院賜酒記（ていじのいんしゆき）」を書いた長谷雄のように、彼は事態を霊狐（れいこ）の所為とみすえながら、そのさまを描写した。「永長元年洛陽田楽記」の散文である。

「初めは下町の民衆からおこって公卿の間にまで及んだ。高足・一足・腰鼓（ようこ）・振鼓（ふりつづみ）・銅鈸子（どびょうし）・編木（ささら）をかなで、殖女（うえめ）・舂女（つきめ）の類に身をやつし、京の貴賤上下、官民あげて町を練り歩き、寺詣でをする。一城の人、皆狂せるが如きありさま。霊狐にとりつかれたので、装束は善美の限りをつくした。俗人や京童たちだけでなく、坊さんや仏師・経師たち、陵王や抜頭の舞楽の体を摸する連中、著名な公卿・侍臣・文人たちも礼服姿・甲冑すがた、九尺の高扇をもつもの、両脚に藺笠をつけるもの、藁尻切をはくもの、そして田楽踊りの狂態の限りをつくす。裸形に紅衣をまくもの、髻をざんばらに田笠をかぶるもの」、――まるで革命前夜のような無秩序、カーニバルさながらの乱痴気騒ぎの模様を描写する。「近代の奇怪、ここに極まれり」と結んでいる。

改元して永長とする

旋風的な狂乱のうちに寛治から嘉保とあわただしく経過した。天変や地異（地震）におびえた院政政権は改元を決意して、十二月十七日、匡房の勘申した永長を匡房自ら撰定して、嘉保三年を永長元年と改めた。二十六日、師通の子小大夫（家隆）と、権中納言匡房の子某の二人がそれぞれ元服した。

匡房の一子某元服

病気のために八幡宮に法華経供養

暮れから病気だった匡房は、年が改って一月二十日すぎて、重く悩んだ。風病であるが、日ましに悪化するので、遂に二十三日に伊勢遷宮上卿(しょうけい)を拝辞した。彼は自ら法華経一部八巻その他を写して、石清水八幡に奉納して霧露(むろ)におかされた病を神仏に祈った。八幡大菩薩の霊験と法華経の功徳にすがろうとしたのである。彼の病は閏正月十日ごろには軽快になった。

源経信任地に死す

閏正月六日、大納言大宰権帥源経信は八十二歳で、西府の任地でみまかった。報告が侍臣の耳に入ったのは二十日後であった。子の俊頼は、悲しみの中からも博多の津に在留する唐人が多く弔問したことを歌によんだ。

たらちねに別れぬる身はから人のこととふさへも此の世にはにぬ

(『散木奇歌集』六)

これらの唐人はみな交易を目的にわが国に渡海していた宋の商人たちだった。経信の遺骨が三条の旧邸についたのは五月五日すぎであったが、それより早く、

匡房任大宰権帥

三月二十四日臨時の除目が行われて、従二位大江匡房は大宰権帥に発令された。五十七歳であった。江中納言の京都時代はここに終って、舞台は鎮西にうつるのである。

十江都督

次田(すいた)の御湯(みゆ)の次第は、一官　二丁　三安楽寺、四には四王寺　五侍(さぶらい)、六膳(ぜん)夫(ぶ)　七九八丈　九傔仗(けんじょう)、十には国分(こくぶん)の武蔵寺(むさしでら)、夜は過去の諸衆生

（『梁塵秘抄』巻二、雑）

帥大納言源経信

源経信の訃音(ふいん)が京にきたのは永長二年閏正月二十七日だった。その四日前、鎮西より、病のため辞職したい、子俊頼を明年筑前守の闕に補してほしいという申請がきたばかりであった。

経信は後一条天皇以来の殿上人、大納言となり帥を兼ね、二年前西に下っていた。「倭漢の学を兼ね、詩歌の道に長じ、その上管絃の芸にすぐれ、法令の事も

その本源を極め、まことに朝家の重臣、大納言で帥を兼帯するは稀有の例だ」と宗忠はたたえている。その漢詩は『本朝無題詩』に二十首、『中右記部類紙背詩集』に三首があり、いずれも伝統的な典雅・雕虫の作品であり、その和歌は『帥大納言集』をはじめその他多くあり、俊成は「ことに歌のたけを好み、古きすがたをのみこのめる人」(『古来風体抄』)と評し、定家も「末の世のいやしきすがたをはなれて、つねにふるき歌をこひねがへり」(『近代秀歌』)と評するように、復古主義に新しさをもる歌人であったとみていい。

夕さればかど田の稲葉おとづれてあしのまろやに秋風ぞふく

という作はまことに秀歌の本体とたたえられる。

経信の死は匡房にとって感慨深いものであったにちがいない。詩歌の会ではつねに彼の先達であり、ことに歌合では「たゞ一人、天下の判者ならびなし」(『八雲御抄』)と仰がれる存在、廟堂においても、有職の道において、リーダーであり先達であった。彼は今や孤松のごとく、ひとり残り、喬木ひとりたつ思いがしたにちがいない。同じころ多年の歌友源頼綱が摂津羽束山にみまかって、

　秋はつるはつかの山のさびしきにありあけの月をたれとみるらむ

という頼綱への返歌も空しく、送りとどけられなくなった。

匡房の「運命を辨ふる論」

身辺はとみにあわただしい変化を見せはじめた。彼は鎮西赴任を前にして、この五-六月ごろ、「辨運命論」を書いたと思われる（『続文粋』には永承二年夏作と注するが、承字は長字の誤りかとみておく）。

彼はいう、君臣のかかわりにおいて、臣たるものの出所進退に五つのタイプがある、一は斉の桓公に管仲が用いられたように、明君によって賢臣が登用せられて、君臣ともに成功する型。二は范蠡が越王のもとを去って五湖に泛んだように、先途を見とどけて自ら逃避して身を安らかにする型。三は呉子胥が主のためにはたらいてかえって死を賜わったように思わぬ悲運にみまわれる型。四は孔子が時にあわなかったように才徳があっても不遇な型。五は漢の黄憲のようにすぐ

れた人物であっても不幸短命にして終る型。——結局、治乱は運だ、窮達は命だ、貴賤は時だ。七十になっても呂尚は大臣となり、鄭玄は秀才となった。孔子三千の弟子の中でも、顔回は貧しく、子貢は富んだ。貴賤貧富も運命であろうか、人生の矛盾は限りがない。しかしどのつまりは例外なしにあの世に行くことになるのではないか。一種の自嘲を含んだような諦観的な人生観、泉路に帰する一筋を見すえる人間哲学、にがい諷刺を秘めた、積極的な人生への姿勢を物語る。

鎮西赴任を前にした匡房の心境

白河院は媞子を失って以来、遠出の気ばらしと造寺・造仏に国費を湯水のようにつかってかえりみない。中宮賢子や娘の媞子の死には、子供のように泣き悲しんでついに出家した身でありながら、三宮の存在を念頭からはらいすてることができずに、鬼のように院庁をかまえて権力を独占することをやめない。匡房はこの京都という町をすこし離れてみたいという気もちになっていたかもしれない。というよりも白河院という専制治天の権力者から離れて、一息ついてみたい、自由と

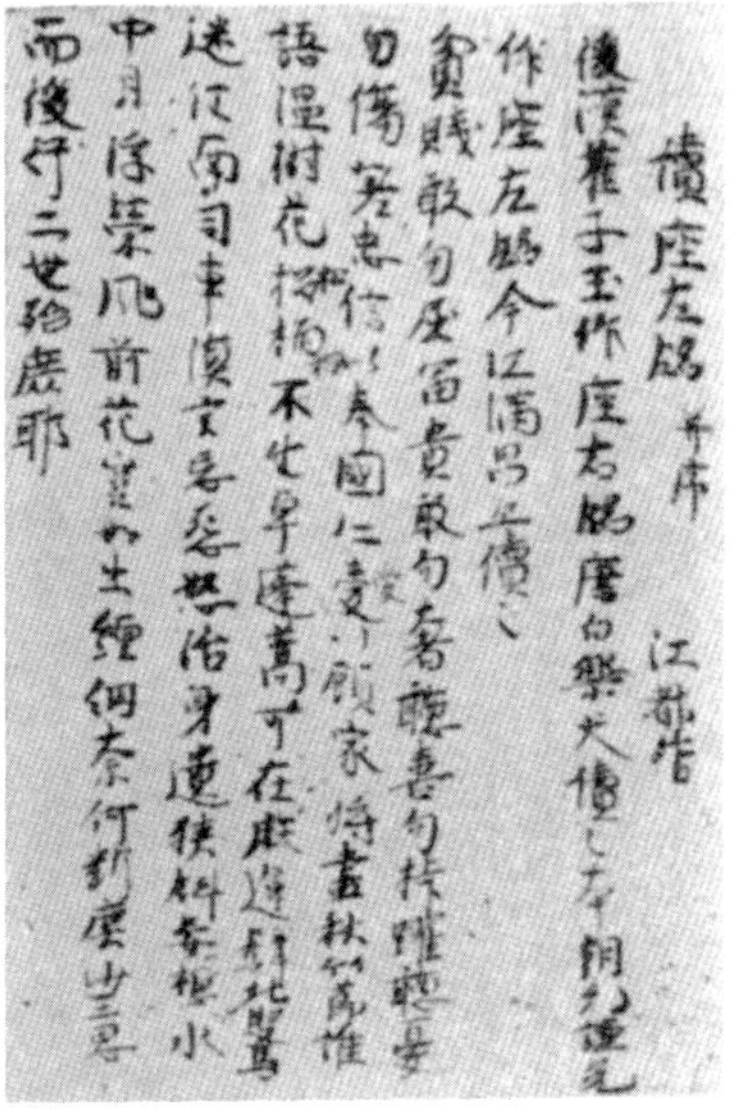

大江匡房「続座左銘」（猪熊本『朝野群載』）

いうものがあるならば、今生(こんじょう)の思い出にそれを満喫してもみたいという気になっていたかもしれない。大宰府は鎮西の要衝、宋船が、大陸の新奇な文化財を積んで次々に入港してくる。そういう唐土からの文化にふれ、宋人と直接に交りあう機会もあろう。文道の大祖たる菅公のあとをとぶらい、また石清水の本地宇佐に詣でることも念願の一つであったであろう。長安の宮廷生活を去って、杭州の湖水のほとりで、二―三年間詩酒にひたる生活をしたいとねがった長慶二年、五十一歳の白居易の願いをわがねがいとしたかったのかもしれない。

匡房の「続座左銘」

彼に「続座左銘」という作品がある。後漢の崔子玉(さいしぎょく)の「座右銘」に対して白楽天が「続座右銘」を作ったように、彼は前中書王兼明(かねあきら)の「座左銘」に対してこれを作ったのである。

貧賤もあへて屈することな
富貴もあへて奢ることな
喜びを聴きても抃躍(べんやく)することな
憂へを聴きても傷(いた)み嗟(なげ)くことな
忠と信とをもて国に奉ぜよ
仁と愛とをもて家を顧みよ
言(こと)を慎しみて怨み怒ることを忘れよ
身を治めて狭斜を遺(わす)れよ
妄(みだ)りなる想ひは水の中なる月

浮べる栄えは風の前なる花
あに纏網(てんもう)を出づるに如(し)かむや
塵沙を断つことを奈何(いかん)
三たび思ひて後に行へば
二世殆んど庶幾(ちか)からむか

これは一般的・通俗的な処生訓であるとともに、自らの人生に対する慎重なかまえ、官僚としての経験を集約して一子隆兼たちに訓えを遺そうという意識もこもっているかもしれない。

京都天変地異

この年八月京都に颱風襲来、大風と洪水の被害は全都に及んだ。ひき続き地震で堂舎の倒壊もあった。九月彗星が西空にあらわれ、細長く長さ一丈餘、強い光耀があり、十八日間見えていた。こうした天変地異に対して祈禳の修法が行われ、改元の議がもち上り、十一月改元されるのであるが、そのように騒然たる中に、

匡房、母を失う

去年来病の重っていた匡房の母の尼がついに十月九日みまかった。大宰府赴任は母の喪のために延期せざるをえない。母は故宮内大輔橘朝臣孝親の女であった。

慈顔永く隔たりぬ、何れの日にか再び晨昏の情を致さむ。哀涙乾き難し、何れの時か復び撫養の徳に答へむ。

五七日に普賢菩薩絵像と法華経を写して供養した追善啓白文の文句である。四十九日中陰には母の尼の禅室において斎会を設け、悲母のために極楽迎接曼荼羅一鋪と、色紙法華経その他を写して供養した。五十七歳にして母を失った悲しみ、孝養の足らなかったくやみをのべて、母の迎接を祈念する「自料悲母四十九日願文」は哀切を極める。

妹とともに四十九日中陰の間服にこもっていたがあけて妹に別れるとき、

むらとりのたのむ木の葉もちりはててそらに別るる心地こそすれ

と詠んだ。

承徳と改元

十一月二十一日承徳と改元した。天変地震・大風洪水の災のためである。去年十二月改元の時文章博士敦基は承徳を勘申したが、匡房の永長が採択せられた。今や匡房は服喪、敦基の去年の勘申を採用して永長を改めて承徳としたのである。

承徳二年

承徳二年があけて、匡房は静かに母の喪に服し、ひっそり新しい年を迎えたのであろう。こうした日々、亡母の菩提をとぶらい、かつ先立った親しい瞼の人々を思いうかべることもしきりだったにちがいない。後三条院をはじめ、すぐれた人々の往生のあとをしたって、かの百年前寛和年中慶滋保胤のかいた『日本往生極楽記』のあとをついで、その続篇を書こうと思いついたのはこのころでなかったであろうか。

『続本朝往生伝』の撰述

それ極楽世界は不退の浄土なり。華池宝閣往き易くして人なし。予奔車年迫れり、宿露の惟れ重きを慙づ。覆盆性愚なり、日月の曲に照らむことを待つ。功徳の池遠しといへども、賢を見ては斉しからむことを思ふ。生死の山高しといへども、誓を恃みて越えむことをおもふ。

といって、西方往生を念ずるその序文をよむと、後のものながら一子隆兼願文の結びに九品来迎の引摂を祈る気持と軌を一にする。

寛和より康和に至る、上は一条・後三条天皇より、堀河右府頼宗や権中納言顕基や参議音人をはじめ、僧正遍昭以下沙門や保胤や大江為基・定基・挙周らの俗人、比丘尼や名もなき少女や人妻たちすべて四十二人。西方浄土を欣求して生死・煩悩のけわしい現世を何とかして渡りたいという悲願をこめて、朝野の間、賤山がつの人々をもきらわず、ひろく話を採集し、保胤の往生記をつごうとした。『続本朝往生伝』一巻がこれである。

真名体の散文、実伝あり伝説あり、長篇あり短章あり、やや精撰を経ないという感じがする。慈恵大師の弟子ならびに源信の楞厳院関係の僧が比較的多く、大江一族また三人を数える。たとえば大江定基すなわち寂照が宋の清涼山巡拝の志をいだいて渡海する前後の説話などは、後の『本朝神仙伝』の橘正通や都良香の伝と共通のところがあり、単なる史実というよりも説話的な興味あるふくらみをもつものであり、本書はあるいは唱導教化のたね本としても用いられたのではないかを思わせる。ことに但馬守源章任朝臣という受領の浄土往生譚をしるしとどめて、彼が四ヵ国（美作・丹波・伊予・但馬）の受領となって、「家大いに豪富にして、財貨庫に盈ち、米穀地に敷けり。庄園家地、天下に布き満ちたり。本朝の陶朱・倚頓（中国古代の富豪）なり」という富裕な受領ながら、性格ははなはだ慳貪で、国司時代に苛斂誅求を事とした。堂塔を造立したり、仏事作善を営んだりもしなかったが、毎日阿弥陀経を読誦した功力で極楽に往生したとある。こういう典型的な酷吏としての受領の人間像を肯定的にのべるところに、匡房の性格や傾向の一つのかたよりをみることができるのであって、かつ匡房が本質的にこのような受領層と同一の意識や利害に立つことを反面からものがたるものともみることができる。

三善為康の『拾遺往生伝』

本書が成って間もなく、越中国（富山県）射水（いみず）郡の出身算博士少内記三善為康は、「江家続往生之伝」に接して、古今遺漏の往生人の伝をあつめて『拾遺往生伝』を書いた。直接のきっかけは康和元年（一〇九九）九月天王寺参籠のときの託宣によるもの、従ってこのころ匡房の『続往生伝』が流布していたことは疑いえない。久安四年九月鳥羽法皇に侍して藤原頼長が天王寺に参籠したとき、「故江中納言匡房所レ作之続往生伝」を法皇のために読み進（たてまつ）っている。建保のころ、沙門慶政は本書を書写して往生をねがい、寛文のころ帰化僧性瑩（しょうえい）はこの伝をほめて、匡房は西方に往生したといっている。

『本朝神仙伝』の撰述

さて康和二年（一一〇〇）ころ成立したと思われる為康の『拾遺往生伝』には「師江納言は、此の両人（『拾遺往生伝』巻頭の善仲・善算の現身往生人）を以て、神仙伝に入れたり」と注しているから、『本朝神仙伝』もまた『続往生伝』を撰したと思われる承徳二年前後のころに成立していたかと推定せざるをえない。

これまで『続類従』所収の前田家尊経閣本だけが活字本として流布していたが、これは役行者（えんのぎょうじゃ）以下八則だけの抄出略本で、しかも唱導説法のたね本として使用されたとみえて奥に後人の心覚えが加筆されている。野村素介氏旧蔵大東急記念文庫所蔵本は現存最古の写本で観応三年（一三五二）から延文元年（一三五六）の間、僧賢宝の写した本で、目次によって本書の全貌がはじめて明らかになった。多少の脱葉欠逸は惜しむべきであるが、二十六則の説話を保有する善本である。書陵部所蔵巻子本一軸は正応六年（一二九三）僧明真が東大寺凝念（ぎょうねん）所持本を写した奥書をもつ江戸期の模写本で、二十五則の説話を保有する善本である。前田家本は応安元年（一三六八）に僧

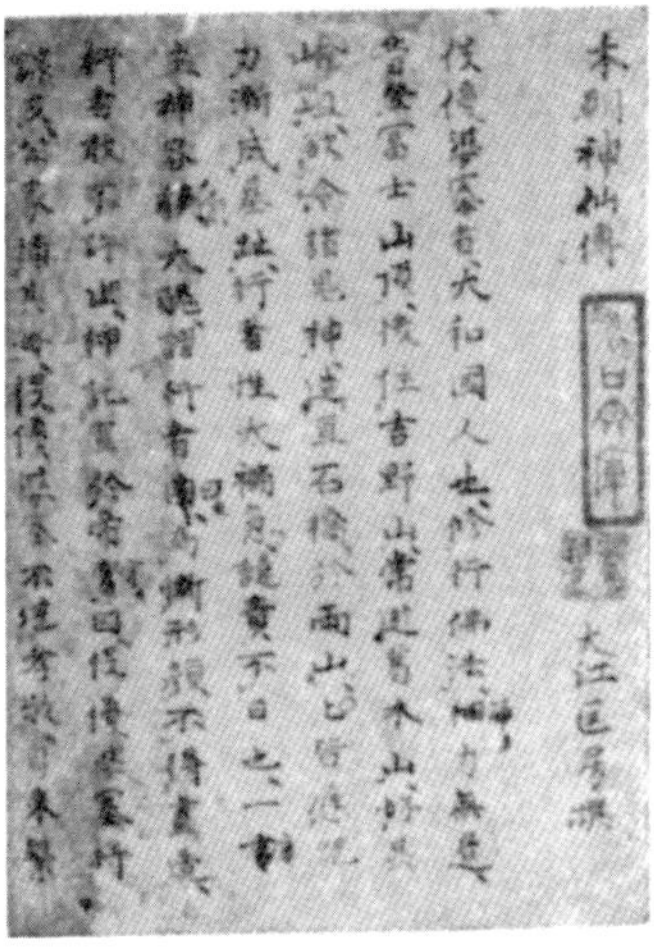

『本朝神仙伝』（家蔵）

深誉が写した本を享保のころ前田綱紀が写したもので、前述のごとく抄出本である。その他妙法院本・静嘉堂本・彰考館本・史料編纂所本・無窮会本・私架蔵本等があるが、何れも抄出本系である。

『本朝神仙伝』の内容

その内容を野村本によって紹介する。

1 倭武命　2 上宮太子　3 武内宿禰　4 浦嶋子　5 役行者　6 徳一大徳　7 泰澄大徳　8 久米仙　9 都藍尼　10 善仲　11 善算　12 窺詮法師　13 行叡居士　14 教待和尚　15 報恩大師　16 弘法大師　17 慈覚大師　18 陽勝仙人　19 同じく弟子の仙　20 河原院の大臣の侍　21 藤太君　22 源太君　23 白箸を売る翁　24 都良香　25 河内国の樹の下の僧　26 美濃国の河の辺の人　27 出羽国の石窟の仙　28 大嶺の僧　29 同じ山の仙　30 竿打ちの仙　31 伊予国の長生の翁　32 中算上人の童　33 橘正通　34 東寺の僧　35 比良山の僧　36 愛宕護の僧　37 沙門日蔵

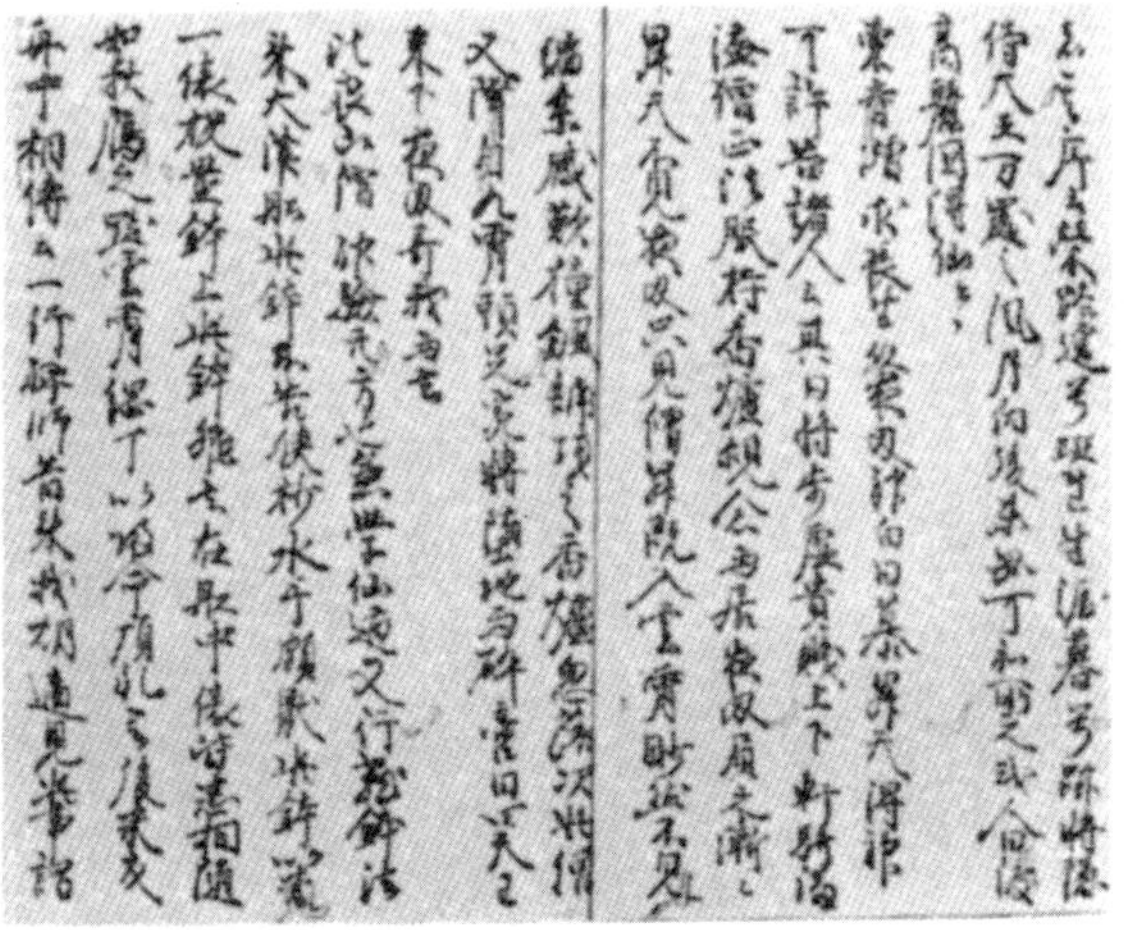

書陵部所蔵本『本朝神仙伝』（筆者手写）

以上三十七則。うち3 4 6 8 10 11 12が諸伝本をつきあわせても補うことができないが、うち4は『釈日本紀』に佚文がある。『往生伝』と同じにさらさらとした漢文体で、主として所拠の原資料に基づいてしるすが、説話的に興味のあるところに重点をおき、口頭の伝承をしるしとどめたと思われるところもあり、原資料に異伝のつけ加わったところもある。

『前漢書』の芸文志で、班固は神

仙を定義して、「神仙とは内部に性命の真を保持して、外部に自由を追求する。精神を自在にし平静に保って、死生二つの世界を同一視し、胸中に人間世界のことをかなしみうれえたりしないことだ」という。こうして漢の劉向は『列仙伝』を著わし、晉の葛洪は『神仙伝』を著わし、これらをうけて紀長谷雄は『怪異実録』や「売白箸翁序」や「白石先生伝」を、三善清行は『善家秘記』を著わした。匡房はこれらをうけて本朝の神仙を伝したわけであるが、彼はこのなかで多く「神仙ノイキホトケ」（観智院本『類聚名義抄』）というように仏教に傾斜したものを扱うなかにあって、特に不老長生の人間像に照明をあてているかにみえる。武内宿禰は年三百六十歳で因幡に下ったといわれ、終る所を知らずとあり、伊予国長生翁は延喜の代より七代の孫をみるまで生きる。また白山（加賀）を開いた泰澄は数百年を経ても死なかったといい、都良香は南山（吉野山）にかくれて百餘年の後も岩窟内に壮年の色をして生きていたという。

不老長生の神仙像

匡房が本書を撰述したのは、本朝のひじり、本朝のいきほとけとしての神仙を鼓吹する在俗の沙弥(しゃみ)や、聖(ひじり)たちの布教活動のための唱導用のたね本を提供する目的が多分にあったと思う。しかし一面には末法の不安な社会にあって、神仙のあとをたずねることによって白河院や堀河天皇の除病延命の祈りの意もこめられていたかもしれない。彼は天仁二年白河院の南山(なんざん)の寿を祈って北斗曼荼羅堂を経営供養しており、天永元年には曼荼羅寺塔供養には「彭祖(ほうそ)が七百歳」の寿を院のために祈っている。

彼は石清水八幡に帰依し、宇佐八幡や筥崎(はこざき)八幡の信仰があつかったが、その八幡大菩薩応神天皇の将軍であった武内宿禰は漢の武帝における東方朔(とうほうさく)のような地位の人物であり、その長生伝説を倭武命や聖徳太子の次にかかげたのも偶然ならぬ気がする。また匡房は白河院に対して渡宋や渡天のさきに高野山参詣をすすめたのであるが、本書において高野大師の神秘的な霊験譚に最も筆力を注いでいるところも偶然ならぬ気がする。

善家も紀家も、儒を立てつつ、悪霊や怨霊を制御することのできた呪術的な力をもち、時に霊界の声をもきくことのできる能力を賦与されていた家柄であったかと思われるが、沙門日蔵を伝した匡房もまた同様な力をもつ学匠をもって自任していたように思われる。

匡房は火星の精

彼自らが熒惑星（火星の異名）の精だと世人からうわさされたことを『江談』でのべていることは、決して偶然ではないと思う。

われわれ現代人にとって、真の勇気のある人間は、運命がおくってよこすものを受けいれ、決して魔術の力にたよろうとしないのであるが、匡房が院政というくらい危機と不安とにみちた社会に生きて行こうとして、陰陽・宿曜の魔術をかり、儒を立てつつ、道教と仏教の祈禱修法にたよろうとすることを、現代の目から道徳的な弱さだとして一概に非難し去るのはあたらないと思う。

養子大江有元対策及第

承徳二年二月三日、文章得業生たる子の有元は方略の宣旨を蒙って献策した。

故経信の三条殿焼亡

有元は陸奥守源有宗朝臣の長男であったが、江中納言匡房の養子となり、勤学の評判が高く、学問料を給せられ、嘉保元年十二月二十八日文章得業生になったのであった。こえて二月十五日省試判があり、式部大輔正家が判して及第とした。有元は後に文章博士・式部少輔になった人物である。二十二日午後二時三条より出火、故師大納言殿の三条富小路あたり十餘町を焼いた。関白師通の殿も火に近かった。

赴任奏上

八月十九日夜、宗忠は匡房を訪れた。赴任の期も近いので、匡房に公事のことで聞いておかねばならぬことがあった。二―三時間対談して、帰参宿直した。翌日夕方、匡房は参内して、来る二十三日に赴任する趣を殿上において蔵人実光を通じて堀河天皇に奏上した。普通師が赴任する時には弓場殿で酒肴を賜わり、次いで御前に召され禄を賜わる例であった。しかし匡房は服喪の身であったので御前に召されることはなかった。弓場殿で実光は内蔵寮からとりよせた大褂一領と御馬一疋を授けた。彼は拝舞するしきたりにかかわらず、それも省略して退出した。母の重服のためである。内裏より小二条の匡房邸へ、かよいなれた路筋も当分お別れである。

亡母周忌法要

実際にいつ匡房は京都を出発したのであろうか。『中右記』によれば八月二十三日赴任を奏上しており、『補任』によれば九月下向としるす。しかるに十月九日は亡母の命日。彼はその日「自料周忌願文」を草し、法事を営んでいる。すでに筑紫に下向して任地で営んだのであろうか、あるいは京の留守宅で人をして営ましめたのであろうか。願文の中に、

胎蔵金剛両曼荼羅を図絵し奉る。便(すなわ)ち平昔(へいせき)の旧居に於いて開講供養し、尊重讃歎す。

といっているから、彼は京に留まっていてこの法事を営んだと私はみたい。三代の帝師となり中納言となったのも、「賢主抜擢の恩」であるとともに「先妣(せんぴ)撫育

の労」だといって、母を哀悼した。

周忌法要を滞りなく営んで、寝ても思いさめても思い、日を送り月を送って母をしたう涙を今やうちはらって心おきなく匡房は西下の旅に出で立った。鞭をあげて朱雀通りを南下し、ふりかえりつつ内裏の門に別れを告げ、淀の津あたりで乗船、はるかに蒼波万里のかなたを指す、五十八歳の彼は自ら「白首（はくしゅ）六旬の儒」とよんで、はじめての経験である長途の旅に出で立つ。摂津の鳴尾は、西宮（にしのみや）の東、都の方の山かげも鳴尾の沖あたりで見えなくなる、彼は京に留まる愛するものたちによみ送った。

かぎりあれば八重の潮路に漕ぎ出でぬとわが思ふ人にいかで告げまし

送り迎える瀬戸の港々で、新任の帥中納言に対してとかくうるさい挨拶や事々しい事務手続きが待ち続けていた。博多の津に上陸して、府に迎えられても、心はなじまず、京を思うことのみしきりであった。

筑紫の冬は、雪さえふりつもって、そぞろに彼の旅愁と歌心をかきたてた。

　年をへてかしらにつもるしら雪のかげはづかしき冬の夜の月

夜のほどにいかなる国に来にけりとおどろくばかりふれる白雪

かまど山まだ夜をこめてふりつもるみねの白雪あけてこそ見め

府の下僚たちは鷹狩に誘って帥を慰めた。

雪ふかきうだの（内野のことか、存疑）のみつのくさがれにましろの鷹をあはせてぞゆく

冬の夜のつれづれに長歌も試みた。

冬になり　四方（よも）の草木も　枯れ果てて　天の原さへ　冴えわたり　空かき曇り　降る雪の　解けむ期（ご）もなく　積りつつ　竈門（かまど）の山（標高九〇〇メートル、府の東北にある）の山（やま）守（もり）は　行方も　見えず　みごもりて　爪木（つまぎ）こり焚（た）く　朝夕の　煙のみこそ　たちてけれ　葎（むぐら）さしたる　草の庵（いお）に　軒の垂る氷（ひ）に　閉ぢられて　疎（まばら）に編める　柴の戸は　あけん年をや　たえず待つらん

承徳三年（康和元年）

『扶桑明月集』に奥書を書く

こうした名もない辺境の山奥の民衆生活に触れて、今は滅びかかった長歌形式にうたうところに、詩人としての詩魂のめざめも認められる。新しい年がたちかえっても、白髪の翁となりはてた異境の彼は「あはれ恋しき　わかの浦の　むかしのよをば　いかでかは　流るる水の　かへるべき」という若き日をとりかえすべもないという諦念のなかから、「なげきつきせぬ　つくしなる　いきの松原　生きたらば　花の都に　かへらざらめや」と望郷の想いをうたう。

この正月十一日、彼は前述した『扶桑明月集』という和歌の撰集に奥書を書いた。あるいは旅路のつれづれに歌反故（ほご）などをかき集めて部類・整理した和歌の総集であったかもしれない。今日のこる『江帥集』とこの集とどういうかかわりがあるか詳かにしない。自らは「朧月集」と名付けていたが、匡房の死後に「明月集」、さらに「扶桑明月集」と改められたらしい。あるいは『夫木抄』の材料などにもなったか。今佚（いまいつ）。

時はすでに春浅く、空に雁をきく、これこそ二百年の昔、かの道真が断腸の思いできいた雁がねである。

　玉章を帰る雁にもつくべきに北へゆくこそかひなかりけれ

宇佐御許山法楽供養

二月二十九日、彼はかねてより崇敬していた八幡大菩薩の本宮たる宇佐宮に法華三昧の永代勤修のために僧六口と筑後原田庄とを寄進して、従二位権中納言のたかい地位にのぼり、大宰府に帥として厚禄をはむ身の幸を感謝し、好事魔多しとか、鬼瞰をおそれるために法楽供養をした。彼の八幡信仰は皇室の祖としての応神天皇の威徳讃仰と、和光同塵、神仏習合思想からくる法華経崇拝とのミックスしたもので、大江家との伝統的なゆかりからくるものであった。

筑紫旱魃

この年の夏、筑紫では日照りが続いた。彼は祈雨の修法など営んで、

　さなへとる水をひきひきまかせつつあはれたのしきあめのしたかな

とよんだ。

関白師通逝く

この三月ごろより風病がちで薤など服し、祈禱なども怠らなかった関白師通が六月二十日すぎ髪際に悪瘡などが出て、二十五日関白辞表、ついに二十八日病重く出家、ついで午刻父師実に先立ってみまかった。年は三十八。『愚管抄』によると日吉山王の御輿を振って山の大衆が強訴したとき、奇怪なりといって関白は矢を射て追いはらわしめたとき、神輿に矢が立った、その祟りで早死にしたという巷の評判だった。性豁達仁愛、賢を好み徳望があった。ことに学問・文学に志が深く、匡房に経史の学を受け、博学多識、心ばえたかく、容姿も才能も人なみすぐれていた。関白の訃音をきいた帥匡房は、

　あさゆふに恋ふる涙をとりかへしはちすのうへの露となさばや

とよんで西方の空から追悼した。夢の中に故殿をみることもあった。

　むばだまにこひしき人をみつるよは夢のうちにてよをつくさばや

小二条殿から為憲の『新撰本朝詞林』の広本を借りて流布本と対校したこともあ

った。保胤や正通らの詩を三百餘首も新たに書入れることもできたのであった。一子忠実の勉学について、和魂漢才の論を展開して、日記の学を勧めたこともあった。みな昔の思い出となった。故殿は白河法皇の専制政治に対して「おりゐのみかどの門に車たつやうやはある」――院の方の御気色（みけしき）を伺って政治を執る理由はないはずだといって院政に批判的であった。そもそも今も書きついでいる『江次第』は、師通のために撰しているものではないか。

藤原通俊逝く

秋になって歌道の上の好敵手であり、廟堂の同僚でもあった権中納言藤原通俊が五十三歳でみまかったとのしらせもきた。通俊とは必ずしも仲はよくなかったが、白河院からは匡房とならべて「近古の名臣」として双璧に扱われていた。今や匡房ひとりが生きのこったという感がふかい。

八月二十八日、地震と流行病によって改元、正家の勘申により康和と改めた。早くも秋深まって、北九州滞在も一年を閲（けみ）した。閏九月、彼ははるか西辺の地より石清水八幡宮に大般若経一部六百巻を書写供養して寄進し、九州の民百姓の上に仏日普く照り、風雨時に順うことを祈った。十一月、さきに焼失した観世音寺の五重塔一基を諸国に命じて造進せしめる太政官符が出て、匡房が行事の分担を定めて命じている。

「落葉賦」を作る

このころ彼は「落葉賦」一首を作ったと思われる。四百字の大作、王朝斜陽期にかがやく賦の記念碑的作品である。その結びの一部を引いておく。

吾まことに知る、亢龍極まりて悔いあり、尺蠖屈まりて伸びざることを。鬢髪悴へて霜のごと寒いたり。豈再び緑ならむや。林園盡きて雪と冷まし。定めて更春ならむや。彼の皤皤たる国老をして窮塵に悵然たらしむるものなるかな。

(『本朝続文粋』巻一)

辺境客愁の老都督孤独の感慨がこもっている。彼の詩興はこのころから油然として湧いたようである。

匡房の「西府作」の詩

「西府作」の古調一千言の五言長篇はいつの製作か明らかでないが、赴任して一年目あたりであろうか。

白首六旬の儒　蒼波万里の途
鞭を揚げて北闕を辞し　節を奉じて東都に別る
沢国に熊軾を曳き　辺城に虎符を割く

といった調子で西征の旅を叙し、「土卑くして竹葦深く、地湿びて泥塗に飽く」府下の地勢と九州の農地の肥沃に及び、次いでそこにはたらく農民・浪人・旅客・兵士・寺僧・神人・異国の旅人のことを叙べ、大宰府の治政・武備・民俗の様子を展開し、

衰顔皓白を慙ぢ　拙性丹朱に類す
后に事へて遅鈍を磨き　身を顧みて蹇駑に策つ
朝恩常に感激し　暮歯更に煩紆なり

と自らのことに及んで、詩歌をうそぶき、琴竿を好み、七夕や重陽の節日のたのしみ、

坦歩家童従ひ　微行門客扶く

燕帰りて蟄士を知り　雁至りて蘆を銜むべし

漢月に秋兎を看　林煙に暁鼯落つ

という愁々たる府の日常生活を叙し、終りに望郷の思いをのべて結ぶ。まさに『菅家後集』の五言古調「叙意百韻」をうけてその塁を摩するもの。彼は道真を「文章天に受けしめ給へり」といい、「菅家の御作、心の及ぶ所に非ず」とたたえてやまないのであるが、そのあとをつごうという一つの執念のようなものが、このような作を生むエネルギーになっているのではなかろうか。

康和二年、「参安楽寺詩」の長篇を作る

康和二年秋八月、ひきつづいて匡房は「参安楽寺詩」という二千言の五言古調の大作を作った。観世音寺の塔を建て、安楽寺内の勝地に自ら満願院を造進して、

その落慶も間近になった時期である。この古調の長詩をよむと、当年の一知識人の宗教的意識、王法と仏法とのかかわり、院政社会における民間信仰、道真のたたりをおそれることとその威力にたよるということとのかかわりなどさまざまの問題がうかがわれる。先ず安楽寺聖廟の輪奐の美を描写し、次に菅公の事跡を叙べ、歿後の菅霊に及び、日蔵や尊意の霊異説話をのべる。法楽の事に及んで、四宴や春秋二季勧学会に触れ、三昧や聖忌の法会・祭事を叙べ、論義・講説の盛大なさま、さては北野・吉祥院の法華八講、国中の天満宮造立、菅家の子孫栄達に及び、

和に乖きて身に患ひ多く　節を抱きて年已に耆（六十歳の称）なり
病に沈みて歓娯寡く　政に臨みて忸怩たること多し
行年六十に盈ち　釐務事事に癡れにたり

と賦して、老病の身を自嘲・述懐して一篇を結ぶ。押韻・語法もややみだれ、内

容も民間の信仰・通俗の説話を詠じて、やや雑駁のそしりを免れないが、一韻二千言の長篇は、日中の文学史にも多く例をみないところ、その措辞の背後にどうやら『北野天神縁起』の説話の成立に匡房が何らかかかわりがあるのでないかとさえ推測せしめるものもあり、何よりも彼の創作的エネルギーに眼をみはるのである。

安楽寺内に満願院建立

こえてその翌月、自ら寄進して一間四面の満願院という精舎を完成して、丈六金色弥陀像を安置し、色紙法花経を寄進して僧六十口を請じて落慶供養を営んだ。地上に浄土を再現する豪華さがうかがわれるところ、遙かに東北の中尊寺における天治三年敦光願文に匹敵するものがある。法花三昧を永代に営んで、弥陀・八幡大菩薩・天満天神等を回向して、白河・堀河の寿を祈り、後三条院と亡き父母たちの冥福を祈り、自分と妻従三位藤原朝臣以下の一門の子孫たちの幸福を祈った。後、さらに諷誦を営み、桑原庄三十町を寄進し、永承五年に焼失した本堂をも再興した。

聖廟作文会

翌年の春あたり、安楽寺廟前で「内宴詩序」を書いた。そもそも北野や吉祥院の菅廟で法楽の作文会(さくもんえ)を催し菅霊を慰めることは、道真歿後百年、寛弘ごろから大江以言(もちとき)や高階積善たちによってはじめられた。三月尽(じん)・九月尽に行われることが多い。

安楽寺四度宴

安楽寺の四度宴というのは、こうした『本朝麗藻』詩人たちのあとをおうもの、一月二十一日の内宴は長徳元年大貳有国がはじめ、三月三日の曲水宴は天徳二年小野好古(よしふる)が、七月七日の七夕宴は永承元年藤原経通がはじめ、九月尽日の残菊宴と共に四宴とよぶ。その他安楽寺では法華会・二季勧学会・五節供・示現(じげん)五時講も勤修(ごんじゅ)された。

「安楽寺内宴詩序」

匡房の「内宴詩序」は「春来りて悦ぶ者多し」の詩題で、「風月の本主、社稷(しゃしょく)の昔臣(せきしん)」として道真をたたえ、自ら「累葉(るいよう)(菅家)廊下の末弟」だという意識を示して、望郷の思いで結ぶ。彼が廟前の桃花をみて、詠んだうた、

みつかきにくれなゐにほふ桃の花ひかりもいとどまされとぞ思ふ

康和三年

康和三年、京ではこの二月、入道前関白太政大臣師実が六十歳でみまかった。

八月安楽寺祭礼のはじめ

この八月二十一日、匡房は夢想をえて安楽寺の祭をはじめ神輿を浄妙寺（榎寺）に駐め、二十三日に府に還御、僚官・社司みな供奉して生ける道真に事えるようにし、廟院南方の頓宮旅所に休め、神事を行い、翌日詩宴をはり、「神徳契二遐年一」の詩序を披講した。菅神の徳は限りなく、時間をこえて二百年後の今に契りを結ぶという意味である。通夜、詩酒管絃の後に、「既にして洞月方に傾き、山雲曙けむとす。彼の蕭々たる暮雨、花巫女の臺に尽きむとし、嫋々たる秋風、木のはは伍子の廟に下ちむとす。古今相隔つれども、幽玄はこれ同じ。匡房五稔の秩已に満ち、春を待ちて漸く江湖の舟を艤ひせむとす。再覲の期知り難し、何れの日かまた廟門の籍に列ならむ」といって冥助を祈り、

蒼茫たる雲雨　吾を知るやしらずや
其れ　帝京に帰らむとするに奈

と詩を賦して、さながら生ける人に別れる思いをうたっている。

「筥崎宮記」

「筥崎宮記」一篇もこのごろ書かれたのであろうか。筑前国那珂郡筥崎宮は八幡大菩薩の別宮、応神・仁徳・仲哀の三所をまつる。地勢をのべ、由来を叙し、康和二年三綵のバーナー（幡）が法殿より飛揚した奇異は応神の神霊だという。記中三韓征伐の武威について、「高麗の国が境を接していても犯さず、彼に異心があると、きざしとして病気が流行する。長元の間に来侵せんとしたが忽ち地震が襲って造った船が皆壊れてしまったのも神徳によるのである」という。

「対馬貢銀記」

また「対馬貢銀記」の作もこのころのものであろう。対馬の位置・地勢、なかでも半島に接近していること。歴史・産業に及んで、銀山採鉱のことを叙し、島民のいたましい労働をしるしている。柳宗元の記類とはちがった意味で、辺境の自然や人間の生活をさらさらとした筆致でのべて、珍重すべき散文である。

康和四年
正二位加叙
得替解任

正月七日、白馬の節会が雨中常の如く行われ、帥中納言匡房は赴任の賞として正二位に加叙せられ、次いで二十三日県召除目に交替を得て解任せられた。帰京江都督「参安楽寺詩」
（西荘文庫旧蔵『本朝続文粋』）

を前にして二月、帥は宇佐宮に新堂を造立して供養した。彼は二十二歳の時より六十二歳の今日まで、一筋に宇佐八幡を信仰した。帥になった過分の恩徳に報ずるために神宮のとなりに新堂を草創して三昧を修し、等身薬師仏を安置して病の霧を除き、延命菩薩像を造立して早死にを免れんことを祈る。この善根を以て堀河・白河両院に回向し、国内の平和を祈念している。匡房は八幡大菩薩は釈迦三尊で、ある聖人が釈迦仏を見奉ろうと眼を閉じたところが、とぶがごとくして八幡の宝前にまいったという説話をのこしている。

「三月三日安楽寺曲水宴詩序」

ついで同じ三月三日、安楽寺の曲水詩宴を営む。「流れを縈(めぐ)りて勝遊に叶ふ」の詩を廟前で詠じ、その詩序を作った。詩序の草案を案じていると、夢中に人が来て一部の文句を訂正した、菅霊が来たのだと彼は信じた。『江談』で実兼がききただしたとき、御殿の扉が鳴動して、人が詠(なが)めるような声がしたことを、府の官人たちもきいたと答えている。曲水の詩序を披講した、

安楽寺聖廟の霊異

　堯女廟荒れて　春竹一掬の涙を染む
　徐君墓古りて　秋水三尺の霜を懸く

という美しい摘句に、満座の人々は歎声をもらした。その時御殿の戸が鳴動し、一人のこらず「雷のような声」をきいた。『江談』でも自らこのことを強調している。

康和二年二月二十二日にも旧記は石清水八幡宮の御殿が鳴動して、その声雷の如しとつたえるから、これはひとり匡房が考えついたこととといえないが、彼の中

にある咒術師的な傾向を認められることは否みえない。「参安楽寺詩」にも、

夜々管絃の声あり　寥亮(りょうりょう)として座下に珍し　時々蘭麝(らんじゃ)の香あり　芬芳(ふんぽう)室中に貽(のこ)る　恠は宋宮の戸に同じく　読みは宣室の釐(り)に斉(ひと)し

中国説話とのかかわり

とある。聖廟の奥の院に管絃の声がひびいたり、蘭麝の芳香がきこえたりする霊異を、中国の劉宋(りゅうそう)の少帝の宮殿における奇怪な夢想の説話（『太平広記』所引、広古今五行記）とか、孝文帝が宣室（未央宮の正室）に坐して祭の餘肉をうけて鬼神の事に感ずることができた説話（『史記』賈誼列伝）などをひきあいに出して説明する。そして『江談』でもこの聖廟の扉の鳴動することを重ねて説いておる。私は匡房に咒術師的傾向があるとすれば、それは彼の和漢の事に亘(わた)る説話管理者としての性格と微妙にかかわりあうものであることを感ぜざるをえない。

匡房の咒術師的傾向

匡房のかかる傾向、安楽寺聖廟や石清水もしくは宇佐や筥崎に対する過度の傾倒・尊崇は、時代の歪みからくる不安を背後にせおう匡房の心の支えとして、菅

霊や応神天皇たる八幡大菩薩に対する本地垂迹的な信仰をあらわすものであり、何よりもそれらの神霊が生けるものとして現実にはたらきかける力あるものとしてうけとりたかった。声を発し、扉を鳴動させるものでなければならなかった。人間はおそれたりあこがれたりするものを、耳にし目にしたと思うことがあるものである。こうした魔術的な幻覚の威力が、匡房を媒介にして白河法皇にも伝っていったとみられるふしがある。彼のみが、この後、帥に再任され赴任もしないで五年をつとめ、その揚句大蔵卿にのしあがった秘鑰の一つはここらにあるのかもしれない。

帰洛

彼は大宰府生活に別れをつげて、再び安楽寺の聖廟の扉の前に立つこともあるまいと心にいいきかせて、帰京の途についた。道真がやけつくように待ち望んで、ついに実現しなかった帰洛の旅である。

十一　京都帰任

法華経の　薪の上に降る雪は　摩訶曼陀羅の　花とこそ見れ

（『梁塵秘抄』巻二、二句神歌）

江都督の名声

匡房ほど波瀾のすくない人物もすくない。しかしつぶさにその生涯を凝視すれば、やはり起伏があり照りかげりがある。不安におびえたこともあり、深い絶望の淵につきおとされたこともある。坦々たる出世一筋道を平和に歩んだだけでなかった。彼が歿後江都督として著名なのはそののこしたしごとのせいであるが、そのしごとは六十歳をすぎ、位は二品を極め、帥中納言の職を経た後、晩年のしばらくになしとげて後世にのこしたものが多いようである。彼をして公務以外のそうしたしごとに駆りたてたものは何であろうか。色々の見方もあろうが、私は彼が愛息隆兼を先立たせたことがその一つの契機でなかったかと思う。

康和四年一月の除目に正二位になり、ついで彼は替をえて任を解かれた。その後任は中納言藤原保実であった。匡房の栄達について、藤原伊通は『大槐秘抄』において、官人の昇進について意見をのべたところで言及している。

『大槐秘抄』における匡房評

一代のうちに年号がむやみに改まることと、当代の蔵人五位がむやみに受領に任ぜられたりすることは戒しむべきことだ。長谷雄や清行が、外記から上達部に昇進したのは学問して成り上ったもの、匡房も民部大輔の子で、三事を兼ね、正二位中納言まで成り上ったのも、彼の実力によるものだから、人も批判はしない。しかし近ごろはろくに学問もないものが、上役の「足の下によくはいくぐりえて」成り上るものがいるではないか。

といっている。匡房の栄達が、その当時とかく批難の対象にならなかったのは、その学識と才能によるものと認められていた。時代はまだ匡房の古典学の知識を尊重するような復古主義の風潮にあったことがわかるように思う。

それはともかく、新任の帥保実は、発令のあった春ごろから背に瘡（かさ）を病んで、三月四日四十三歳であえなくみまかった。

「堀河院初度百首」

堀河天皇は和歌にたくみであった。康和の初年、時の歌人十四人に百首歌をそれぞれ課して詠進せしめた。大納言公実・中納言匡房以下の公卿や木工頭（たくみのかみ）俊頼・散位（さんに）基俊、僧永縁・隆源、さては後宮（こうきゅう）女房肥後・紀伊・河内ら名歌人十六人。春夏秋冬・恋・雑にわたる百題は匡房が撰進した。

氷ゐし志賀のから崎うちとけてさざ浪よする春風ぞふく

は立春の心をよんだ匡房の名作、『詞花集』巻頭にも入る。以下この時の百首から百七十九首も勅撰集に入る。これを「堀河院類聚百首」ともいい、この後にも百首が詠進せられたので、「初度百首」とも「太郎百首」ともいう。千六百首の

「堀河院艶書合」

大類聚歌集ともいうべきもの。

さて康和四年閏五月二日、ひるごろからさみだれ空になった。歌を好んだ堀河天皇は、数日前、つれづれのあまりに殿上の男たちに歌をよませて、懸想(けそう)の歌を宮仕えの女房の許につかわしてみよという仰せが出た。大納言公実などから、俊頼などの歌人たちは、さまざまの薄様(うすよう)に意匠をこらして艶書をしたてて送った。周防内侍・四条宮筑前・高倉の一宮の紀伊たち、後宮や内親王方の才色をほこる女房たちは、気色(けしき)ばんで我も我もと返書の料紙に下絵など意匠をこらして返歌を競いあい、この雨の夜、殿上に懸想ぶみの歌合をひらいたのであった。二十四歳、病いがちの青年主上にとって魅惑にみちたソサイェティ(会合)であったと思う。現実の恋愛と空想の恋愛とが奇妙にまじりあって、時代の斜陽的なよどんだ平和、不安と変革の嵐をはらんだ院政期宮廷の文化的な空気の中で、それは頽廃(たいはい)すれすれの美しい緊張をともなった風流行事であった。うらみをこめた切々の歌を男がよみ贈れば、さりげなくかわす女、男の心をよけいにかき立てる艶なる女の歌など様々である。

俊忠の中将が、

人知れぬ思ひ荒磯の浜風に浪のよるこそいはまほしけれ

とよみ贈ったのに対して、祐子内親王家紀伊、

音にきくたかしの浜のあだ浪はかけじや袖のぬれもこそすれ

という名歌を返したのもこの時である。

息男大江隆兼の死

興が尽きないので、この五月七日、こんどは初恋より進んで逢恋の段階を仮想して、より濃やかな愛情交換の歌をよみかわさせた。世間では「堀河院内裏艶書合」と名づけているが、こうした宮廷というとざされた密室のフラスコの中で人工的恋愛遊戯の実験をくりかえしているうちに、閏五月四日、匡房最愛の息男大江隆兼が、匡房に先立ってまだ若くしてみまかった。おそらく九州の任地を発航

せんとするやさき、訃音は早馬で到り、府を離任しようとした匡房に、電撃のようなショックを与えたことであろう。われわれはその時の彼の心境や行動をうかがう史料をもっていない。彼の亡息中陰や周忌願文をよむと、「忽ちに西海の浪に別る」「簀を海外に易ふ」とあるから、病を西府の温泉に療すべく、父の任地に下っていた隆兼は、帰洛の途上、瀬戸の潮路の舟の上でみまかったらしく思われる。あるいは父は子の病を看とりながら京へいそぐ旅の途上であったのかもしれない。彼は瀬戸のさる泊りで、壮年にしてみまかった子を荼毘に付して、遺骨を抱いて、魂も心にそわず、涙にくらして、瀬戸の潮路を渡って、悲しみの帰京の船旅を急いだことも考えられる。

六月十三日、宮中では御願寺供養の舞の試楽御覧があり、院の御所では十座仁王講が営まれていた。前の大宰権帥江中納言が秩満ちて、入洛したという情報がきこえてきた。蝶鳥の姿になった十数人の少年たちの美しい舞をみながら、殿上の人々のなかには匡房の心事を思いやって暗然としたものもいるであろう。

匡房の子息

匡房の系図をみると隆兼のほかに、維順・広房・有元の三人の子が見える。

維順

維順は本名匡時で、文章生・対策及第・蔵人・肥後守・大学頭・式部権大輔を歴任しており、大江家の家学を襲いで後の子孫維光・匡範・広元らに伝えている。秀才匡時が文章博士在良が問頭となり、献策したのは康和五年六月三日、ついで献策後長治元年十二月十二日の除目に式部丞に任じた。

広房

広房は陸奥守・相摸守を歴任した正四位上橘以綱の子、文章得業生・信濃守に任じ、大江匡房の女子と結婚し、匡房の養子となった。『新勅撰集の作者』、正五位下、天永二年に本姓に復している。遠流事件のとき、その妻の許にあずけられている。

有元

有元は源有宗の子、匡房の養子となって対策及第したことは前述したところ、蔵人・式部少輔・文章博士となった（本によって有元を有光に作るものを見るが、光は元の草体類似による誤写とみておく）。

家保

『尊卑分脈』には見えないが、『中右記』永久二年一月条に出雲前司家保というものが、匡房の養子である旨の裏書がある。はじめ備後守であったが出雲に遷任した。しかし備後の公文（くもん）が未済であるにもかかわらず、出雲に任じたのは官の失態である旨注している。藤原氏の出自（しゅつじ）である。こうしてみてくると匡房の実子は隆兼・維順の男二、広房室の女一ということになりそうである。しかるにこの後、匡房は人に自分は子供の運にめぐまれないのが歎きだと訴えている。あるいは維順も養子であったのかもしれないが、この点は私にはわからない。ともあれ隆兼に彼は期待をかけていたことだけはまちがいない。

大江隆兼の人と詩

隆兼の母は紀伊守従五位上藤原重経女である。重経は中納言懐忠（かねただ）の子の大宰帥重尹の子で、懐尹の養子。歌人で、母は輔親女である。隆兼の室は淡路守頼成の女、子に匡周・匡隆がいる。文章生・対策及第、承暦四年蔵人、寛治元年兵部少輔・御禊（ごけい）御幸前後次第司次官となり、永長二年には正五位下加賀権守に任ずる。従四位上式部少輔で死んだ。

「兼隆寛治四年城南行幸詩」

寛治四年四月十九日、堀河天皇は城南（せいなん）に行幸、左大臣俊房・内大臣師通以下王公・卿士（けいし）・文人多く従って、「松樹臨二池水一」の題で作文（さくもん）、匡房は隆兼とともに応製詩を作った。

従五位上行兵部少輔大江朝臣隆兼上（たてまつる）

松樹本来尤も貞（みさお）を表はす
況むや池水に臨みて太（はなは）だ情（こころ）多きをや
梢は晴れたる雨を含みて魚の遊（およ）ぐ裏（うち）
葉は碧（みどり）なる漪（さざらなみ）を助けて鶴の飲（みずか）ふ程
荷（はちす）の蓋（きぬがさ）は煙に添ひて潭（ふち）の月暗し
華の船は影に棹さして岸の風清らなり
千秋の号と千年の契りと
計会（けいかい）して一時に聖明に献（たてまつ）る

隆兼の筑紫次田「温泉道場言志詩」

という八庚韻(はっこうのいん)七律一首を『中右記部類紙背詩集』にのこしている。『本朝無題詩』にも「春日即事(そくじ)」「暮春池頭即事」「秋日浄土寺仙窟即事」「冬日山寺即事」「温泉道場言志」詩五首をのこし、『続文粋』に上皇の閑院に暮春行幸のあったおり、「秘書閣作文禁庭松表レ貞」の詩序一篇をのこす。「温泉道場言志」の六韻詩を掲げておく。

　名と云ひ利と云ふ両(ふた)つながら身に忘る

大江隆兼「温泉道場言志詩」
（西荘文庫旧蔵本『本朝無題詩』）

　日日行きて□往き還りす
　昨(きのう)は水城(みずき)原上の月を翫(もてあそ)ぶ
　今(きょう)は湯寺(ゆのてら)洞中の春を憐れぶ
　朋(とも)を呼ぶ好鳥　意(こころ)は我に同じく
　望を驚かす新花　栄えは人に似たり
　地(ところ)を尋ぬれば適(たまたまさき)前の日の跡

なりと伝ふ 長久年中外祖(大宰帥藤原重尹)此の地に於いて一絶を賦し、康和の年、予も此の地にして、六韻を綴るなり。故に云ふ。

郷を懐ひて暫く□外朝の塵

琴詩酒の處に戯れをなすとも

仏法僧の間に遂に真を仰がむ

累葉の文華相畜ふること得たれども

海西に弃て置かるるはこれ何の因ぞ。

この詩によると、隆兼は加賀権守をやめて父の帥在任中に九州の地に遊んだことがわかるのであって、あるいは府西の水城の関に遊び、あるいは廓南の次田の御湯に沐したりした。次田の温泉は大伴旅人以来の筑紫の名湯であり、隆兼と同年輩かと思われる釈蓮禅もわざわざ病身湯治のために京よりこの湯に沐するために訪れており、やはり『無題詩』作者たる藤原周光もこの地の武蔵寺に参詣した詩をのこしている。隆兼が温泉道場の古洞に遊んだというのはおそらく天拝山麓の武

蓮禅の次田入湯

周光の「武蔵寺詩」

蔵寺をさすにちがいない。今の二日市温泉である。周光や蓮禅はおそらく茂明や敦光たちとともに隆兼の詩友で、かれらはあるいは同じころに、相前後して安楽寺の聖廟に詣で、次田の湯に浴したかとも思われる。漢詩において蓮禅の征西詩群(『本朝無題詩』)と、和歌において俊頼の、父経信の遺骨を奉じて帰京したときの作品群とは、西行の漂泊文学に先駆する院政期の漂泊紀行文学の双璧(そうへき)であると思う。それはともかく、これは隆兼の晩年の作で、彼は病弱で早く老いていたかと思われ、自分のことを「株(くいぜ)を守る愚老」などと謙称している。この作をのこしたあと、彼はあるいは父より一足早く帰京の旅について、間もなく旅の途上であえなくみまかったかと思われる。

愛児を先立てた悲しみ

さきに前任者経信は任地でみまかって子俊頼が涙ながらに遺骨を奉じて帰京し、今や匡房は帰京の途上、一子隆兼を先立てて空虚の思いとともに瀬戸の浪を渡った。後任の帥藤原保実が赴任を前にして京都でみまかっている。その後任の藤原

「亡息隆兼中陰願文」

季仲は罪に坐して東国に配流せられた。大宰府の長官という官職は魅力の多い反面、危険をも伴いやすいものであった。

後江相公朝綱が兵部丞澄明を先立てたおりの四十九日願文は『文粋』願文中の傑作。「悲しみのさらに悲しきは老いて子に後るるより悲しきはなし」といい、「一薗中の花月、相伝へむとするに主を失ふ」と歎いた。江中納言匡房が前加賀守隆兼を供養する中陰願文は『続文粋』棹尾をかざる悲痛なる作。「家は九代を伝へ、爵は四品に及ぶ。康和の夏の天、閏餘の夕の漏、忽ち西海の浪に別れ、已に下泉の流れに従ふ」といい、「累祖相伝の書、収拾せんは誰人ぞ。愚父が憖に遺る命、扶持せんは何れの輩ぞ」と歎いた。入洛して一週目が中陰の日であった。三尺金色弥陀像一軀・両界曼荼羅各一鋪その他色紙法花経一部、別に法花経六部を書写供養した。曼荼羅は亡息の宿願、法花経は生母の書写であった。

桑弧蓬矢（男の子が誕生した時の儀式）の昔の慶び、転じて白楊の悲しみとなんぬ。晨昏温清（老いた親の身辺を気遣うこと）の昨（きのう）の志、翻（ひるがえ）して長夜の別れとなんぬ。

まことに深い悲しみのうめきがきこえるようである。彼は人生の矛盾、理窟どおりに動かない世の中に、はかなさを覚えた。

帰路の旅で、任中道理で取った財物を舟一艘に積み、非道で取った財物を別の一艘に積んで上ったが、嵐にあって道理の舟は沈没し、非道の舟が平安に淀の津に着岸した。

帥在任中の財物運漕

世ははやはや末になりはてたことだ。人はことさら正直であってもしょうがないわい。

と江帥（ごうそち）はつぶやいたと旧記はつたえる。旧記を信ずべきならば、これは何ともおそろしいことばであるとともに、匡房の内部にひそむ不可解なものがちらりと顔をのぞかせているように思われる。

主として匡房の孫にあたる大江広元が頼朝の鎌倉政権にはたした役割などから、

匡房についてのマイナス面の資料がもしあったとしても、消され易かったと思われるなかで、この建長六年（一二五四）に書かれたと思われる『古今著聞集』の作者のかきのこした資料だけは、匡房が権帥赴任中、単に安楽寺の菅廟に奉賽し、宇佐宮に三昧を勤修したりしていただけでなかったことを物語る。

大貳藤原惟憲非道の蓄財

当時歴代の大宰府の長官の関心は、九州の民政もさることながら、より多く蓄財にむけられている場合もあったように思われる。赴任中に莫大の富と私財をかきあつめて、任みちて京にもち運んだことは、かの『小右記』にしるされるところの大宰大貳藤原惟憲の例に徴してもあきらかである。

昨夕、前大貳惟憲の妻入京、即ち参内すと云々。惟憲明後日入洛、随身せる珍宝その数を知らずと云々。九国二嶋の物、底を掃ひて奪ひ取れり、唐物も又同じ。すでに恥を忘るるに似たり。近代、富人を以て賢者となすなり。惟憲は白鹿を以て関白に献れりと云々。或ひと云はく、高陽院の内に放ち養へりと云々。世以て甘なはず。

唐物すなわち中国大陸からの船来の物資をもかき集めていた。彼は日本婦人を母とする混血の有名な宋商周良史とも特殊関係を結んでいたらしく、「惟憲は貪欲の上に首尾を辨ぜず、都督の間、所行非法数万」と吐きすてるように実資から批判されるような出先官僚であった。『宇津保物語』の大宰権帥滋野真菅が財力で貴宮をえようとした話や『源氏物語』に描かれる大宰大貮の話を引くまでもなく、またちかく匡房の同時代、権帥権中納言藤原伊房の国禁を犯して対契丹武器貿易をして勅勘を蒙った例もある。匡房もあるいは例外でなかったのであろうか。彼が再度権帥に任ぜられても、決して赴任しようとしなかった、それにもかかわらず、最後には大蔵卿にまでのしあがった事情のうらには、案外にこの「非道の船」に満載されていた珍貨宝財を非道にかきあつめたことがらが秘密の鍵をにぎっていたのかもしれない。

『古今著聞集』の編者が、皮肉にもこの話を政道忠臣部に書きとめて、結びに「世が末世かどうかを悟り知るための賭(かけ)であったかもしれない」といっている言葉は意味深長である。

帰京後の生活

一年の服喪中は、外部との交渉も絶って暮らしたらしい。帰京後、この年の夏は霖雨(りんう)が続いた。頭辨が例によって伊勢の奉幣使のことで来訪したこともあるが、五節にも童女を進めることを控えた。わずかに前女御藤原道子の逆修供養等の願文三篇を草したりしただけで法皇の鳥羽殿作文会にも参会しない。十二月十四日、中納言として帰京の後はじめて仗座(じょうのざ)についたことが『中右記』にしるされる。その二日後に法勝寺に薬師像・薬師経を供養して法皇五十算の賀が行われた。

彼は顕房の子左京大夫源顕仲が娘におくれたとき、

その夢をとはばなげきやまさるとておどろかさでもすぎにけるかな

という歌をよんでいるが、彼自身も人からおどろかされるのを避けてひっそり新しい年を迎えたのであろう。

『法華経賦』

彼が「法華経賦」を作ったのもこの前後であろうか、「開二方便品一示二真実相一」という八字を韻字とし、これを八巻にあて、二十八品(ぼん)の大意を示そうとした。「法華二十八品詩」とか、「法華二十八品和歌」という作品系列に属すべきもの、彼が法華経に通暁し、一乗法に帰依したことのひろく深きを示すもの。これは『今鏡』にみえる白河法皇の法花信仰ともかかわりがあり、また法華経変相の絵解き唱導ともかかわりがあるかもしれない。

康和五年
「亡息周忌願文」

この年五月四日、五日の節の前日、一年の喪があけて、周忌を営む。彼の亡き息子の幽霊が時々おとずれて彼を見舞った。彼は「花租(かそ)月税(げつぜい)、文章世に被(こうぶ)らしめ、左貂右蟬(さちょうゆうせん)、栄花人に知られ、四品の好爵を纏(つな)いで、一朝の儒宗とな」った隆兼の死がくやしくてならない。その利発にして父の文才をうけた亡き俤(おもかげ)は、かの儒童菩薩(孔子の子鯉(り))の再誕、文殊師利(しり)の後身のイメージにオーバーラップ(二重撮し)する。

彼は壮(さか)りの年で、自分(六十三歳)はすでに衰えてしまったのに、何というくやしいことだ。楚痛休むひまとてないうちにはやくも一年がめぐってきた。「有縁(うえん)の道場」で無遮(むしゃ)の斎会(さいえ)を営むとあるが、あるいは山城の般若寺か、あるいは石清水であろうか。切々として真情に溢れる、前年の中陰願文とともに、彼の数多い願文の中の最もいたましい作品である。

女御茨子、皇子を生んで卒去
匡房御重厄奏請

この年正月女御藤原茨子(じし)は堀河天皇の皇子宗仁(鳥羽天皇)を生んだが、産後の肥立ちがわるく十日後にみまかった。匡房は法皇に奏請して、主上の心労ははなはだしいのは由ないことだから、よく護身をして今年二十五歳、重厄の年、譲位後十八年にもなり、末代の天子として寿命も保ちがたいからよくよく慎しまなければならぬと申し、法皇はこの匡房の意見によって祈禳(きじょう)を行うように指令している。また立太子・親王宣下の儀についても法皇は宗忠を通じて匡房に勘申せしめている。

京都に鬼神横行の妖言

京都に鬼神が横行するという妖言(ようげん)がひろまって、人々は門戸を閉じて外出しないということが三月から五月にかけてあった。法皇の御願(ごがん)である尊勝寺は前年に落慶供養を営んだが、供養の日封戸(ふこ)千五百戸を寄せ、康和五年八月になると人々は荘園をよせ、法皇も新立の荘園を設定した。こうして白河院政によって急激に皇室領は膨張するのであるが、院庁が古代的・律令的形式によって復古の姿勢をとろうとし、院政権が荘園整理を行うにもかかわらず、院の専制的な権力の増大にともなって、加地子領主の寄進地系荘園が、院政権力の周辺に集中し、皇室領は再建・増大して行った。一方ではそれにもかかわらず摂関家が依然として大荘園を擁し、その番犬として源氏系の武者を手なづけていた。白河法皇はこれに対抗するために伊勢平氏を手なづけようとして、瀬戸内晴美の「祇園女御」に描かれるような世界も展開し、またこうした矛盾的な力関係を背景に、法師や神人たちの強訴(ごうそ)や闘諍(とうじょう)が激化し、『今昔物語集』巻二十九にみえるような強盗殺人事件もしきりにおこり、社会不安が増大して行った。京(きょうわらんべ)童が祇園あたりに鬼神が

院政権力の増大と社会不安

横行するという妖言におびえるのもそうした社会不安の一つのあらわれであった。六月、季仲は赴任を奏し、七月京都を発して任地に下向した。昨年六月彼は大宰権帥に任ぜられていたのであった。

江中納言重みを増す

八月六日法皇は匡房に御書を草せしめて、後三条天皇陵に立太子のことを告げしめ、また立坊の諸儀次第について匡房は書状で勘申している。九月、東宮御燈（ごとう）の儀につき、十月八幡・賀茂行幸の日どりにつき意見を上（たてまつ）っている。こうして匡房は禁中や院庁の公儀法則にわたる重要諮問をいながらにしてうける地位を徐々につくりだして行った。それは帥赴任以前江中納言として活躍していたときの地位の回復であるとともに、控え目にしていただけに廷臣や院の近臣が使に立つ場合が多く、ある意味では一層重みを増したともいえよう。

「般若寺小堂供養願文」

十月二十七日に匡房は般若寺の側に一間四面の堂一宇を建立して供養した。そもそも江家は平城天皇とその皇子阿保親王より出て、参議音人がその始祖である。

江家と平野社

江家と般若寺

音人は桓武外戚の祖神たる衣笠山下の平野社を江家の氏族神としてあがめた。音人の二男玉淵（たまぶち）は仁和寺の西、鳴滝山の北の山中に般若寺を建立した。大江維時の時に般若寺の近くに平野大神を勧請して別社を造った。匡衡も般若寺に遊んで詩を作ったりして、ここは江家とともに王朝文人の作文風雅の会場ともなっていた。維時勧請の小祀は造立以来百年以上もたっていたが、匡房の学生（がくしょう）時代には、春秋の祭礼にはいつもこの社に参詣したものだったが、いつか香火もたえてしまった。今や中納言に昇り、都督をもつとめた匡房は、この小祠を復興し、丈六金色無量寿仏一体と手書の法華経を奉納し、導師経範をはじめ僧二十口（こう）を啒（くっ）し金剛界の供養をする。右兵衛督師頼が参向した。江家一族と匡房の子孫たちが、八代の才智の士、十代帝王の師として連綿うけついだ江家の学統をうけついで失墜しないように祈り、あわせて白河法皇と堀河天皇の長生と無病を祈っている。都督在任中の願文では「今上陛下……禅定（ぜんじょう）仙院……」の順序でその寿を賀していたが、今やその順序を改めて「禅定仙院・金輪聖王」という文章となっている。院の専制的権力の増大と、相対的に天皇側の後退という力関係がこの願文の文章構造の推移からもよみとられるように思われる。

匡房は十如是義表白・三身義表白などの四種三昧耶の表白文を作り、天台の玄義・文句・止観をはじめ、浄名経の論義などにうちこんでいる。その時期は不明であるが、あるいはこのころであるかもしれない。敦光にもこのような四種三昧義表白類があり、三身義や十如是を和歌に詠んだ釈教歌も『千載集』や『新古今集』にみえている。後の関白兼実の家でも十如是の歌会があって、二条院讃岐なども如是報の歌をよんだ。

「十如是義表白」のたぐい

匡房は願文・諷誦・表白類の作品を多くのこしているが、そのほかに唱導文学として注意すべきことは画讃・讃文類のあることである。なかでも大唐大慈恩寺大師画讃は大作で、『宋高僧伝』巻四、義解篇の唐京兆大慈恩寺窺基に伝せられ

「大唐大慈恩寺大師画讃」

るところ、諱して大乗基という大慈恩寺大師の画像讃である。姓は尉遅氏、長安の人だが西域出身。五竺のサンスクリットを師玄奘三蔵より学び、訳経三十餘本、造疏百本、なかでも法華経の大疏『玄賛』の著は不朽の作。玄奘三蔵の住した大慈恩寺にいて、般若経を奉じ、月毎に弥勒像を作り、兜率往生をねがい、つねに文殊の奇瑞を仰いで五臺山を信仰した。永淳元年(六八二)五十一歳で慈恩寺翻経院で示寂。

　眼は紫電を浮ぶ　夏天の影
　面は素娥を駐む　秋夜の輪

とたたえる秀麗の容貌だったのであろう。院政期には曼荼羅供・影供というものが、かつてみないほどに盛行した時代で、修法には壮麗な曼荼羅や祖師影を掲げて供養を営むことが多い。絵画による視覚的な映像が爆発的に需要され生産された状況は、昭和の今日のテレヴィの普及によるテレヴィジョン映像のコミュニケ

絵解きと説話

イションの盛行の状況と似ているともいえようか。そうした絵画形象(けいしょう)の普及はいきおいその絵解(と)きとしての説話を盛行せしめたと考えられる。法華曼荼羅をかけて仁寿殿(じじゅうでん)に法華修法が行われたり(康和五年十月四日『中右記』)、方々で法華八講が行われたりすれば、法華経の説経が法花変相の曼荼羅や壁画についての絵解きとして行われ、金剛般若経集験記屏風が展示されれば、そうした霊験説話が絵解きされたにちがいない。さらに世俗説話画としての様々の絵巻が製作され、それらの絵解きとしての世俗説話集というものも院政期に爆発的に続出したのである。匡房はこうした時代に出て絵解きの讃文や説話を漢文体で書いたと思われる。

小野の仁海(にんがい)や鳥羽の覚猷(かくゆう)は前者仏法系であり、源隆国や大江匡房は後者世俗系の唱導説話管理者の性格が濃い。しかし覚猷にも世俗系の要素があるように、匡房にも仏法系の要素もあるのである。

その他の讃文・祭文類

そのほかに釈迦如来讃(『卅五文集』所収)や弘法大師讃(『弘法大師御伝』下所収)・慈恵大師讃(『山門堂舎記』所収)・祭

慈恵大師尊霊祭文（『朝野群載』三所収）を作り、醍醐寺開山聖宝理源大師讃も作ったようである。

忠通の名を択ぶ

十二月九日、右大臣忠実の長子威徳（当時東三条第では大威徳法が勤修せられたりした）は七歳になって童殿上するので匡房は正家と譲り合った末に、忠通という名を択んだ。後の法性寺関白である。

唐人の語をしるす

十二月十三日、匡房は左大臣以下と仗座について不堪田を奏し、議定した。その席上、鎮西在任時代のみやげ話も披露した。

唐人からきいたところでは、大宋の国では高祖以来当代（徽宗皇帝）に至るまで九代（正確には八代）だということであります。

彼は日本の知識人らしく海彼のことに対して注意もし好奇心をもやしていた。何よりも代々の都督がそうであったように宋商とかかわりあって対宋貿易についても関与したにちがいない。しかしさりげなく、この程度に話をとどめているところに彼の用心深さもうかがわれる。

波斯国の語彙

大宰府に唐人（宋船の商人）などを引見して物語りもしたにちがいない。彼が『江談』の中に「波斯（ペルシア）国語」の語彙をノートしているのは、そうしたころの聞書によるものであろうか。白石の『西洋紀聞』がそうであるように。

康和六年

咒師散楽の流行

年があけて、尊勝・法勝両寺の修正会（しゅしょうえ）の咒師（のろんじ）（いわゆる「しゆしはしり」）を法皇が御覧、上の好むところに従って公卿をはじめ内（うち）・東宮・中宮の女房たちも法成寺や尊勝・法勝の諸寺の咒師散楽（しゅしさるがく）をきそって見物する。

改元長治

二月十日、天変と地震によって改元した。正家・在良・俊信のほかに、左大臣俊房の議によって匡房が追加され、文章博士藤原俊信の勘申が用いられて長治と改めた。匡房が改元からはずされたり、勘申が用いられなくなったのははじめてのことであり、またこの二月二十九日公家の尊勝寺一切経奉納供養の願文なども正家たちが書いており、ようやく匡房が第一線より後退するきざしがみえはじめる。しかし三月二十四日には尊勝寺に結縁灌頂のために行幸があり、匡房はその表白を作って進献している。法皇は腰痛のために鳥羽殿にこもって療養したりするうち、山では東西両塔の僧が合戦し、また園城寺の衆徒が濫悪(らんなく)をはたらき、宗忠をして「凡そ天台仏法滅亡の秋(とき)か。ああ、哀しいかな」と叫ばしめる。

四月二十四日、中宮御所堀河院において和歌会があった。忠実以下参会、「松契二遐年一」という題は匡房が進(たてまつ)り、和歌序も書いた。こえて二十七日東宮御所で和歌会があり、題は「庭松久緑(にわのまつひさしくみどりなり)」という。このころ東宮蔵人所の和歌会に蔭孫(おんそん)紀行康というもののために、「鶴有二遐齢一(つるにとおきよわいあり)」の和歌と和歌序とを作りあたえている。この月鳥羽院でも和歌会があり、五月に入ると、散位広綱家・因幡権守重隆家・左近中将俊忠家・備後守宗光家等で歌合が行われた。匡房卿家でも六月に入って歌合が行われた。この歌合は今日残存しないが、佚文(いつぶん)が『夫木抄』等によみ人しらずとして四首ばかり散見する。小規模なサロン内の純粋な歌合で、さる

匡房卿家歌合

永長元年五月にも行われた。その他『江帥集』によると両三度匡房家歌合を催したことがみえる。同じ月高陽院泉殿で『白氏文集』新楽府二十句和歌会がひらかれ、大江通国が小序をのこしている。「白楽天の風骨」をわが朝の言葉でうたおうとするのである。

「源俊房七十賀願文」

八月一日堀河天皇のため有名な「母后供養宸筆法華八講願文」を作り、俊房が清書した。十二月二十五日左大臣源俊房のため六条殿の母屋に薬師仏の絵像をかけて七十算賀があり、匡房は彼を「大宰の誉れ遠く播き、賢良の名をほしきままにす」とたたえて、願文を作った。

長治の叡山衆徒合戦

長治元年は叡山や伯耆大山で悪僧たちの闘諍があり、衆徒の合戦・乱行にはほとほと政府当局も手をやいて、「偏へに末代に及び、仏法破滅するか」（『中右記』）と痛歎せしめ、同時に前陸奥守源義家・前美濃守源義綱らをして衆徒鎮圧に向わしめている。

長治二年

こうしたなかに年が改まって、小康のときに院御所では小弓合、中宮御所では花合、右大臣家では一種物（ひとくさもの）の遊び、ついに、内の清涼殿では三月五日和歌管絃御会が催される。「竹不レ改レ色」という題は匡房が献じ、序は俊房が作った（『殿暦』ではそうなっている。しかし『八雲御抄』にはこの序は内々匡房が草案をかいたといっている）。この二年後に崩ずる二十七歳の堀河天皇は、この三月ごろから不豫、御薬（みくすり）のことが騒がれる。最初は風気というので、諸社に奉幣したが、例の風に似ないので、大般若経・孔雀経・寿命経・法華経・薬師経などの読経、さては冥道供（みょうどうぐ）や

『扶桑古文集』（長治元年四月鳥羽殿和歌序）

姉の尼の死

匡房所領のことで興福寺西金堂衆に訴えられる

泰山府君祭などを修し、祭文は匡房が作ったりした。護持僧は阿闍梨賢暹であった。こうして禁中に憂色が濃いとき、六月九日、匡房より二歳年長の姉の尼が念仏転経の生涯を終って即世した。翌七月二十二日、晩がたに右大辨宗忠が右大臣忠実の殿に行くと、奈良権僧正覚信が来ていて、寺内のもめごとを報告している。西金堂の衆が江中納言卿の所領のことで訴えているという。二十五日になると山階寺の大衆が発向したという。午後八時ごろに権僧正と右大辨宗忠とが忠実の許にきて、こんどの訴訟の一件を説明する。興福寺西金堂と匡房の所領争いが、具体的にどういうことか、われわれは知りえないが、堀河天皇の病悩の時にこのことがもち上ってきたので、忠実はその日の日記に「近日上下の人心地を発す、大略世間、閑かならざるか」としるした。こういう騒ぎの中に、匡房は亡き姉の尼君のために七月二十七日、かたの如く中陰のため三尺金色弥陀像や色紙法華経を造って供養し、近習・旧労の侍女や、誦経・念仏の僧たちをねぎらっている。般若寺あたりであろうか。八月二十七日には頭辨がかさねて山階寺西金堂と江中納言との諍論のことを奏聞した。さきごろより祇園の神人が騒ぎ、九月になると宇佐の弥勒寺でも諍(あらそ)いがおこってくる。十月になると延暦寺の大衆が神輿を奉じて強訴し、師季仲や石清水神人の処分を迫る。これらはおそらく受領や院の近臣たちの寺社荘園に対する圧迫を発端として、受領層の主体であるところの院政政権に対して抗議する行動の一つのあらわれであると思われる。

匡房病悩により懺悔供養をする

このころ匡房も気分がすぐれず病がちで、日毎に二像を供養し、三時に六根を懺悔し、七日の逆修を営んだ。釈迦・薬師・弥陀等の如来、普賢・文殊・観音・弥勒・得大勢(とくだいせい)・地蔵・虚空蔵・宝達・薬王・龍樹菩薩・毗沙門天王・天台大師等の像各一体を造り、一切経の闕巻を写し、丈六釈迦・観音を造った。これは除病延命のためであるからおそらく石清水八幡宮に供養したものか。彼は自ら「弟子が病ひは骨髄に在り。司命(しめい)(道教の冥官の一。太山府君の侍者の一人で、人間の寿命を管掌する)と雖も何(いか)にかせむ」と告白しているから、道教的な信仰をすでに止揚している様子である。それにしても一儒臣のこうした大がかりの供養を可能にする経済力は注目すべきであろう。コンフェッション（懺悔）の気持がおこっているのも偶然ならぬ気がする。

「尊勝寺阿弥陀堂供養願文」

十二月十九日、堀河院は尊勝寺の阿弥陀堂・准胝堂・法華堂を造立供養した。尊勝寺はさる康和四年に、法勝寺の西に造立したばかり、金堂の西に三十三間四面瓦葺堂一宇を建て、金色丈六無量寿仏九体、八尺の観音・勢至・地蔵・龍樹各一体、六尺四天像を安置した。この壮大なスケール、暁月に白毫の輝きわたることの壮麗、かの中尊寺の金色堂の大規模なもの、これを可能にする皇室経済力というよりも院政権力の大きさに瞠目する。しかも、「民に菜色多く、（中略）万方に辜ある」は朕の罪なりといって、民衆生活の平和と豊かさを祈るために供養するのだというのは、何という皮肉な矛盾であろうか。王朝最高の知識人の一である匡房もこの矛盾を正しく把んでいない様子で、この時の願文を作って、代辨している彼には、明らかに限界があることを否みえないようだ。それとも矛盾を十分に意識しながら、こういう形でそれを訴えているのであろうか。それとも林屋辰三郎氏が指摘せられるように、白河・堀河院の豪奢な信仰生活は、彼自身その一員である院近臣グループの利権独占に対する一種の代償として見逃がされていたことを暗に示すものであろうか。とまれ身をもってこういう浪費を諫止するような気魄を見失っていることを指摘せざるをえない。大陸におけるすぐれた官僚詩人にみる諷喩(ふうゆ)意識――一筋太く貫かれている儒教の政治倫理からくる批判精神は、この国にあっては衰弱しており、美文主義の虚飾と世紀末的頽廃とに蝕(むし)ばまれている感傷的な宗教的陶酔の感覚を匡房にみる。そしてこうした供養にもかかわらず堀河天皇の病気はとかくすぐれなかった。

長治三年大宰権帥再任

延暦寺の衆徒からきびしく文句をつけられていた大宰権帥季仲を罷めさせて、周防に配流し、謀大逆の罪名に判定し、年改って、その後任に再び匡房を起用したのは、長治三年三月十一日の除目であった。彼は六十六歳だった。その日より納言を去り、参議源顕通が権中納言に任ぜられる。匡房は年来出仕しないことになれていた。病気がちであったためであるが、まれに不堪佃田（ふかんでんでん）の定には病を扶け（たすけ）て参入したり、主上の不快は宗廟の祟（たたり）によるという占いを奏上したりしている。今や再び帥になったときいて、神祇伯康資王の母は慶祝の意を、

かくしあらば千とせの数もそひぬらん二たび見つる筥崎の松

とよんで贈った。しかし病気がちを理由にしてであろうか、彼はついに赴任しなかった。

十二　都督再任

世間事全無レ所レ思。只所レ遺レ恨ハ、不レ歴ニ蔵人頭一ト、子孫乃和呂クテヤミヌルト也。足下(実兼)ナドノ様ナル子孫アラマシカバ、何事ヲカ思侍ラマシ。家之文書、道之秘事、皆以欲ニ湮滅一也。就レ中史書全経之秘説、徒ニテ欲レ滅也。无ニ委授之人一。貴下ニ少々欲ニ語申一、如何。（『江談』高山寺本）

四月嘉承と改元

彗星出現

四月になって主上の御悩(ごのう)は減ぜず、俄かに頸に腫れが出たりした。この正月より西南の天に彗星が現われ、地震もこれに次いだ。奇星の光は白雲の如く、長く光りの尾をひいて、人々に怪異の思いをかき立てた。帥卿の匡房と文章博士の在良・実義が年号を勘申し、在良の撰進した嘉承を採用して元を改めた。四月九日である。匡房は『後漢書』より天祚、『文選』より延祚の両号を勘申したのであった。

同じ月賀茂の上社の経蔵より失火、東西宝殿より本殿も灰燼となった。「天下の大事これに過ぐべからず」と廷臣は日記した。匡房は恐懼して主上に南殿より御拝すべきを言上した。その前後より天下に流行病が猖獗して、下人たちが多くかかり、道路や河原に骸骨を積むありさま。これはこの前後に成立したと思われる『狭衣物語』巻四（大系本四二二頁）にも描写されるところ。

流行病にて死者道路にみつ

『狭衣物語』

そうしたおりに、賀茂炎上にかかわらず、美麗過差のそしりをうけつつ賀茂祭は強行される。六月に入って日照りが続いて、一度も雨がふらない。その炎旱の中に二条以北に大火があり、餘炎が天に満ちる。こうした騒然たるなかで京都の町々では再び田楽の旋風がおこり、錦繡を切り破り、兵仗を帯し、数千人の群集が道路を横行する。闘争がからみ殺傷事故も出て、血なまぐさくなる。これは不吉

炎旱

田楽流行

「祈雨御祈書状」

なことの前兆だと騒ぐうち、七月一日、午の刻に日蝕があらわれる。匡房は書（『本朝続文粋』七所収）を草して祈雨の修法を重ねて勤修せられるように奏上している。『卜夢経』という道教の書とおぼしいものを『文選』とともに引用して、天下ほとんど焦爛せんとする現状を打開するために祈雨をすすめている。七月五日より祈雨のため孔雀経法が東寺に営まれ、九ヵ日にして法験により雷電大雨が降ったといわれる。

経の摺写

匡房は昨年来、遠江内侍藤原実子のために彼女の母の周忌追善願文を作り、詩友前上野守藤原敦基朝臣のために逆修願文を作り、今また白河院女御道子のために九条堂再建供養願文を作る。東寺の東、九条の陶化坊にあり、九条師輔の故地である。彼女はこの翌年十月逆修供養をしているが、供養のために経を摺写、かつ書写している。前述のごとく摺写というのは板行することで、印刷文化がようやくおころうとしていることがうかがわれる注意すべき資料である。この時の弥陀・来迎の引摂を期待する願文も匡房の作である。

七月十一日内大臣雅実のため金峯山参詣願文を作り、二十七日法皇のため石清水八幡参詣告文を作る。かつて四十数年前、対面して兵法をも授けたと伝えられる前陸奥守正四位下八幡太郎源義家が、この月に摂津国多田庄あたりでみまかった。「天下第一の武勇の士」とたたえられた彼も病にはかてなかった。

源義家の死

　鷲のすむ深山には　なべての鳥はすむものか、同じき源氏と申せども　八幡
　太郎はおそろしや。

これは『梁塵秘抄』の今様うたである。「院の殿上となり、武威天下に満つ。誠にこれ大将軍たるに足るもの」と『中右記』はたたえる反面、多年武士の長者として多くの罪なき人を殺傷して懺悔の心がなかったから、死んで悪趣に堕ちたというような説話も行われた。同時に明衡の長男文章博士正四位下敦基朝臣も六十一歳でみまかった。敦基は、天下の文人その弟子たらざるものなしといわれた。

藤原敦基の死

義家と敦基とを同時に失い、文武の道陵遅するかと宗忠は歎いた。一方敦基が兄

事していた匡房もこのころ腹と心臓の病苦になやんでいたらしい。八月になると自ら病気平癒を日吉(ひえ)神社に祈っている。その祭文は、宣命体でしるされる。

匡房腹と心臓を病む

「日吉祭文」

九代儒業の道を伝へ、三朝帝王の師となる。即ち槐市(かいし)の陋巷(ろうこう)より出でて、早く棘路(きょくろ)の崇班(すうはん)に昇れり。加ふるに再び朝恩に浴(ゆあみ)し、重ねて都府に宰(みこともち)たり。然る間、霧露(むろ)相侵して腹心苦辛す。七旬齢(よはい)疚(とも)しくして、累月病重し。蒲柳(ほりう)の質敗れむとして、旦暮(たんぼ)の命繋ぎ難し。

（『朝野群載』巻三）

と訴えて、宝前に金銀の幣(みてぐら)と馬一疋を添え、纐纈(こうけち)の御帳一具を供し、壮年の昔より公務を行うに「才幹ともに踈(おろか)なれば、理非に迷(まど)ひ易かりき」と反省しているのは面白い。また『卅五文集』によれば同じころ「北野天満天神祭文」も作って祈請している。

「北野祭文」

嘉承二年、「石清水祭文」

年が改まって二月十五日、さらに彼は石清水八幡宮に祭文を奉献して宿痾(しゅくあ)の平癒を祈っている。中で、匡房は二十二歳の昔から、六十七歳の今に至るまで石清水を信仰してきたことは、大菩薩の見らるるところ、「而るに今年病膏肓に入り、命絲髪に在り」、特に今春は重く慎しむべく、辺将たる権帥は殃を受けるぞというさとしがあるので、災厄を除かんがために奉幣すると告げている。さきの帥在任中の行実について、何らか反省するところがあったのかもしれない。とまれ

故敦基の逆修作善

四歳年下の詩友敦基が、死の一年前に四十九日の逆修を営み懺悔して、初日に釈迦・普賢・文殊像各一鋪、法華経八巻、般若心経十巻を図写し、十七日に不動明王、二十七日に薬師如来、三十七日に観世音、四十七日に弥勒、五十七日に法華曼荼羅、六十七日に地蔵、七十七日に極楽浄土変曼荼羅を図絵し、写経無数、毎日朝は法華懺法、夕は阿弥陀経を読み、さらに一同法華経を一千六百六十八部誦している。かかる大規模な仏事作善をしたにもかかわらず翌年みまかったことは、その逆修願文を代作したところの匡房に何らかの影響を与えなかったといわれない。日吉・北野・石清水に祭文を奉って祈請する背後の事情の一つであろうか。

帥として赴任せず

同時に彼が帥に再任されたにもかかわらず赴任しない事情もやや伺われるようである。帥は地方長官としては最も重大な職であり、それだけに危険をはらむこともあった。前任の帥藤原季仲はついに大逆・謀反の罪に問われて常陸に流され、配所で死に、子は儒官を逐われている。彼の文学上の友人、『新撰朗詠』の撰者たる藤原基俊は、配流さきの季仲に九月十三夜の月に昔をしのんで慰めの歌をよみ送った。

みるたびに昔のことのおぼゆればまたそのままに月もながめず

匡房は病気を理由に赴任しなかったが、決してそれだけの理由からではなかったと思われる。われわれは彼について最も興味深い記事を『中右記』の三月三十日によみとるのである。

「江都督清談」

或る人談(ものがたり)していはく、江帥(ごうのそち)匡房、此の両三年、行歩(ぎょうぶ)あい叶はず。仍(よ)りて出仕せず、ただ人の来り逢ふごとに、世間の雑事を記録する間、或いは僻事(ひがごと)

多し、或いは人の上多し。偏に筆端に任せて世の事を記す。尤も便ならざるか。見ず知らざること、暗に記さむこと、狼藉極まりなしと云々。大儒の所為、世もつて甘心せざるか。

このことについては後述に譲るが、「江都督の清談」なるものが、この前後進行していたことは興味ふかい。

匡房の同宿先源師頼鴨院宅全焼

この三日後、四月二日午後十時東三条東町に出火、関白忠実の東三条殿の東門や築垣も延焼したが、本殿は難を免れた。三条町尻から室町三町は全焼し、匡房が近ごろ同宿していた、右兵衛督源師頼の鴨院の宅も全焼し、そこに蔵せられていた武衛関係の書籍数千巻も多く焼失した。重く慎しむべしというさとしはこういう形であらわれた。

俊房の息源師頼

源師頼は左大臣源俊房の長子で、『中右記部類紙背詩集』に作品を二首のこしている。寛治四年四月鳥羽行幸詩宴、「松樹臨㆓池水㆒」の応製詩や、同じころ内相府東閤曲水詩宴に「羽爵泛流来」の応教詩には正四位下右中辨として出詠。なお三条西家本『中右記抄出』紙背にも詩があり、太皇太后宮大夫として出ている。この時四十歳、参議正三位、備中権守を兼ねていた、何のために匡房が鴨院に同居していたか。おそらく俊房との交情から、師頼に何らか指南するためにとまりこんでいたのであるかもしれない。この師頼は後年頼長の師として、彼に『漢書』を授け、頼長は自ら『台記』でも「余は故春宮大夫(師頼)の弟子なり、仍って江説を用ふ」とのべている。『今鏡』によれば当時『漢書』をよむ人がすくなくなったが、師頼が師匡房より読み授けられていたというから、匡房は師頼を媒介に宇治の悪左府に投影していたところがあると考えられる。

堀河天皇病悩

三月のはじめ堀河天皇は法皇の鳥羽殿に行幸、御遊が日々催されたが、七日の夜天皇は不豫、五月、菖蒲の輿を朝餉の壺に舁きたてて、人々がひまなく集ってあやめをふいて主上の病悩を祈った。十九日より最勝講が始まった。そのあとで論義の評判などを女官たちと語り合った主上も、六月に入ると風気が全快せず、発熱も続いたが、扇引に興ずることもあった。七月に入ると病が革(あらた)まった。法皇も見舞にかけつけ、非常の赦も行われ、御修法・御祈禱もあらゆるところで行われた。この六月はことにはげしい炎旱が続く中で、金(こがね)の椀(かなまり)に氷をいれて、進めたりして看病する。この前後のことは乳母の長子が病める主上に添い臥したりしてつぶさに『讃岐典侍日記』に記録した。七月十八日、病革まり、中宮も別れに訪れ、退下の後に受戒、十九日、午前十時ごろ、

堀河天皇臨終

　いみじくくるしくこそなれ、我は死なんずるなりけり。

とつぶやき、「南無阿弥陀仏」と念仏し、

　ただ今死なんずるなりけり。太神宮たすけさせ給へ、南無平等大会講明法華。

といって、長子と大貳三位に抱きおこされてそのまま肌も冷え、目のいろも変って行った。

匡房易筮に召される

その前日、侍読だった匡房は、易の筮をして占わせようとして内裏に召された。忠実が逢うと、彼は一大事とるものもとりあえず、なえた直衣をきて参内したところ。忠実が易筮の事を問うても、

もとから私は筮などつかまつりませぬ。誰がこの御病悩大事のおりに筮など立てられましょう。山を戴いているという卦にお逢いになった人が、山を戴くとしたらやりきれぬことではござりませぬか。

忠実が、今朝は御食事をよけい召上ったのですぞというと、匡房は、

病人は死期がちかくなると、物を食うものです。その身に付いている冥衆（冥府の鬼神諸衆）どもが、腹をすかして物をほしがるからでござります。食事がすすむというのはかえってよろしくござりませぬ。

といった。案の定、その日の夕方から危篤となったのである。これは富家殿（忠実）が後日語ったところの『中外抄』（前田家本）にしるされる。呪術師的傾向をもつ匡房が

匡房の堀河院評

どういう役目をし、関白忠実にもいかにずけずけ物をいう存在であったかがわかる逸話の一つである。

　彼は堀河院の死をわりきって考えていた。

堀河院の御運は、だいたい天命に叶っているといっていい。近代の帝王で二十餘年も宝位を続けるということは希代（きたい）のこと。御宿曜（すくよう）にも過ぎたことだ。宝位を避けないで維持せられるならば、年齢ものびるはず。しかし凡人の場合はこれと異なって官位がたかく、鬼瞰（きかん）(鬼類からうけるそねみ)があれば、職を辞すれば、齢（よわい）を延ばすことができる。これが宿曜道の秘説である。それで匡房も隠居したいと思うているのじゃ。

と『江談』でのべている。彼は、

　かきくもりてる日のかげのくれしよりあめのしたこそかなしかりけれ

とよんで哀悼した。二十九歳のはかない一期（いちご）だった。

『今鏡』の著者は、堀河院の代の名臣として、一のかみに源俊房、物かく宰相として通俊・匡房、蔵人頭にて季仲をあげ、人物の輩出した点で寛弘の昔、一条朝にもおとらない盛世だと評する。彼はここに一つの時代が終ったと意識したと思われる。親しかった知友も多く黄泉(よみじ)に旅立ち、わが子も先立ち、若き主上も崩じた。彼はとかく、病(やまい)がちの日々を送りつつ、思うことは人生とは結局何かということであったであろうか。彼は何かしら後の世の人々にかたりかけたいと思った。

彼の晩年にきわだつ文筆活動の異常な高まりは、こうした契機から考えられないであろうか。

「堀河院旧臣結縁経願文」を擬作する

九月一日、堀河院の旧臣たちは、その墓所香隆寺においてそれぞれ書写した一品経を供養して先帝の菩提をとぶらった。この時の願文は正家が作った。ところが匡房も真情をこめて「堀河院旧臣結縁経願文」を作った。『江都督納言願文集』には「擬作」と注して出ている。

世上の長き恨みには、少壮の君を哭(こく)するより先なるはなし。

といって、再昌中興の英主を失った国中のなげき、ことさら近侍の旧臣のかなしびをのべて、二十年来の宮仕えの因縁を訴え、十万億浄土の来迎をねがって結ぶ。

九月七日、先帝中陰法会が堀河殿に営まれ、匡房はその願文（この願文は摂政忠実が八月下旬に草案を内見している）を作って、人々をして悲涙をしぼらせた。ところが、彼の一日の「香隆寺結縁経供養願文」について宗忠はこの九月末に不思議なことをかきしるしている。

ある人が来て告げた。先帝の旧臣たちが香隆寺に結縁供養した日の願文は式部大輔正家朝臣が作った。ところが匡房卿もまたその願文を作って世間に披露した。こうした凶事の願文の作は二人に及ぶことはないはずで、匡房の所為は奇怪というほかはない。世間の人は、「文狂——ふみのたぶれびと」だとか、「物の怪(け)」につかれたかとか評している。

十二月二十八日、近臣たちは故院のために仏名経及び御在世中に製作にとりか

「冬夜偶吟詩」

かった水月観音像を完成して供養した。匡房に、このころかと思われる「冬夜偶吟」の詩がある。

遅々として鐘漏（しょうろう）が時を告げるが　冬の夜は曙けがたい
衣服も食事も　老いの身の養生のため
時に厨（くりや）の少年に　薬種（やくしゅ）の銚子（さすなべ）をもってこさせ
夜半に閨（ねや）の婦（おんな）に　華模様の茵（しとね）をあたためさせる
鴛鴦（えんのう）の模様の衾（ふすま）一襲（かさね）に　霜夜の夢を結ぶ
鸚鵡（おうむ）のかざりの盞（さかづき）三杯に　雪後の春の思いをかきたてる

「興福寺西院復興供養願文」

内裏に朝参りすることもすっかり絶えてしまって、老いの朝のめざめに、雪をみながら軽酌することもあったらしい。

十二月二十八日、興福寺内の西院を復興して法皇が供養した。三間四面の堂一宇、金色丈六釈迦像と観音像各一体を作り、開眼供養した。この時の匡房の願文

のなかに、

　堂宇の体勢、奢侈なくして、倹素を課せて人民を安らかにせり。

という文句がある。この語の背後にかえって重税に苦しむ院政社会民衆の怨嗟の声がきこえてきはしないであろうか。即位した新帝鳥羽天皇の万歳を祈るための供養であったけれども。

「神の仮」が流行する

　嘉承二年の暮春のころ、京都に病気が流行して、死ぬものが多かった。この二三年さきごろから、「神さまの休日（神の仮）」といって、京の町なかの人々が、宅を俄かに移転することが流行した。宗忠は何のことか、ちっとも解せないと首をかしげている。匡房が六年ほど前にも似たことがあったと思い出して、「狐媚記」を書いたのはこのころであろうか。

「狐媚記」

　康和三年、京都に狐妖の変があった。朱雀門前で、馬肉を飯にし、牛骨を菜にして狐に食膳をそなえたのが事のはじめ、式部省でもこれをし、王公卿士の門前

匡房が世間の雑事を記録する

でも設けた。「狐の大饗（たいきょう）」といった。匡房は筆記体のさらさらした和習漢文でことの次第をしるし、狐についての奇怪な巷説を四話しるしている。彼の世俗の説話に対する志怪（しかい）的関心がしるくあらわれている。結びに『任氏伝』（唐の沈既済の作、狐が美女に変じて鄭生と夫婦となった伝奇）や殷（いん）の妲己（だっき）の九尾の狐の怪談と比較し、様々の妖狐変化（へんげ）説話を引いて、これまではこれらは中国大陸のことと思っていたが、今や末法の世になってわが国でもこのような世紀末的な現象がおこるのかと歎声をもらしている。『今昔物語集』にも狐の変化譚はあつめられ、『高山寺戯画巻』にも狐の擬人化が描かれる。『洛陽田楽記』を書いた後も、田楽の小旋風が時々復活する、狐媚の変の後も、形をかえて、かような「神の仮」というような奇怪な社会現象が流行する、みな院政期の病んだ社会の危機と不安の意識のいたすところであろう。

　匡房がこの二—三年さきから歩行が不如意になって、納言としての参朝も怠りがち、権帥に再任されても赴任も考えないで、人々が来り逢うごとに、世間の雑事をかたはしから記録させているといううわさを耳にしたことを、三月晦日ごろ宗忠がかきつけていることは前述したところであるが、その後、九月の末に宗忠はかさねて匡房の近日の行動についていぶかりの眼を光らせている。「香隆寺結縁願文」のことにひきつづけて、

件の卿は所労によってこの両三年このかた、暗に世間の事を記録している。あるいは僻事もあり、あるいは虚言もある。末代のために、まことになさけないことをしておられるようだ。

としるす。匡房の書いた擬作願文が世間で問題になり、匡房の筆録させた談話記録にまちがいが多いと指摘しているところをみると、匡房は書いたものを他人に示し、そこから世間に流布して行くようなコミニュケーション(伝達)の道筋――いわば当年のジャーナリズムのようなものが存在したのかもしれない。彼は官僚生活にいやけがさして、ジャーナリズムともいうべき文筆活動に身をいれはじめた

ことは疑えない。それは復古主義にこりかたまった宗忠のような守旧派官僚にとって、苦々しき限りであったことは疑う餘地がない。明治の一般軍人にとって軍医森鷗外の文筆活動は決してこのましいものではなかったのではないか。鷗外の背後に山県有朋がいたように、匡房の背後に白河院がいたとみるべきか。匡房を文狂(ふみのたぶれびと)とののしり、物の怪ではないかときめつける口吻はまことに興味ぶかい。私は、こうして罵(ののし)られる匡房の活動こそ、彼を、院政宮廷の近臣・文人たち一般と区別するところのものであり、説話文学の世界に不朽のしごとをのこさせたところのものであったのかもしれないと思う。

「忙しきはやや閑なるに如かず」詩序

彼に「忙校不レ如レ閑(いそがしきはややひまなるにしかず)」という詩序がある。ある年の歳末の作であるが、あるいはこのころの彼の心境をうかがうに足る作品であろうか。その題は『白氏文集』巻二十八の「閑忙」という律詩よりとったもの、時に太和四年(八三〇)、白居易は五十九歳、太子賓客として洛陽の履道里に閑居していたがやがてまた河南尹に

『文集』の「閑忙詩」

任ぜられる、前年来彼は病がちだった。

朝行(朝早く出仕すること)の内に奔走して　林野の間に棲遅(やすらかにいこう)せり

多く病の後に因りて退き　少き健かなる時に及びて還る

斑白(まだらなしらが)にして霜は鬢を侵し　蒼黄(蒼皇に同じい。あわてるさま)として日は山を下る

間忙ともに日を過せども　忙しきは校間なるに如かず

――病後宮仕えを退いて山林の間に退くことが多く、また健康を恢復すればまた官職に還らなければならない。もう人生の夕方、頭もしらがになった。私は忙しい宮仕えと閑職に遊ぶこととともに経験したけれども、結局忙しいのは閑なのよりもましとはいえないという白氏の心境は、六十七歳の匡房につくづく同感されたのであろう。この詩序で彼はいう、閑は養性のもと、忙は身を費す道、高貴を追求するものには災がうかがいやすく、謙退を好むものには天が助ける。からだをすりへらし、精神を労したって、結局人生は百歳に過ぎない。このはかない有

限の人生に、無限の欲望を追求したって何の益があろう。朝早くから夜おそくまでせっせと忙しくするよりも、悠々と幽閑を楽しむのが得策でないか。書斎に書物があって時々よみ、樽に酒があって時々飲む、老子・荘子と対話し、周公・孔子と夢に交わる、その方が王侯の前にぺこぺこお辞儀し、市井（しせい）の間に足をふみこんで走りまわるよりましではないか。だいたいこういうことを叙べている。正しくこの二—三年の匡房の行実を裏書きするものではないか。現実の行為の世界よりも想念の世界に遊んで古人と対話した方がはるかにたのしい。しかしこれは物狂おしいエゴティズム（自己中心主義）であり、何物にも妨げられることのない真の意味の享楽である。こういう生活の姿勢が、世間をして「甘心せしめず」、かつ彼を「物の怪」といい「文狂」とはきすてるように評せしめるのではないか。

『江談』の諸本

今日『江談（ごうだん）』と名づけている書物が幾種類かのこっている。『群書類従』巻四八六所収の部類わけされ、整理された『江談抄』六巻本のほかに、前田家所蔵巻高山寺旧蔵神田本『江　談』

子本一軸、京都醍醐寺所蔵巻四・五冊子残巻本、神田喜一郎博士所蔵高山寺旧蔵巻子本一軸がある。前田家本は金沢文庫旧蔵で延応二年の具注暦の紙背に記したもので、奥書に寛元三年鎌倉甘縄で書写したことをしるす。醍醐寺本は「江談抄第四・五」という内題を存する零本であるが、表紙に勝賢の署名がみえ、奥書に建久九年上醍醐覚洞院で沙門成賢が一見したことをしるす。勝賢は通憲の子で実兼の孫にあたり、成賢は成範の子で、勝賢の姪である。勝賢が所持して、成賢がゆずりうけたのであろう。神田本は幕末、柴野栗山が高山寺調査のさい「江談抄二巻」とリストにのせたものの一巻であろう。

これらはいずれも類従本と順序もちがい、表記や本文にもちがいがある。なおその他に『河海抄』以下古書に往々引用される江談佚文残片がある。また三条西家に明応元年俊通本による九条政基の転写本二巻があり、その写しかと思われる明応四年俊通本の転写四冊本が内閣文庫にある。なお内閣文庫に田安家文庫旧蔵二冊本、青表紙四冊本、紺表紙三冊本、黄表紙四冊本、享保八年隆英写一冊本・二冊本、弘文学士館旧蔵四冊本・残巻一冊本があり、書陵部には明和九年隆房書写二冊本・寛政四年浜嶋家本転写六冊本・文化七年小山田與清対校書入六冊本・松岡家二冊本・福田文庫旧蔵二冊本があり、京都大

醍醐寺本『水言鈔』(匡房を熒惑精なりとの説)

学に写本三冊本・一冊本があり、静嘉堂松井文庫に明和七年橘正応写本があり、また私架蔵にも朱表紙一冊写本がある。これらは多く類従本系統の部類本であり、しかも巻六を欠くものが多いが、中にはくわしい書入れのあるものがあり、本文に異文もあるから対校すれば有益である。

『江談』の書名

書名も「江都督言談（ごうととくごんだん）」（醍醐寺本内題）とか、「江帥言談記」（寛喜二年写真福寺本「新楽府略意」第七奥書）とか、「水言鈔」（醍醐寺本外題、これは「江談」の偏のみをとって略記したもの）とか、「江談抄」（類従本）とかいろいろの書名をもつようであるが、古書の引用からみると『江談』とよぶのが正しいようである。

『江談』の筆録

『江談』は匡房の談話を筆録したものを集成したものであるが、単に「被レ談云」「被レ命云」という書き出しのものから、「帥 被レ命 云（おおせられていわく）」「帥殿被レ示云」、さらに「大府卿談云」「江都督云」「都督被レ談云」「都督被レ命云」「江都督被レ命云」「一昨日江都督被レ申云」というかたちのものまで色々あり、さらに結びに「是江都督所レ被レ談也」とことわる形式もあり、さらに筆録者との問答のさまのうかがわれる形式、「予又云（予談云、予問云）——被レ答云」「僕貢士答云——被レ命云」「僕問云——又江都督被レ笑云々」などというものから、「都督ハ被レ談ラレシト被レ答」という風に直接に匡房の談話を聞いた人からその話をまた聞きするのを筆録するものもある。

また冒頭に「伝聞」「口伝云」「古人云」「或人云」「古人語云」「古人伝云」「故老云」「故老伝云」「故賢相伝云」という形のものから、「治部卿云」「前奥州云」「戸部卿談曰」「故源右府命云」「故帥大納言常談曰」「匡衡常談云」「故橘工部孝親被レ語曰」などに至るさまざまの形式のものがあり、また説話の尾部に「此事祖父所レ被二伝語一也」「是往年先親所二伝語一也」「江帥云、此事我（たしかにくわしく）慥委ハ雖レ無レ見レ書、故孝親朝臣之従（より）二先祖一語伝之由、被レ語也」というに至るまでさまざまの形がある。匡房がこれらの人々からきいた通りに談話したのであろう。

筆録者蔵人藤原実兼

この筆録者は普通蔵人実兼だといわれる。『今鏡』、「敷島のうちぎき」の条に、鶯の巣の中に郭公が卵をうむ話の箇所に、「蔵人実兼ときこえし人の、匡房の中納言の物語にかける文」にありとしるす、事実『江談』第三「郭公為二鶯子一事」にその話が出ていて一致するから、この『江談』は蔵人実兼が筆録したものと認めていいかと思われる。

実兼は従四位上大学頭季綱の二男、母は若狭守通宗の女。文章生で方略の対策に及第して加賀掾をへて一﨟の蔵人になった。学者の家柄で、子通憲は少納言信西、その他唱導文芸史上忘れることのできない澄憲・貞慶・海恵・聖覚はその子孫にあたる。『中右記』の天永三年四月三日の条に、下人がきて昨夜の夜半に蔵人実兼が急死したことを伝える記事がある。匡房の死んだ翌年である。

件の人、頗る才智あり、一見一聞の事も忘却せず、仍つて才芸年歯を超えたり。昨日殿上に候し、夜前家に帰り、夜半頓滅し了りぬ。誠に希有の事か。人々の寿命、宛霜の如し。昨は朝廷に仕へ、今は黄泉に帰す、ああ、哀しいかな。見聞くもの、何でか道心を発さざらむや。

『江談』の中に「近々此詩天仁三年事也」という注があるから、長治二年・嘉承元年のころから匡房の死ぬ前年ころまで、実兼の二十一歳ごろから二十六歳ころにかけて、彼の談話をおりおりに筆録したかと思われる。しかし『中右記』嘉承二年三月・九月にいうところの匡房が世間の雑事を記録したというものと、実兼筆録の江談筆記というものが果してぴったり同一のものかどうかにはなお問題がのこされている。また『江談』それ自体も実兼筆録だけかどうかについても問題はのこっている。『江談』には和田英松博士がいわれるように初稿・再治の別もあろうし、筆録者も実兼以外にあったかもしれないのである。

『江談』の内容

『江談』は世間の雑事を漫然と聯想の展開にまかせて語ったものであるが、後人が、その話の一区切りごとに小題をつけ、かつ部類したにちがいない。類従本が第一公事・摂関事・仏神事、第二雑事、第三雑事、第四詩事、第五詩事、第六長句事と分類されているのは後人の整理された本の体裁である。写本にこの系統本第一より第五までを保有し、第六を欠くものが散見するが、その第五の巻末に「都督自讃事」という、しめくくりにふさわしい二則がしるされる。その一つを現代語で引いておく。

都督自讃のこと

匡房は、実兼に言った。

「つらつら、物のありさまを考えてみるのに、官爵といい、福禄といい、みな私が文学の勉強をつみかさねたために、与えられたものである。まして才と芸とに亘ってかちえた名誉の評判というものは、殆んど中古の天暦・寛弘の世の名人にも過ぎたことと、自ら思っている。憚りながら、我れ讃めのきらいがあるけれども、それにはそれで自然いわれがないわけではない。寿命でも七十にとどくということは、近代まれなことであり、短命の歎きがない。顔回でさえも、至聖僅かに三十であった。そこで私は、世間の事で遺憾に思うことは全くない。ただ一つ残念だったことは蔵人頭を歴任しなかったこと、子孫がわろくて生涯を終るということだ。そなた（実兼をさす）などのようなできる子孫が万一あったとしたならば、何の不足を思うことがあろうか。わが江家に伝わる重代の文書や、口伝の道の秘事など、みな私かぎりでほろび去ってしまおうとしている。中でも史書や経書の秘説が失われてしまおうとしている。委しく一々伝授する人もない、そなたに少々でも語り申しておきたいと思うが、どうか。」

そこで私は答えた。

「生涯のよろこび、これにしくものはございませぬ。」

こうして菅三品の「老閑行」の文体や源順の「河原院賦」についての秘説を説明している。天仁二―三年のころの談話である。また別の「都督自讃事」では、匡房が自讃することが十ほどであるといって、

1. 四歳のときから読書したこと。
2. 八歳にして『史記』に通じたこと。
3. 十六歳に「秋日閑居賦」を作ったこと。
4. 「落葉埋二泉石一詩」に「羊子の碑文　嵐の裡に隠る、淮南の葉の色　浪の中に深し」という句を作ったこと。
5. 「安楽寺御廟院序」の「堯女廟荒れたり」云々の句を作ったこと。
6. 高麗返牒を書いたこと。

などを列挙している。四六駢儷の秀句佳句というものを尊重するところに、彼の復古主義・古典主義の姿勢をわれらはよみとるのである。

匡房がことに好んだ話題に、木工助敦隆に語った首陽の二子の話のようなものがある。伯夷・叔斉は清廉を称せられるが、伯夷と叔斉とどちらがよけい廉潔か、天はそれを試そうとして白鹿をつかわして与えた。叔斉は飢えにたえず、心中でこれをたべようと思ったところ、鹿はその心を知って、姿をけしたという。こういう話は中国伝来か、わが国で製造されたか明らかでないが（多分後者であろう）、匡房が中国の先例をひいて安楽寺聖廟の扉が声を為したとか、「于公高門」の故事をやき直して音人が長岡の獄を治めた説話をかたるところをみると、かなり匡房の潤色も加わっているとみられなくもない。わが国における中国説話の変容を考える一つの材料であると共に、彼の性格における神秘主義的傾斜を指摘せざるをえない。本地垂迹的・神仏習合的な信仰はもちろん否みえないが、そのほかに黄帝の末子が旅路に死んで、旅人の守護神となろうと誓い、道祖神となったという話（『江談抄』第六）にみえるように道教と修験道との習合の思想も考えられる。

呪術師的傾向

そもそも大江匡衡にも道教の偽経のようなものに傾倒して、相人となるような傾向を指摘できるが、江家の学統の一要素として、かような神秘的な呪術師的な要素を考えざるをえない。『古事談』六に、「江師はいみじき相人なり」といって、因幡守藤原清隆が院の使として江帥の家にきたとき、清隆を椽にすえて、明障子をへだてて対話して、帰る時に障子を細目にあけて、よびかえして、

そこもとは官は正二位中納言、命は六十ぞよ。

と告げた。後果してその言のごとくだったという説話がある。

中御門宗忠が、匡房が役所づとめをサボタージュして、雑事を記録したことを奇々怪々だとして批判し、またそれにでたらめやいつわりもまじっていると非難したのは、彼のこういう一面をえぐっていったのでもあろうか。

彼が方術者として吉備真備を浮き彫りにし（『江談』第二）自ら陰陽家として、夢占いや文字占いを行い、改元勘文を上申したり、物忌みを告げたりしている。堀河院の死は宿曜にかなうているといい、北斗法の修法を鼓吹し、北斗曼荼羅法・尊星王法・冥道供・帝釈天供・大元帥法などを営むことをすすめるところに、彼の北辰・北斗七星をはじめ三尸・五臓・三魂・七魄・九曜・十二神・二十八宿・三十六禽・

匡房熒惑精の説

太山府君・司命・司禄などにかかわる北斗礼拝を中心とする宿曜道の信仰が強く認められる。彼は星占いをするとともに、自ら熒惑精だと人からいわれたのももっともである。『水言鈔』と高山寺本とによって引いておく。

言談のついでに、匡房はいわれた。

「ちかごろ世間の人は私のことをどのように申して居るか。」

「今に始って、殿のことをいかように申すものでございましょうか。」

「いや、聞いていることがある。世間ではそれぞれ云っているらしい。なぜかといえば、先年陰陽道の僧都慶増が来て、世間の人は、殿をば熒惑星の精だと申した。それで閻魔の庁に訴えをしようと思うてやってきたのです、という。このことを聞いてから、我が身も凡人ではないのかと思うようになった。唐の太宗の時熒惑の精が燕・趙の山に降りたというので、李淳風という学者が奏上するので、人を遣わし見に行かせたところ、白頭の翁がいたという。またその李淳風も熒惑の精だという、こういう精はよくある事じゃ。」

熒惑星は火星のことで、人間界に降って歌謡をはじめたと信ぜられ、奈良朝以前から史書にみえている。このような話はいかにも匡房の咒術師的一面をものがたるようである。

嘉承三年

「世人は匡房の行実に甘心(かんしん)せざるか」と宗忠はかきつけるにかかわらず、白河法皇の匡房に対する信任はゆるがない。七月堀河院の院号について諮問されたり、九・十月大嘗会方違(かたたがえ)行幸のことについて下問をうけたり、衰日(すいにち)（生年月の干支による物忌みの日）の先例を奏上したり、十一月には鳥羽天皇のために「朔旦冬至賀表(さくたんとうじ)」を草したり、翌嘉承三年正月、院の夢を諮問されたりする。夢に堀河院があらわれて、兜卒天(とそつてん)内院に往生した、算は三寸にすべしとみた。匡房はこの三寸にすべしというのは難解だと返答している。

『讃岐典侍日記』の作者

この年正月、かの『讃岐典侍日記』の作者、あるいは堀河院の愛をうけたかと

源義親の首級上洛

も思われる藤原顕綱の女長子が、院旨により出仕して、いたいけな幼帝鳥羽天皇が、ふる雪をみて、

ふれふれこゆき、たんまれこゆき、垣や木のまたに

と童うたをうたっているのをみて、これを主とたのむのかと途方にくれている。

一方また、諒闇の京の町では、源義家の長子義親を因幡守平正盛が近隣の兵を集めてうちとって、正盛がその首級を携えて帰京するというので、見物の男女、上下の車馬が道路にみちるさわぎであった。義親は先年六位になって対馬守に任じていたが、任中人民を殺傷し、官物を横領して、見るにみかねて、匡房が帥の在任中、府解で中央政府に訴えたのがきっかけで、隠岐に流されていたが、出雲に出て乱をはたらいたのであった。義家は武士の長者として、多く無罪の人を殺した積悪の報いで、その長子が数十年前の康平の俘囚安倍貞任のように骨を山野にさらし、首を獄門にかけられるにいたったと宗忠はしるす。白河法皇はこの義親

の首級の入京するパレードを鳥羽殿で見物したというが、法皇はこの十年後にこの正盛の子忠盛に、自分が寵して懐妊せしめた祇園女御の妹を賜い、彼女はやがて一子を生んで忠盛の子清盛となるが、清盛は実は白河院の落胤、こうして時代の歯車が大きく転回して武士の世の中になりゆくのである。

平忠盛と祇園女御の妹

六月二十八日は故後二条関白師通の九回忌、未亡人の北政所は、匡房に嘱して願文を作らせた。師通は好文、稽古にいそしみ、『白氏文集』を写そうとして花牋の料紙をあつらえたままみまかったので、彼女はそれを用いて自筆法華経を写して供養した。「婦人の習ひ、漢字に堪へずとも、恋慕の心、猶し慇憂を休めむと欲ふ」といって弥陀来迎・兜率往生を祈り求めている。

「故師通九回忌願文」

七月十九日、堀河殿で、先帝の周忌法会が営まれ、百僧を嘱して供養する。願文は匡房が作った。

「堀河院周忌願文」

ああ、文王既に歿して、吾何くにか適きて従はむ。

この文句がその時の願文の結びである。堀河天皇を古（いにしえ）の聖帝文王になぞらえたのである。

西府に赴任しないことに対する批難

このようにして匡房は京を動こうとせず、公（おおやけ）も暗黙にこれを認めていた。彼が西府に赴任しないことに対して、人々の批難がないわけではなかった。

二月九日、仗議（じょうのぎ）があって、大宰帥大江卿の申請する府解（ふげ）十通以下を審議した。唐人や高麗人が来著した件、府務についての訴訟の件など深更までかかって四通を議定した。権中納言宗忠は発言した。

いったい帥の卿の所為は甚だ穏便でないと思う。そのわけは去々年の春（嘉承三年）（三月十一日）大宰帥に再任しながら、まだ赴任しない。今日の府の解状（げじょう）は、彼の地の府官が帥卿を訴える申文である。それに自解をつけてさし出している。いったい下人の訴えを仗議にかけることは不都合千万。早く著任して府務を行うべきであるのに、其の身は京に居ながら、暗に府務を執行し、人民の訴訟まで陣定(じんさだめ)を申請するなど、賢者の所為ではない。また公家が咎められないのも不審。彼の一身にとって利益かもしれないが、公家のためには不都合の次第でないか。

西府管内騒擾

宗忠は四十七歳だった。こえて三月五日、大宰府から、神民が蜂起し、群盗が乱発し、管内に放火殺害事件が無数に頻発するという府解が十餘通もきたので仗議にかけられる。これも帥が発令されて三年になるのに下向しないせいで、匡房の責任だと宗忠はきめつける。七月二十三日、西府管内の治安の乱れはひとえに帥の赴任しないためだから、早く帥の下向を催促し、そういう悪行を処断させるように陣定がある。受領ですら、遅く下向するときには追い下される例である。ましてや大宰府の帥の場合はいうまでもないこと。下向しない任期中に、何らかの計画があるのであろうか。「誠に朝憲(公務の鉄則)を忘るること、奇怪というべきか」という。

こんなにも批難せられながら、匡房は依然として動かないのは何故であろうか。彼の背後にそれを容認する何かがあったにちがいない。忠実であろうか、白河院であろうか。何か経済的なかかわりに結びつくことであろうか。

天仁と改元

八月三日改元。江帥は六種の年号を勘申した。先例は三つであった。通常は外記へ勘申するのに、匡房は直接に左大臣俊房の許に答申した。宗忠はその中から正治をえらんだが俊房が天仁を択んだ。この天仁について後日匡房は釈明した。天仁は天人と音通だが、別に難はない。寿老化楽、下天は人間の五十年を以て一昼夜とするから、禁忌の要はないと。白河院は匡房に対して一目おいて憚かっていた。十月大嘗会御禊が近づいた、内大臣が俄に服仮になったので代りに一の大納言俊明が節下大臣代をつとめるように院から仰せをうけた。匡房が「五代の太政大臣をつとめた子孫である右大将家忠をさしおいて、受領上りの民部卿がつとめるのは心えず」とつぶやいたので、ついに家忠にさしかえられたという。彼は

鳥羽天皇大嘗会悠紀方歌読となる

人事を左右するほどの隠然たる力をもっていたのである。

十一月二十一日大嘗会、悠紀方の歌読にえらばれた匡房は四尺屛風六帖に和歌十八首をよんだ。甲帖、正月、「三神山春霞立渡」と題して、

あさみどりみかみの山のはるかすみたつやちとせのはじめなるらん

風俗歌十首もよんだ。「稲春歌　高田村」と題して、

あめつちとひとしかるべき君が代に高田の稲を舂きそむるかな

述懐諦観の詩

このころ彼は述懐の詩を作ったように思われる。

天を悵んで仰ぎみてはいけない　人を尤めてはいけない
世の中の有為転変というものは　まことにはかりがたい
人々は無数にいるが、めいめい発言もできない
庶民たちは何万何千いても、一々数えたてることもできない
みなが聖人となり　賢人となり　智者となることもならない

どこの公家筋　どこの家の子　どこの受領の子か
運のよいものもあり　わるいものもある　水の流れみたいなもの
時に見離されるものもあり　乗るものもある　雲の行方にひとしい
運命はきわめがたく　そもそもきわむべきかどうかもわからない
長寿か若死にかもみわけにくく　みわけられるかどうかもわからない
無でもなく　有でもなく　無存在でもない
しいて求めようとせず　他に将(ねが)わうとせず　また求めないでもない

（『本朝無題詩』巻五）

幼い日誦したであろう洛賓(らくひん)王の帝京篇の「古来の名利　浮雲のごとし　人生の倚伏(いふく)　まことに分かちがたし」のリズムを思いうかべつつ、世間の毀誉の外に立って、むしろ老荘的に傾斜した諦観(ていかん)を淡々とうたいあげている。

天仁二年

天仁二年一月、筑紫の安楽寺に大般若経を書写供養し、帥再任、位二品に至っ

「安楽寺大般若供養願文」

たことを謝し、上一人（鳥羽天皇）の聰明と仙院（白河法皇）の南山の寿とを祈る。こえて二月、法皇は自ら創建した法勝寺に御幸、北斗曼荼羅堂を新に造立し、大般若経を供養し、願文は匡房に作らせた。

「白河院北斗曼荼羅堂供養願文」

数年にわたり土木の美を尽して経営し、今日完成したものは、木像北斗曼荼羅一字金輪仏頂如来一体・北斗七星・九執曜天・十二宮神・二十八宿等の像五十六体。この供養の目的は北斗星辰の威力により、法皇の死籍を削って、生籍に付けることにあった。曼荼羅堂を建てて、北斗法を修し、法皇の延命を祈る魔術的な咒法を指導したのも匡房であったにちがいない。彼が任地に赴かない原因の一つもここにあるのかもしれない。赤松子や白石先生のごとき中国の長生の神仙や西王母のごとき神話の仙女をひきあいにして、法皇の南山の寿を祈るところも、仏教に習合した道教的な神仙思想の傾斜が強い。

日吉社仁王経供養願文その他

今年は己丑で、運が厄会に当り、ことに四月は慎しみが重く、疾疫流行し、庶民の夭折するものが多かったので、白河院は日吉社に金字仁王般若経を書写供養

「谷阿闍梨伝」

し、世間の安穏を祈った。願文は江帥が作った。同じ月、匡房は摂政忠実のため内舎人・随身を辞する上表を作り、またこの夏四月、叡山における慧解の名僧、天台密教史上、独自の地位にたつところの阿闍梨皇慶の伝を作る。書写の性空の甥、広相の孫、永承四年に七十三歳で東塔で示寂。匡房は耳目にふれた資料によって「谷阿闍梨伝」を作った。

『江都督納言願文集』

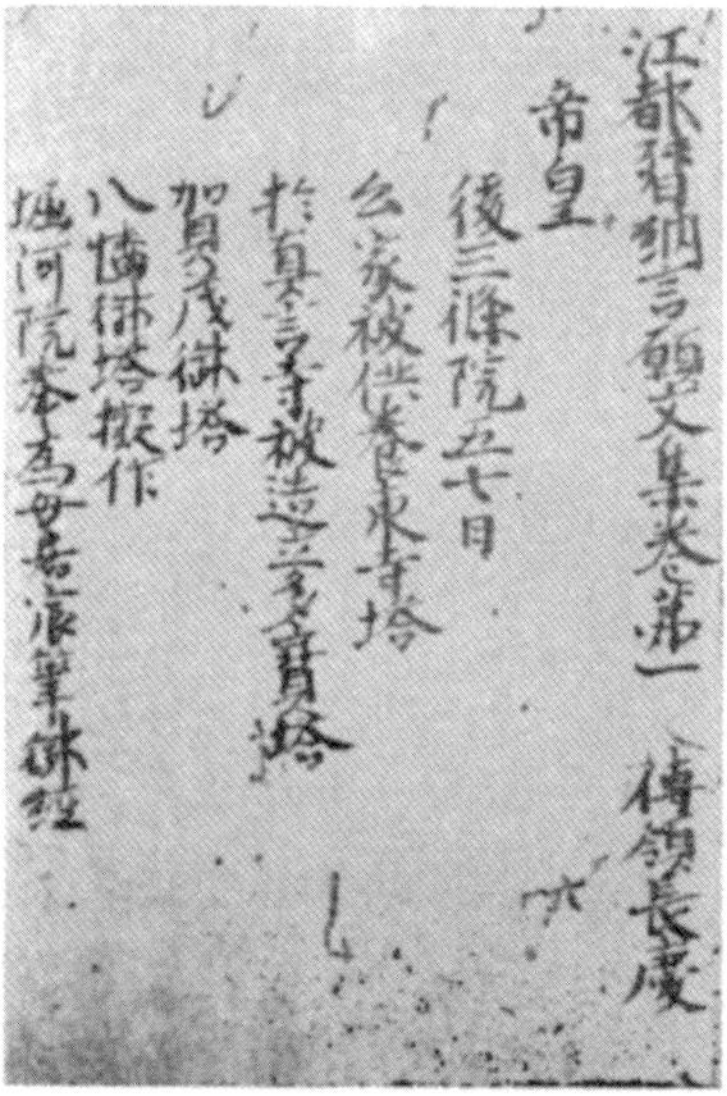

六蔵寺本『江都督納言願文集』

六月、院は鳥羽に三重の宝塔を造立供養し、また中宮は京極御堂を供養した。これら願文もみな匡房の製作である。

　そのほかこの年の前後、彼の作った願文はおびただしくのこっている。『江都督納言願文集』は本来六巻あったものであるが、わずかにその第三巻だけが『続群書類従』に収められたのみで他は散佚（さんいつ）したと信ぜられていた。

六蔵寺本

しかるに茨城県東茨城郡稲荷村六段田の六蔵寺に永享年間の古鈔本が新出した。六蔵寺三代の住持学僧土龍恵範の伝領になるもの。昭和四年平泉澄（きよし）博士によって翻印されたことは周知のところ。

彰考館本

別に水戸の彰考館に「願文集」と題して、『江都督納言願文集』が蔵せられる。「伝領長慶」とあり、写本四冊、第一冊は巻一、第二冊は巻二・三、第三冊は巻五、第四冊は巻六を収めるから、巻四のみを脱している。第二冊の奥に「永享七年七月拾貳日」、第三冊の奥に「永享七年仲秋廿八日」とあり、第四冊の奥に、

本云、明徳二季（辛未）十□廿一日（八代念西御本以書写畢鑁天）

とあるから、六蔵寺本を写したものであることは疑いえない。元禄ごろ、光圀が採訪模写せしめたもの。（これは筆者が戦前に調査した。戦災の後の佚存は未詳。）また別に「江願文集巻三・六」二

帖が田中忠三郎氏の蔵書の中にある。未見、重美目録に出ている。奈良市塚本宗太郎氏蔵の寛元三年十一月二日宗性（そうしょう）の奥書をもった『源俊房等願文集』一巻も、未見であるが、あるいは『江願文集』にかかわりがあろうか。

『江都督納言願文集』の内容

匡房は『暮年詩記』によると、晩年に彼の別集を編纂したらしいが、そういう詩文集は今日存しないので、本書は巻四を欠くけれども、匡房の漢文作品集として貴重な資料。巻一は帝皇部二十二篇、巻二は仙院部十篇・后妃部八篇、巻三は大臣部六篇・諸卿部十七篇、この中に諸卿の一として匡房自料願文十二篇を収める。ことに貴重な伝記資料である。巻四はおそらく緇流（しりゅう）たちの部目であったろうか。巻五は女人部十篇・尼公部二十篇、巻六は上客部十五篇（このなかに匡房の自料願文二篇を含む）・庶人部七篇を存する。なお巻六巻末に六篇は目次に題のみ出ていて本文は失われている。全部で百十五篇、うち自料十四篇（ちなみに巻次も何らか誤りがあるかもしれない）。早いのは康平四年二十一歳の時の作から、晩きは天永二年七十一歳の歿年までの作を集めるが、寛治四年五十歳以前の作が三十篇たらずであるに対して、それ以後の作が九十篇をこえることは、注目していい。擬作の有名な歿後料の願文までを収めるから、本書は匡房の死後に、身辺の人が編集したかと思われる。

その他の匡房の漢文学作品資料

匡房にはこのほかおびただしい詩賦・表・書・奏状・序・詩序・和歌小序・記・論・牒（ちょう）・縁起・讃・画讃・銘・表白（ひょうびゃく）・祭文・咒願文などの作品が存するのであり、『九条家本中右記部類紙背詩集残巻』や『本朝無題詩』『本朝続文粋』『朝野群載』をはじめ、『宇佐宮記録』『表白集』『本朝文集』『大日本史料』その他に散見する。

小一条亭言談

『江談』も前述のごとく、このころも言談し、筆録されつづけていたことと思われる。『河海抄』の「梅枝巻」によると、この年の八月のある日、小一条亭において江師が言談したのがノートされていることがわかる。

十三　江大府卿とその死

暁(あかつき)しづかに寝覚(ねざめ)して　思へば涙ぞおさへあへぬ　はかなくこの世を過(すぐ)して
も　いつかは浄土へまいるべき
（『梁塵秘抄』巻二、雑法文歌）

夥しい願文の製作

晩年の三年間に彼が代作した願文は、『江都督納言願文集』だけでも帝皇・后妃より無名の庶民・女人たちにいたるまで、天仁二年十八通、天永元年十六通、天永二年九通の多きに及ぶ。さかんなりというべく、消える前の燭のもえ明りにも似ている。これらの願文は多く造寺造仏の供養に伴うもので、これらのおびただしい願文の背後に数量的に莫大な出費というものが考えられ、従って主として院政政権によってそれらの経済的な負担をになわされる一般の人民にのしかかる目にみえない重圧というものが考えられるのである。『百錬抄』は天永元年三月五日にしるしている。

雪下る。寒気甚し。苛政甚しき故なり。

夥しい堂塔法会の営み

匡房の作った願文だけについてみても、試みに堂塔造立にかかわるものに、白河院の営んだ小野曼荼羅寺多宝塔・賀茂御塔・八幡御塔・鳥羽多宝塔などの塔婆、俊房・為房・平正盛・源国信らによる堂供養などが数えられ、洛中洛外に宝塔聳え立ち、伽藍の甍日にかがやくさまは、想像するだにさかんな有様であった。また院によって営まれた白河の法勝寺における金泥一切経供養・千僧御読経・法華三十講などのさまは、豪華そのもの、ことに三十講のごときは国中の神仙・学匠列座し、まことに「仏法再昌の地」において、「仏法中興の秋」をたたえる盛事であった。また天仁三年六月に営まれた丹後守平正盛の堂供養願文こそ注意すべきもの。彼の一子忠盛がやがて鳥羽院の御願たる得長寿院を造進して、三十三間

匡房作、「丹後守平正盛の六波羅堂供養願文」

の御堂をたて一千一体の仏像をすえて、殿上に進出する契機をつくったことは、『平家物語』の開巻の叙述によって有名であるが、その父が清水寺の西方の六波羅に三間四面の堂を造立して、白河院と師実の北政所源麗子(れいし)との長寿延命を祈ったこの天仁の堂供養は、その前奏曲というべきもの。

弟子、才気の万人に敵することなしといへども、猶し智勇の五代に伝へたるあり。

といって、武者の一方の棟梁たる伊勢平氏の武勲を賞揚しているところは、新しい時代の夜明けを告げる珍しい文字とみられる。同じ年三月の円宗寺五大堂願文のごときは、亡帝後三条院を追慕し、

「円宗寺五大堂願文」

伏羲(ふくぎ)よりこのかた四十万年、異域を尋ぬるに斉(ひと)しきものあらず。神武より後七十一代、本朝を訪(とぶら)ふに、誰か越えたることを得む。

という文句は自ら得意の名文句だと『江談』にかたっている。

天永と改元

天仁三年七月十三日天変と疾疫によって改元、彗星が出現したことが直接のきっかけである。匡房・在良・敦光が勘申したが、匡房の天永（てんよう）が採択された。この年白河院は左大臣源俊房ならびに匡房を召して、意見封事を上申せしめている。

大蔵卿に任ずる

臨時の小人事異動のことで摂政忠実は院に申請していたが、院の慎しみのために延引していた。穢れの内でも除目を行った先例を勘申して、二十九日、摂政は院と内裏に行き、除目のことを上申して、宿所（とのいどころ）で深更に及んで決定した。江帥匡房を大蔵卿に任じたのである。そして宗忠の反対をおそれたかして、忠実は彼の長子侍従宗成をも因幡守に同時に発令した。『中右記』は「朝恩の深き」をよろこぶとともに「ひとへに殿下の広恩なり」としるしている。この除目は忠実の意志が強くはたらいていているらしく、匡房はこの後頻繁に、摂政の子忠通から明年元服加冠するについて、彼の意見と指導とを求められている。

晩年の彼は、世事からぬけ出して悠々自適したかったらしい。そして侍従実兼たちが時々訪ねてくると、いろいろの秘事や説話をかたって、筆録させていた。彼に、江家の伝来の秘説などをうけつぐにふさわしい子がなかったことが、かえって『江談』などのかたちで彼の口吻が今日にのこりえた契機となったともいえよう。前帥季仲は悲劇的な運命に見舞われて、思いがけず遠い東国常陸に謫(たく)せられていた。彼はその地から匡房によみ送ってきた。

遊子三年　塵土の面(おもて)
長安万里　月花の西(マヽ)

これは前述の藤原基俊が、季仲の常陸配流に際して、九月十三夜の月につけてよみおくった『基俊集』の歌とともに、記憶せられるべく、当年の不安定な院政政権下の官僚のきびしい生涯を象徴している。

前の美濃守知房(ともふさ)からも、

和風暁に扇(あお)いで　吹き尽さむことを恐る

清景夜明けて　静香を須つ

とよみ送ってきた。彼はこうした詩歌の友との交わりのなかにも、ただひとつ和歌の浦を見ないのがうらみであった（彼はかつて熊野御幸に随行したが、和歌浦を通らなかったらしい）。

ななそぢのおもての浪のたたむまでわかのうらみぬ人もありけり

匡房の画論

天永元年十二月二十一日、職事雅兼に対して、絵師巨勢金岡（菅家文章・世尊寺縁起によるに寛平のころの人。）やその子孫の公望・公忠・深江や、地獄変を描いて名高い弘高（同じく長保のころの人。）のことを語っている。屏風絵についても、「金岡は山をたたむこと十五重、広高は五重」だったという。雅兼に対しても実兼同様に語りきかせて筆録させていたのであろう。『花鳥餘情』に引くところである。

大蔵卿匡房亭作文

天永二年九月八日、大蔵卿匡房亭において作文会が催された。中納言源師時は匡房の愛弟子であった。彼は日記『長秋記』にこの日のことをしるしている。参内して、頭の直盧において、左宰相中将と語談していると、午前十時ころ、大蔵卿のもとから消息がきた。「今夕作文の会を催したい。題は『菊花水心に寫く』、韻は秋字、きっと風情をこらして作って来られたい。」ひともしごろに彼の亭へ行く。やがて披講、序者は永実、講師は広俊であった。師時は、

白き浪も還りては黄なり　九日の秋

という句を作った。亭主は深く感じた様子だったとある。

この九月尽に、作文会の後朝、藤原基俊の許よりよみ贈ってきた。

行く秋をとどめつるかな奥山の紅葉のにしきたちやかへると

匡房の返し、

惜しめども紅葉も散りぬ日もくれぬかへらじものをよるの錦は

成功して昔の友の仲間に帰って行かないのは、錦をきて夜行くようなものだという中国の故事をふまえて、文人たちの詩のつどいに参加できない歎きをよんでいる。

九月尽作文に参加せず

東三条亭作文に参加せず

こえて十月五日、忠通の東三条亭において初めて作文会が行われた。忠通邸ではこの前後しばしば作文を催していたのである。この日の題は「松献遐年寿」、匡房の献ずるところ。序者は在良、この日の会に文章生大江広房が参加している。病がちの匡房がぜひこの日の作文に参加するように、忠実は切に勧めていた。匡房の詩がないのはさびしい極み、病気でも何とか扶助をつけて参会させたい、そうでなければ詩草だけでもと督促していた。忠実は自分の上座に匡房をおいて披講させたかった。しかし匡房は所労が重くてついに参会もできず、詩も献じられないと伝えてきた。

上表草案をあらかじめ作る

彼は病のなかからも、摂関家のために、三度目の上表文を作るまで何とか生きのびたいと念願していた。そしてその時の表の文句の四六の句の草案を腹中に準備していた。実兼がそれはどういう文句かとしいて尋ねると、

朝に在りまた野に在り、霖雨殷丁が夢に入る。人を釣り魚を釣らず、七十に

して文王の田に遇ふ。

という文句だといって、これを発表できないのが遺恨だとつぶやいた。

匡房が大蔵卿になって、諸国の徴税事務にかかわりをもったので、歌人太皇太后宮肥後は、みうちの常陸介が年貢をせめたてられている苦境を訴えて、その乞いをいれて遠江介に転出させたりもしている。

筑波山ふかくうれしと思ふかなはまなの橋にわたすこころを

という肥後の歌に、彼は返した。

心ざし君につくばの山なればはまなのはしにわたすとをしれ

この九月尽のころ、彼は「病中の作」という七律を作ったと考えられる。

「病中の作」

死が近いというのに　情なや心は病いの愁えに沈む
秋も窮まり同時に命も極まるのだ　ちょうど言いあわせたように
雪のような頭の白髪さえ　もう尽きようとしておるし

梧桐の葉が落ちるといっしょに　涙の紅（くれない）も留まりはしない
ああ浮き世は散りまごう花々のようにすずろに散りうすれ
くりのべた生涯も水のように奔り流れて行く。——
王子晉（しん）なら長生を求めて仙人ともなれようが
昔の九聖七賢たちよ、今ははやそのおもかげさえありはしない

（『本朝無題詩』巻五）

「白頭詞」

彼は真白な頭髪であったらしい。この前後の病閑に「白頭詞」を作ったらしい。その詞の序はのこっているが、かんじんの詞そのものは失われた。

「病中閑吟」

「病中閑吟」という七律もこの十月ころの作であろうか。

老いに臨んで　多病はあたりまえの話
四種の法のうち　生老病の三種は経過した
夜来の霧はすこし晴れたが　頭はやはり重い

浮ぶ雲をつなぎとめられないように　命はつなぎとめられない
くさむらは軽い露を浮かべて　朝の日かげを迎える
林はかすかな霜に飽いて　晩(ゆうべ)の嵐に任せる
念々に誦持(じゅじ)するのは何の経に帰依するのか
あいがたきこと優曇華(うどんげ)に過ぎるという、かの法華経である

（『本朝無題詩』巻五）

法華経信仰

彼の時代は法華経信仰の全盛の時代といっても過言ではない。生涯のうち彼の作った願文の上だけでも法花経一部八巻が何十度・何百度書写供養されたことであろうか。彼に「法華経賦(ふ)」という唱導文学のすぐれた作のあることも偶然でない。彼自らも法華経の誦持に生涯を貫いたともいえよう。

天永二年十月、大蔵卿の病は重かった。

この前後、彼の多年の詩友が相前後してみまかった。九月十六日、名儒のほま

藤原敦宗の死

れ高く、大学頭として才智すぐれていた正四位下式部権大輔丹波守藤原敦宗が、七十歳でみまかった。彼は匡房と同年であり、多年詩席をもともにした仲であった。敦宗は鳥羽の仙院書閣の作文会に陪して、「仙洞多二松竹一」の詩序を作ったが、文中「敦宗　学路に疲れて恨み積り、空しく累祖の蹤を堕しぬ」といって、微官の歎きを訴えもしたのであった。匡房はその訃音をききながら、共に長楽寺に遊んだ春の花・秋の紅葉の日々を追想した。

藤原正家の死

　こえて十月十二日、正四位下式部大輔藤原正家がみまかった。八十六歳、年に不足はなかった。彼は匡房の先輩格だが、官職・位階においては及ばなかった。匡房が病によって宇佐使をやめるとその代役にあげられたりした。堀河天皇の侍読、文章博士・御書所別当、師通家の家司であった。『今鏡』でも正家・匡房とて、時にすぐれたひとつがいのはかせとして並び称せられた。彼は文人として詩を作り、詩序や願文の作者であり、悠紀方の歌人であり、時に法皇や摂政を相したりする咒術師的性格もあり、「おそろしかりしもの」として忠実から批評せられた。すこぶる匡房と似た存在であった。

最後の公務

　喬木が、丘の上に孤立するおもむきで、ひとり匡房が生きのこった。匡房も死の近づいたのを自ら知った。この十二日、摂政忠実は物忌みにこもり、職事(しきじ)雅兼を大蔵卿のもとに派して、法皇六十算御賀のことについて、行事所開設のだんどりなどについて問いたださせた。雅兼は帰来して摂政に報告した。これが匡房の社会的活動について記録された最後である。匡房は重い慎しみにこもっていたのであろう。

「擬作匡房歿後四十九日願文」

　そのころ、彼は自ら死期の近きを悟って、自ら歿後の料に、「匡房七七日忌願文」を擬作した。百数十篇の願文製作の掉尾(とうび)の、悲しいながらも一抹喜劇味のある作品といえよう。『江都督納言願文集』と『群書類従』の「江願文集」に出ている。六尺金色観世音菩薩像一体と胎蔵・金剛両部曼荼羅と素紙法花経とを造写供養することをのべて、彼は自分のことをひとごとのようにのべる。

右先考大府卿は、邦国の重器なり。才をもて世に誇り、文をもて朝に抜けいでたり。一生の間、好爵顕官、心に随ひ、七旬の後、霧深く露重くして命を殁せり。天は善に与せず、神は謙に福することなし。再び西府に宰すること十稔、政適として乱れず。久しく中道を観ずること多年、心自ら真に入れり。文華の壮麗と、政李の臧否とは人の知るところなり。帷幄に昵近し、廊廟に抗議するは、朝の用ふるところなり。位は二品に列る、唐の白氏すら猶し自愛せり。任は九卿に及ぶ、漢の蔭家もつて幸となすなり。今四十九の忌景に、聊か仏経の善根を営む。平生の時、誠に恥づるところなし。物故の後、誰か生ずる所を知らむ。弟子涙を収め、思ひを焦して、筆を右りて敬しんで白す。

天永二年十二月十八日

この日時は後人の書き加えであろうか（もしこの十二月十八日を四十九日とすれば、十月三十日に死んだことと仮定して作ったことになる。実際の死んだ日の六日前である）。自らの生涯を自ら伝し、自らうたいあげた華麗な、しかし悲しい自らの輓歌（ばんか）である（水戸の西山公自葬の文はあるいはこの文に拠るか）。

十月二十五日、左大臣源師房は、匡房の病気が「二禁（にきみ）（腫れもの。にきびとも。和田英松博士いう、悪瘡。）の大事」だから、自ら見舞に行こうと思った。しかし彼も腹の病が再発したので行けない。そこで、源師時に、

そなたは大府卿の弟子ではないか。早く見舞いに行きなさい。

といいつけたと『長秋記』はしるす。彼は瘧（ぎゃく）病すなわち「えやみ」または「わらわやみ」といわれる熱病に苦しんでいたので、人々は見舞いに行くのを憚かっていたらしい。法皇も摂政以下の公卿たちも、「匡房のために祈りをしなければなるまい」と考えてはいたが、ついにそのようなことはなかった。富家殿（ふけどの）忠実は後年このことを自らかたって、

まことに世も末になったものだ。

と左大臣俊房がつぶやいたということを、『中外抄』（前田家本）がしるしている。

名僧、禅林寺の永観が寂したというしらせが洛中・洛外につたわった三日後の十一月五日は快晴であったが、京の町々は底冷えがして地面はかたく凍っていた。匡房の病が革（あらた）まって、午後四時ごろ、剃髪して出家した。次いで老後になってしるしつけた日記をとり出させて、焼きすてることを命じた。夜になって、午後十時ごろついにみまかった、享年七十一歳。

匡房と宗忠

同じく保守主義に立ち、むしろ匡房よりもっと徹底的に有職故実家であろうとした復古主義の権中納言中御門宗忠は、晩年の都督納言に対していささか批判的であった。二十歳も年上の先輩に対して、時にその前面に立ちふさがって正面きって非をならすこともあった。匡房が寛治以後、伝統的な古典主義の紀伝道にすこしずつ背をむけ、四六駢儷（べんれい）に苦労することをすこしずつやめて、より自由にのびやかな態度であたらしくめぐんできた庶民的な日本的な文学意識によって、社会の生きた現実を凝視(ぎょうし)し、描写することを楽しもうとした。宗忠はそうした匡房におそらく我慢できないものを感じていた。彼は王朝期を通じてもまれにみる克明な日記を大量かきつづけ、かつそれを政務の実用に供するために部類する大作業をもしていた。それは伝統的な律令体制の宮廷の儀式作法として最高の権威としたかったが、社会のすべては、宗忠のねがいにもかかわらず、歯車がかみあわなくなっていっていた。匡房は一方で『江次第』をえらびつづけながら、一方では新しい時代と社会とに敏感に反応せざるをえなかった。彼が海のかなたの大陸の社会の歴史や言語や地理に興味をもつと同時に巷間のうわさ話にさえ興味をもって、民衆というもののもつエネルギーに関心をいだいたことは、私にはたいへん重要なことである。しかし公事大切と考え、伝統を墨守する宗忠には、そうした匡房は学儒にあるまじき姿勢であり、何よりも大宰権帥に再任されながら、平然と五年間も赴任しなかったことに我慢がならなかった。匡房の死をきいて、宗忠はその日記に次のように即日かきつけた。

『中右記』の匡房評

匡房は故成衡朝臣の男、後冷泉院の御時、学問料を給せられた。後三条院の御時、辨となり、廷尉佐（ていいのすけ）、五位の蔵人となり、次に美作守に任じ、後権左中辨に加えられた。堀川院の御時、参議・中納言に任じ、また前後両度大宰の帥に任ぜられ、中納言を辞して大蔵卿に任じ、遂に正二位に昇った。ただし彼は帥となりながら、赴任しないで五年間を過したのだ。三代の侍読となり、才智は人に過ぎ、文章は他に勝（まさ）った。まことに彼は天下の明鏡であった。しかしながら彼の根性（こんじょう）はいささかトリヴィアリズム（瑣末主義）に過ぎて、すこし素直でないところがある。だが結局は大儒であった。朝廷の簡要であり、詩文の燈燭であった。良き廷臣が国を去ってみまかる、まことに歎くべく、悲しむべきことである。

彼が匡房を評して「心性委曲（委曲、「こけひく」と訓む。せくして迂餘曲折のあること）、頗有下不レ直事上」ということばは、さきに匡房が世間の雑事を記録するのは世間が甘心しないことだといったことばに対応するものであり、匡房が臨終の直前に晩年の日記を焼きすてさせたことと何らかかかわりがあるかもしれない。

『永昌記』の匡房評

右中辨藤原為隆は、日記『永昌記』（史料大成本に不見、東山御文庫所蔵記録に所収）に匡房の死んだ日のことを次のごとくしるす。

大蔵卿匡房卿は日ごろより二公を煩っていたが、今夕薨逝した、生年七十一。高才明敏、文章は博覧、当代に比べるものはいない。ほとんど中古（天暦・長保期をさすか）にも超える。いつぞや惟宗孝言がいうには、曾祖父匡衡について匡房卿といずれかと話題になったとき、匡房は自分は匡衡よりも維時を念頭においているといったという。日本の事について知らないことのない博識、鎮西より帰洛の後は、朝廷の顧問役であった。この師父すでに亡し、まことに惜しむべく、悲しむべきだ。ああ、どうしよう、どうしよう。

為隆はこの二年前、天仁二年二月に鴻儒匡房に嘱して勧修寺供養願文(『江都督納言願文集』巻六)を作ってもらった。小野の勧修寺は為隆の先祖高藤・定方の御願、為隆はここに二層八角の華堂を建て、丈六延命菩薩像を造って、父為房をはじめ先祖の文業をたたえ、白河法皇の宝算を祈ったのである。文中の惟宗孝言は菅原在良や藤原敦光たちと共に為隆の詩友であり、彼の作品は『九条家本中右記部類紙背詩集』に散見する。彼は後年『後拾遺往生伝』に記載された往生人であるが、四十二歳の右中辨にとって、匡房の死はまことに師父を失った歎きであったことが、この家記の文章からくみとることができる。彼は言を改めて、

この年に入って、藤原正家も藤原敦宗も、みなみまかった。かれら二人も名儒・傑士だった。大江通国も抜群ではないが、努力して一代の学匠になったが、近ごろ中風症である。老儒藤原兼衡も名家の出身で、久しく文道に苦労した

が、この夏みまかった。天は文人四人を一度に亡ぼすのか、慨歎にたえない。と結んでいる。通国もこの翌年五月にみまかった。匡房の墓誌銘には「二朝の侍中（蔵人）、三代の帝師」と刻まれた。

小二条の匡房宅は桜が多く、花の時には文人も訪れたりした。匡房がみまかってから、彼より二十年あとに生れた藤原明衡の子、敦光は花の時に江帥の旧宅を過ぎた。

往事渺茫（びょうぼう）として誰と共にか語らむ
閑庭ただもの言はざる花のみ有り

という句を賦した。敦光は往生伝中の人物、稀代（きたい）の文人、製作する詩文は櫃（ひつ）二十合に満ちたという。同じく帝王の師に任じた彼は江帥の死をいかほど哀傷・追慕したことであろう。後（ご）京極殿藤原良経は「詩の十体」を撰んだとき、この詩の一聯を讃えて幽玄の部に入れた。

大江氏略系図

『尊卑分脈』『類従本大江氏系図』ならびに『江都督納言願文集』等により抜萃した。

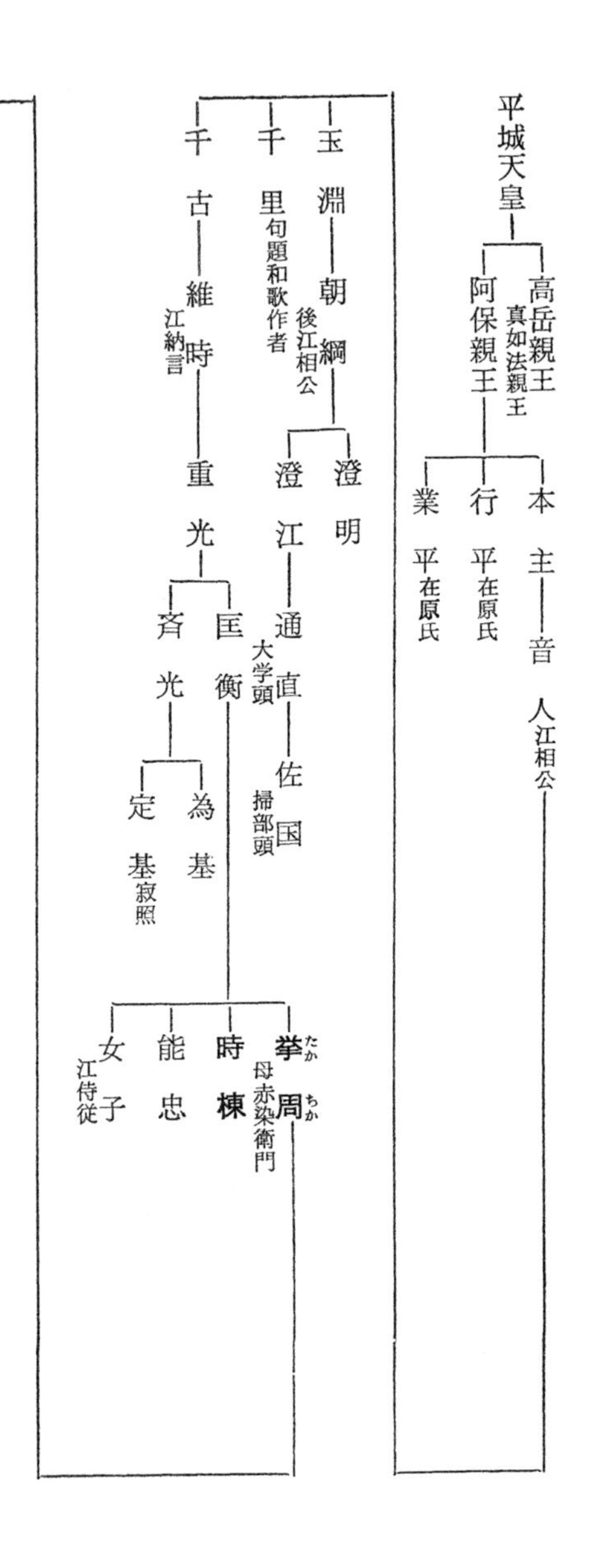

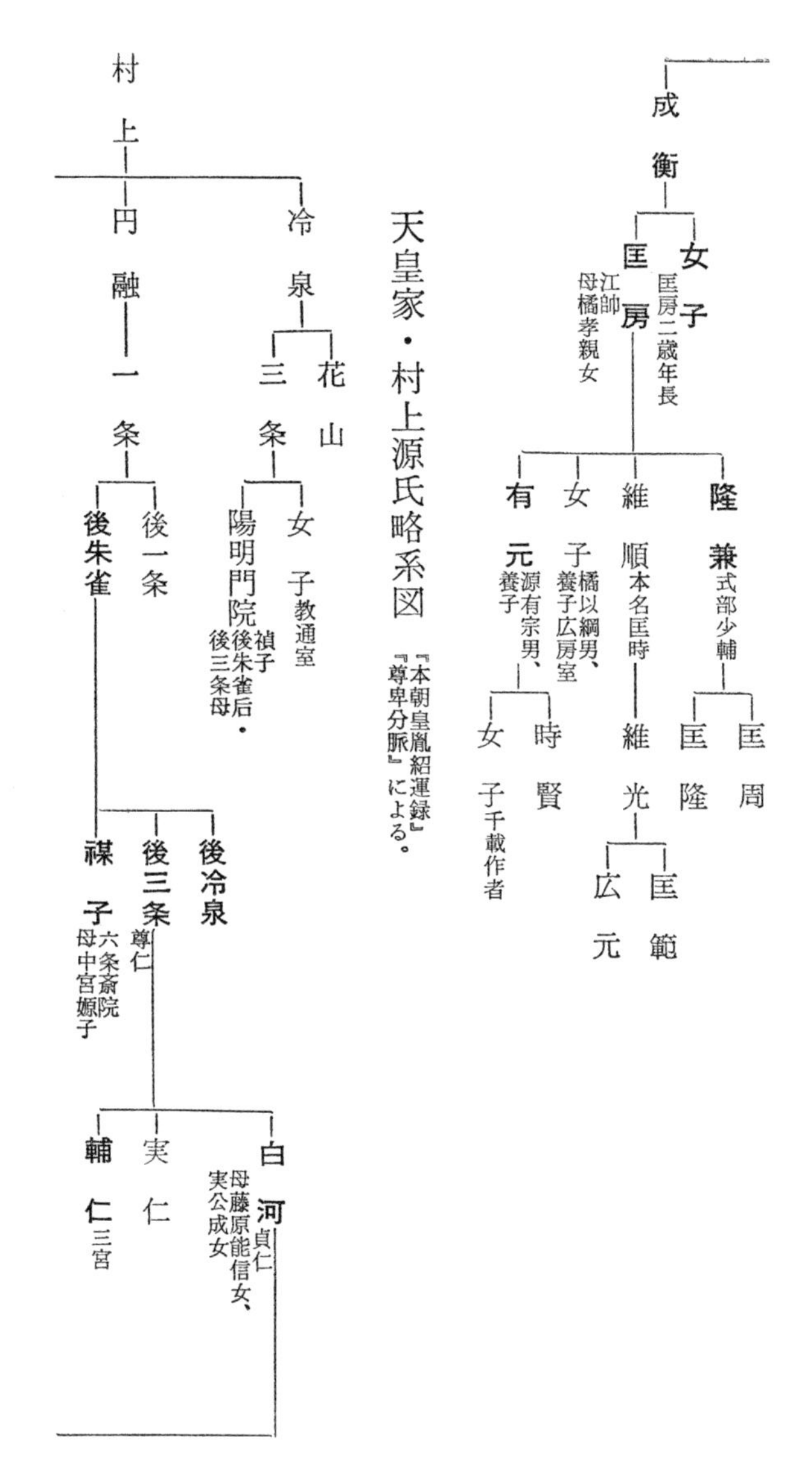
成衡
女子
匡房二歳年長
匡房
江帥
母橘孝親女
隆兼
式部少輔
匡周
匡隆
維順
本名匡時
維光
匡範
広元
女子
橘以綱男、
養子広房室
有元
源有宗男、
養子
時賢
女子
千載作者
天皇家・村上源氏略系図
『本朝皇胤紹運録』
『尊卑分脈』による。
村上
冷泉
花山
三条
女子
教通室
陽明門院
禎子
後朱雀后・
後三条母
円融
一条
後一条
後朱雀
後冷泉
後三条
尊仁
禖子
六条斎院
母中宮嫄子
白河
貞仁
母藤原能信女、
実公成女
実仁
輔仁
三宮

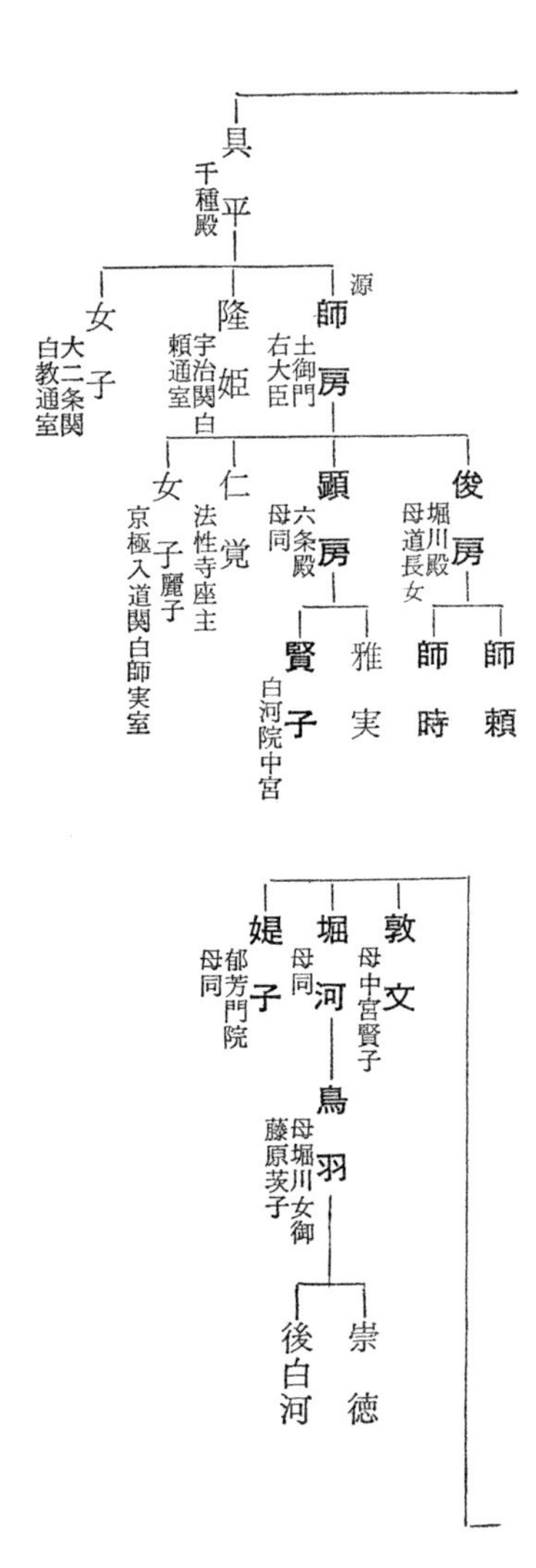

具平
千種殿
源師房
土御門右大臣
隆姫
宇治関白頼通室
女子
大二条関白教通室
俊房
堀川殿
母道長女
顕房
六条殿
母同
仁覚
法性寺座主
女子
麗子
京極入道関白師実室
師頼
師時
雅実
賢子
白河院中宮
敦文
母中宮賢子
堀河
母同
媞子
郁芳門院
母同
鳥羽
母堀川女御藤原苡子
崇徳
後白河

藤原氏略系図

『尊卑分脈』による。

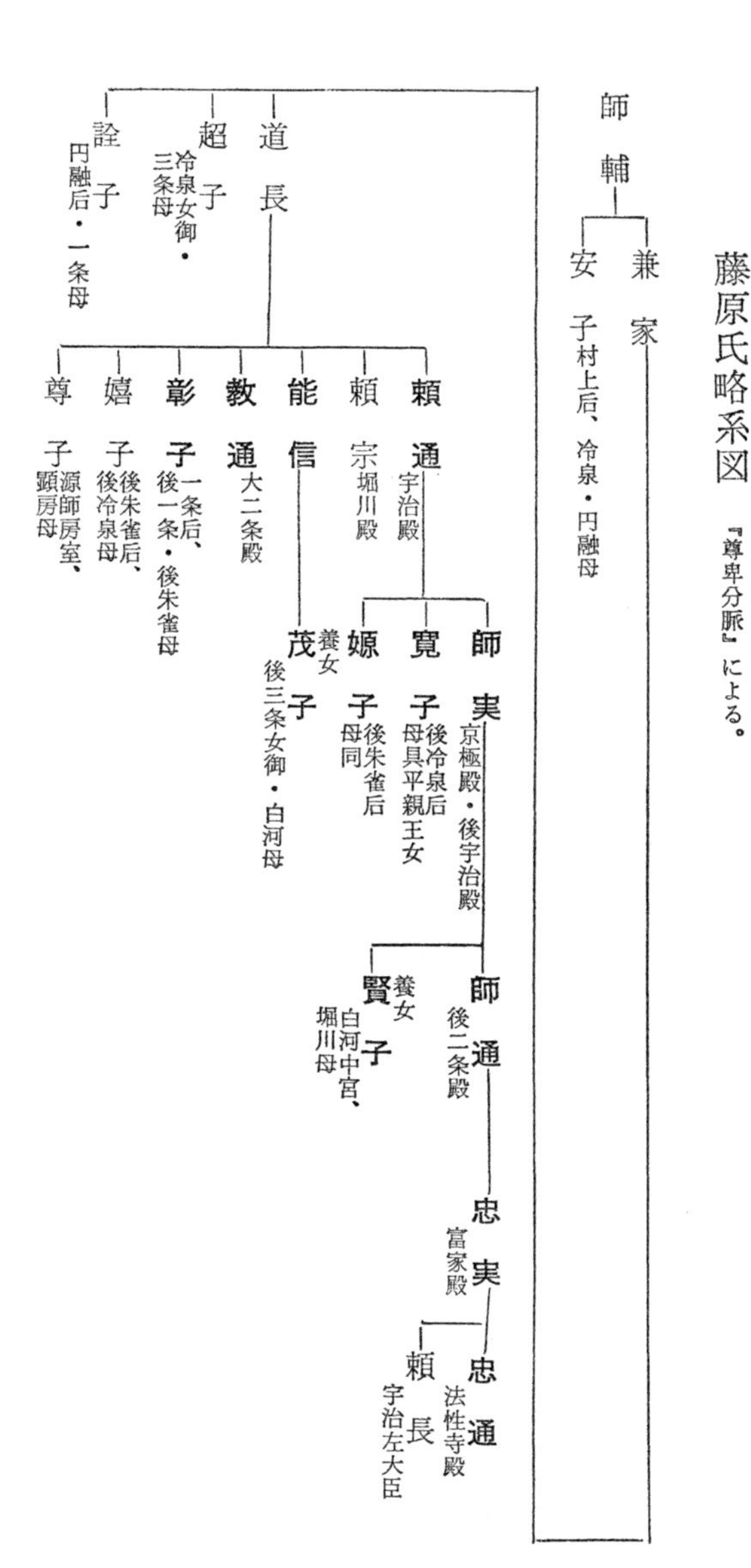

略年譜

天皇	院政	摂関	年次	西暦	年齢	事蹟	参考事項
後朱雀		藤原頼通	長久二	一〇四一	一	匡房誕生	一月一日、藤原公任(七六歳)薨
			三	一〇四二	二		一二月一日、一条院焼亡○一二月八日、内裏焼亡○鎮源『法華験記』成る
			四	一〇四三	三		五月八日、諸国大旱、仁海祈雨修法
			長久五 (一一・二四) 寛徳一	一〇四四	四	初めて書を読む	◎七月二七日、宋商但馬に漂着○天皇不予
			二	一〇四五	五		一月一六日、天皇(三七歳)譲位東宮親仁(二一歳)践祚。皇弟尊仁(一二歳)皇太子となる○一月一八日、上皇崩○七月四日、頼通高倉第焼亡
後冷泉(一・一六)			寛徳三 (四・一四)	一〇四六	六		一月一八日、右大臣藤原実資(九〇歳)薨○五月一六日、仁

年号	西暦	年齢	事項	参考事項
永承一				海（九四歳）寂○六月、大江挙周卒○一二月二四日、興福寺焼亡
二	一〇四七	七		九月三日、源顕基薨
三	一〇四八	八	『史記』『漢書』『後漢書』に通ずる	三月二日、興福寺落慶供養○一一月二日、内裏焼亡
四	一〇四九	九		一一月九日、内裏歌合
五	一〇五〇	一〇		四月二六日、前麗景殿女御延子歌絵合○一一月一五日、大内記藤原実政東宮学士となる○一二月二二日、関白頼通の女寛子入内、女御となる
六	一〇五一	一一	初めて詩を賦して世に神童と讃えられる○源師房「雪裏看二松貞一」の詩を作ることを課する	二月一三日、寛子立后○三月二九日、内裏詩合○五月五日、内裏根合○この年、源頼義陸奥守に任ずる。奥州一二年の合戦はじまる
七	一〇五二	一二		一月二六日、今年はじめて末法に入る○三月二八日、頼通宇治

天皇	摂関	年号	西暦	年齢	事項	一般事項
後冷泉	藤原頼通	永承八(一一・二一)天喜一	一〇五三	三三		別業を寺とし平等院と名づける○八月二五日、長谷寺焼亡 三月四日、頼通平等院鳳凰堂建立供養○六月二一日、東宮尊仁の第一皇子貞仁(白河天皇)誕生○この年、陸奥守源頼義、鎮守府将軍を兼任
		二	一〇五四	三四		一月四日、賀陽院内裏焼亡○一二月八日、京極内裏焼亡
		三	一〇五五	三五		五月三日、六条斎院禖子内親王家物語合○九月二七日、法成寺焼ける
		四	一〇五六	三六	「秋日閑居賦」を作る。明衡みて歎賞する○一二月二九日、**文章得業生**に補し、学問料を給せられる	二月一五日、一条院内裏落成○四月三〇日、皇后宮(寛子)春秋歌合○六月、殿上詩合○八月三日、源頼義をして安倍頼時を討伐させる
		五	一〇五七	三七	二月二〇日、**丹波掾**に任ずる	七月二六日、源頼義は安倍頼時を誅する○一一月、源義家父に

				従って黄海の戦に奮戦。頼時の子貞任と対戦して敗れる
天喜六(八・二九)康平一	一〇五八	二八	一二月二九日、方略試を受け対策及第	二月二三日、法成寺全焼〇二月二六日、内裏大極殿炎上。高陽院里内裏に移る〇このころ、明衡の『新猿楽記』成る
二	一〇五九	二九		一月八日、一条院内裏炎上〇菅原孝標女、前年夫を先立つ。この年以後『更級日記』『夜半の寝覚』『浜松中納言物語』を作るか
三	一〇六〇	三〇	二月二一日、**治部少丞**に任ずる〇三月二〇日、**式部少丞**に遷任する〇五月五日、『帝範』に加点する〇七月六日、策の労により従五位下に叙する	五月四日、興福寺再び焼亡◎七月、宋商林表ら敦賀に漂着する
四	一〇六一	三一	八月一〇日、源師房室(道長女)の尼の依頼により五十日逆修願文を作る	一一月二二日、関白頼通七十の賀〇一二月一三日、関白頼通を太政大臣に任ずる
五	一〇六二	三二	この年以後、宇佐八幡を信仰する	九月一七日、頼義・義家厨川柵

後冷泉	藤原頼通	年号	西暦		事項
					に安倍貞任らを誅し宗任を降す(前九年の役終る)○一〇月二九日、頼義、貞任らとの戦闘の状を奏する○この年以後、『陸奥話記』成る○この年、藤原宗忠生れる
		康平六	一〇六三	二三	二月一六日、安倍貞任の首級京につく○二月二七日、源頼義を伊豫守、源義家を出羽守に任ずる○一一月、式部少輔兼文章博士藤原明衡に東宮学士を兼ねさせる
		七	一〇六四	二四	三月四日、東宮学士藤原実政(三六歳)を甲斐守に任ずる○三月二九日、頼義・義家凱旋○一二月二六日、文章博士菅原定義(五三歳)卒
		康平八(八・二)	一〇六五	二五	六月三日、権大納言源師房を内大臣に任ずる◎この年、宋商陳

治暦二	一〇六六	二六				永ら水銀を求めて来航◎五月、宋商王満来航して鸚鵡・薬品を献上○この年、大学頭藤原明衡(七八歳)卒
三	一〇六七	二七			二月六日、**東宮学士**に任ずる○三月三日、東宮御所にて上巳曲水詩宴に講師をつとめる	二月二六日、源隆国を権大納言に任ずる○一〇月五日、宇治平等院に行幸○一二月五日、頼通関白をやめる
四	一〇六八	二八	後三条(四・一九)	藤原教通(四・一六)	四月一九日、後三条天皇践祚の日、**蔵人**に補する○七月八日、**中務大輔**に任ずる○七月一九日、即位及び先坊学士の労により正五位下に叙する	四月一六日、教通関白となる○四月一九日、後冷泉天皇(四四歳)崩ずる◎この年、宋の福州の商客潘懐清来航する
治暦五(四・一三)延久一	一〇六九	二九			一月二七日、**左衛門権佐**に任ずる○四月二八日、東宮学士を兼ねる○一二月一七日、**右少辨**を兼ねる	二月二三日、再び寛徳二年以後新置の荘園を停止する○四月二八日、第一皇子貞仁(一七歳)皇太子となる○閏一〇月一一日、記録荘園券契所を設置する
二	一〇七〇	三〇			一〇月、「石清水不断念仏縁起」を作る	二月七日、絹布の制を定める○一二月二六日、円宗寺行幸

天皇	摂関	年号	西暦	年齢	事項	一般
後三条	藤原教通	延久三	一〇七一	三一		二月二日、大雲寺僧成尋京を発して入宋の途に上る○三月一五日、惟宗孝言ら雲林院で勧学会を催す○九月九日、惟宗孝言和歌集を平等院経蔵におさめる
白河(三・八)		四	一〇七二	三二	四月二六日、備中介を兼ね、防鴨河使となる○六月二九日、「円宗寺五仏堂供養願文」を作る○一二月八日、新帝の蔵人に補し、東宮学士を兼ねる	四月一五日、大極殿落成詩宴○八月一〇日、物価を定める○九月二九日、量衡の制を定める○一一月九日、鷹を飼い狩猟することを禁ずる○一二月八日、天皇(三九歳)譲位。東宮貞仁(二〇歳)践祚。皇弟実仁(二歳)を皇太子とする
		五	一〇七三	三三	六月一二日、「後三条院五七日願文」を作る	一月一九日、上皇の皇子三宮輔仁誕生する○一月二三日、院蔵人所を置く○五月七日、上皇(四〇歳)崩ずる◎一〇月、入宋僧成尋の弟子、宋商孫忠の船により新訳経三〇〇巻その他をもた

関白	（九・二五）藤原師実

年号	西暦	年齢	事蹟	一般事項
延久六（八・二三）承保一	一〇七四	三四	一月二八日、**美作守**に任ずる。防鴨河使・備中介・東宮学士は元の如く兼ねる○同日、従四位下に叙する○一一月二一日、「大嘗会主基方屛風歌」を作る	らす 一月二七日、源隆国（七一歳）権大納言を辞する○二月二日、入道前関白頼通（八三歳）薨○一〇月三日、上東門院彰子（八七歳）崩○一二月二六日、中宮皇子敦文を生む
二	一〇七五	三五	一月五日、先坊学士の労により正四位下に叙する○五月四日、「京極大殿師実御八講願文」を作る	二月、延暦・園城両寺戒壇の事により闘諍する○七月一三日、前伊予守源頼義（八八歳）卒○九月二五日、関白教通（八〇歳）薨、師実、関白となる
三	一〇七六	三六	六月七日、関白師実のために関白辞表を草する○六月一三日、「先帝御願寺天台山金剛寿院供養願文」を作る○七月、任国美作国に下向するか	四月二三日、賀茂社行幸、以後定式となす○八月二一日、平野社行幸○八月二九日、大原野社行幸○九月一二日、北野聖廟諸儒作文会○一〇月一七日、松尾社行幸○一〇月二〇日、北野社行幸○一〇月二四日、大井河行幸○一〇月二四日、大井河行

関白	年号	西暦	年齢	事項	一般事項
藤原師実					幸、三船の遊びをする○一二月七日、春日社行幸
	承保四（一〇七七・一一・一七）承暦一	一〇七七	三七	二月一二日、「易筮勘文」を進献する○四月一七日、匡房夫人（三〇歳?）を失う○七月一七日、香椎宮宇佐宮使となって九州に向う○七月二一日、病気のため引返し、藤原正家が匡房に代って発する○一二月一五日、六条千種殿の土地を関白師実より購求する	二月一七日、右大臣源師房（七〇歳）薨○三月九日、入道前権大納言正二位源隆国（七四歳）薨○九月六日、一宮敦文親王（四歳）薨○一二月一日、祇園・稲荷両社行幸○一二月一八日、法勝寺行幸、落慶供養○この年、赤斑瘡流行○この年までに散佚『宇治大納言物語』成立
	二	一〇七八	三八	三月一九日、「内裏歌合祭文」を作り、梅宮大神に奉る○四月二八日、内裏歌合作者となる○四月三〇日、後番内裏歌合作者となる	一〇月三日、法勝寺行幸、大乗会を行う◎この年、宋商孫忠、宋の牒状をもって大宰府に来る
	三	一〇七九	三九	このころ、千種殿に江家文庫を営み、小二条の私宅を改築するか	六月二日、延暦寺僧徒千人祇園社のことを強訴○七月九日、中宮源賢子皇子善仁（堀河天皇）を

四	一〇八〇	四〇	一月一〇日、前文章得業生大江隆兼、蔵人に補する〇八月二二日、美作守を罷め、**権左中辨**に遷任する〇八月二九日、小二条の匡房宅を新築して移転する〇閏八月、高麗求医の件拒絶の回答文を作る〇一〇月一六日、源俊房邸作文会に参加して、読師をつとめる	生む◎三月、高麗国求医の牒状を奏進する◎閏八月、宋商孫忠、宋国明州の牒状をもって敦賀に到る〇一〇月二九日、六波羅密寺勧学会。このころ聯句の会多し
承暦五(一〇八一)永保一	一〇八一	四一	五月一八日、亡室四周忌を営み願文を作る〇八月八日、**左中辨**に転ずる	三月五日、興福寺僧徒多武峯を侵す〇六月九日、延暦寺の大衆園城寺を襲い、堂塔を焼く◎七月一六日、蘇東坡「前赤壁賦」を作る〇九月一五日、延暦寺の僧徒再び園城寺を焼討する
二	一〇八二	四二	七月一五日、遠江守源基清の罪名勘文の誤りにつき明法博士定成らを勘問する〇一二月九日、大納言源俊房を右大臣に推薦する	三月二三日、式部大輔文章博士藤原実綱卒。大学頭文章博士藤原有綱卒〇一〇月一七日、熊野僧徒神輿を奉じて強訴〇一二月二六日、源俊房を左大臣、源顕

天皇	院政	摂関	年号	西暦	年齢	事項	一般事項
白河		藤原師実	永保三	一〇八三	四三	一月二九日、除目の初夜に民部卿源経信より美作における功過申文のことについて尋問される○二月一日、**備前権守**を兼ね、**式部権大輔**を兼ねる○一〇月一日、「法勝寺塔供養呪願文」を作る○一二月一九日、修理左宮城使となる	房を右大臣に任ずる 九月、陸奥守兼鎮守府将軍源義家赴任、清原家衡らを攻める(後三年の役起る)
			永保四(二・七)応徳一	一〇八四	四四	六月二三日、**左大辨**に転ずる。式部権大輔・東宮学士は元の如し○八月二二日、内大臣師通の子息牛丸のために忠実の名を注申する	九月二二日、中宮賢子(二八歳)薨
			二	一〇八五	四五	二月一五日、**勘解由長官**を兼ねる○三月二三日、清水寺宝蔵を検閲する○八月一九日、「法勝寺堂供養願文」を作る○一一月八日、東宮学士を罷める	七月、京都淫祠流行、これを破毀せしめる○九月、疱瘡流行○一一月八日、皇太子実仁(一五歳)薨
堀河(一一・二六)	白河		三	一〇八六	四六	六月一六日、「円徳院供養願文」を作る○一〇月二七日、師通のために『白氏文集』に江家点を移点する○一一月二〇日、従三位に叙する(円宗寺供養行幸の賞)	七月、鳥羽離宮起工○九月一六日、参議藤原通俊『後拾遺和歌集』を撰進する○一一月二六日、善仁(八歳)を皇太子とし、即日

上皇				
応徳四(四・七)寛治一	一〇八七	四七	一月二五日、**式部大輔**に転ずる○一一月二日、師通邸書閣作文会に応教詩を作る○一一月一九日、「大嘗会悠紀方屛風歌」を作る	譲位(三四歳)二月五日、上皇始めて鳥羽殿御幸○一二月二六日、源義家、清原武衡らを誅し、奥羽平定を奏する
二	一〇八八	四八	一月一九日、正三位に叙する(院行幸別当の賞)○一月二五日、**周防権守**を兼ねる○六月二二日、匡房母堂(橘孝親女)の尼のため「先考作善願文」を作る○八月二九日、**参議**に任ずる。左大弁・勘解由長官・式部大輔・周防権守等元の如し○一一月一日、「朔旦冬至賀表」を作る	二月二二日、上皇高野山御幸
三	一〇八九	四九	一月五日「天皇元服賀表」を草する○八月一七日、源顕房室師子のために「先后歓子供養堂願文」を草する○八月二三日、太皇太后の宇治泉殿扇合に出詠する○九月三〇日、師通邸作文会に出席する	五月二一日、上皇延暦寺御幸○一二月二〇日、上皇近江彦根山寺御幸
四	一〇九〇	五〇	四月二〇日、城南水閣詩宴に応製詩序ならびに詩を作る○四月以降、師通に『漢	一月二二日、上皇熊野御幸○四月一九日、城南鳥羽殿行幸○一

天皇	院	摂関	年号	西暦	年齢	事項	一般事項
堀河	白河上皇	藤原師実				書』を講授し、江家本を貸して会読する○六月九日、天皇に『漢書』進講○一二月九日、師通に『後漢書』を講授する	二月二〇日、師実摂政を辞し、関白となる
			寛治五	一〇九一	五一	一月一七日、『帝範』を献上する○二月一〇日、上皇に易勘文を献ずる○閏七月六日、上皇布引滝御覧に衣冠をつけて供奉する○一二月一七日、「上皇熊野御塔供養願文」を作る	二月一七日、上皇高野山御幸○六月一一日、前陸奥守源義家、弟義綱と合戦せんとする
			六	一〇九二	五二	一月二五日、**越前権守**を兼ねる○二月六日、中納言忠実春日祭上卿として下向するに供する○三月二九日、師通に『後漢書』を読ませる○七月一三日、「上皇金峰山参詣願文」を草する○一〇月九日、伊勢奉幣勅使として伊勢に向う○一〇月一九日、江家本『洛中集』一巻を師通に贈る	三月六日、興福寺僧徒賀茂庄に乱入○五月五日、前陸奥守源義家の恣に諸国の荘園を構立することを禁ずる○七月二日、上皇金峰山御幸
			七	一〇九三	五三	三月—一二月、『後漢書』を師通に講授する○五月五日、上皇皇女郁芳門院根合の撰者・作者となる○一二月二八日、師通と共に『後漢書』八〇巻読み了る	三月三日、上皇荘園制止のことを師通にはかる○三月一八日、熊野先達禁中に乱入○八月六日、延暦寺僧徒座主良真を逐う。興

藤原師通（三・九）				福寺僧徒峰起○九月二〇日、興福寺大衆金峰山に発向合戦
寛治八（一二・一五）嘉保一	一〇九四	五四	六月一三日、**権中納言**に任ずる○八月一六日、昇殿を許される○八月一九日、前太政大臣家歌合に出詠○一二月一一日、従二位に叙せられる○一二月一五日、年号を勘申する	三月八日、陸奥守源義綱出羽の賊将の首を携えて入京○三月九日、師実関白をやめ、内大臣師通これに代る○五月二〇日、青侍ら田楽を奏して横行、師通の蔵人所衆と衝突する◎五月二五日、前大宰権帥藤原伊房ら契丹と私に貿易して官を停止される○八月一七日、上皇咒咀の罪により三河守源惟清伊豆に流される○九月五日、右大臣源顕房（五八歳）薨
二	一〇九五	五五	二月一二日、藤原師通のため内大臣辞表を草する○五月八日、大神宮遷宮上卿に補する○五月二七日、『左伝』を進講する○六月一一日「閑院内裏安鎮法祭文」を草する○八月一四日、郁芳門院の除病	八月二八日、郁芳門院媞子鳥羽殿前栽合○一〇月二四日、延暦寺僧徒、神輿を奉じて美濃守源義綱を強訴する

天皇	堀河
院	白河法皇(八・九)
摂関	藤原師通 (六・二八)

年号	西暦	年齢	事項	参考事項
嘉保三 (一一・一七) 永長一	一〇九六	三六	延命のため「熊野願文」を草する 三月一一日、「殿上和歌会序」を作る○五月二五日、匡房家歌合を行う○七月一二日、侍臣田楽の状を具に観察する○八月一〇日、匡房母堂四月来病気○一二月五日、師通に『文集』を講授する○一二月一七日、年号を勘申○一二月二六日、師通の子家隆と匡房の子某元服する	この年夏、京都に田楽流行○八月七日、白河院皇女郁芳門院媞子(二一歳)薨○八月九日、上皇出家
永長二 (一一・二一) 承徳一	一〇九七	三七	一月三〇日、病により大神宮遷宮上卿を辞する。八幡法楽経供養をする○三月二四日、大宰権帥を兼任する○一〇月九日、母堂卒する○一一月一四日、故母堂の五七日忌辰追善を営む○一一月二八日、故母堂の七七日忌辰追善を営む	閏一月六日、大宰権帥正二位源経信(八二歳)薨
二	一〇九八	三八	二月三日、養子大江有元対策及第する○一〇月九日、故母堂のため周忌追善を営む○一〇月、大宰府下向	二月一一日、興福寺上棟○一〇月二三日、源義家院の昇殿を許される
承徳三 (八・二八)	一〇九九	三九	一月一一日、『扶桑明月集』の奥書を書く○二月二九日、宇佐御許山にて法華三	五月一二日、新立荘園を停止○六月二八日、関白師通(三八歳)

	年	西暦	年齢	事項	一般事項
藤原忠実					
康和	一			昧を営む	薨、忠実関白となる○八月一六日、藤原通俊薨
	二	一一〇〇	六〇	九月一九日、筑前安楽寺内に満願院を建立し荘園を寄進し、供養する○この前後「西府作」「参安楽寺詩」等の大作を創作する○この年、「筥崎宮記」「対馬貢銀記」を作る	
	三	一一〇一	六一	八月二一日、安楽寺において道真の霊を祭る○八月二四日、「安楽寺聖廟詩宴序」を作る	二月一三日、前関白師実（六〇歳）薨○この年、京都に狐妖の変がある
	四	一一〇二	六二	一月五日、赴任の賞により正二位を追叙せられる○一月二三日、替りを得て任を解かれる○二月、宇佐宮新堂造立し供養する○三月三日、西府にて曲水詩宴を行う○閏五月四日、一子隆兼卒する○六月一三日、帰京	閏五月二日、内裏艶書合○閏五月七日、後度艶書合○七月二一日、尊勝寺落慶供養○一二月二八日、義家二男対馬守源義親の官を剝奪し、隠岐に流す
	五	一一〇三	六三	五月四日、隆兼の一周忌法要を営む○一〇月二七日、氏族神をまつるため般若寺御堂供養を営む	この春、延暦・園城両寺の僧徒の闘諍甚だしい○この年、諸社の神人・諸寺の衆徒ら横行、京

天皇	院	摂関	年号	西暦	年齢	事績	一般事項
堀河	白河法皇	藤原忠実	康和六（二・一〇）長治一	一一〇四	六四	二月一〇日、年号勘申〇六月、匡房家歌合あり〇一二月二五日、源師頼のために、「源俊房七十算願文」を作る	都不安 一月二七日、六波羅密寺焼亡〇三月二四日、尊勝寺行幸。結縁灌頂を行う
			二	一一〇五	六五	三月二四日、主上の御薬のことにより「冥道供祭文」を作る〇六月九日、二歳年長の匡房の姉の尼みまかる〇六月二七日、前上野守藤原敦基のために「逆修願文」を作る〇七月二〇日、自らの除病を祈り、石清水八幡に法楽のため一切経闕巻を奉納供養する〇七月二五日、所領のことにより興福寺西金堂衆徒と諍論する〇一二月一九日、主上のため「尊勝寺阿弥陀堂供養願文」を作る	三月五日、殿上和歌御会〇六月二三日、日吉・祇園の神人陽明門に至り嗷訴する◎八月二〇日、宋泉州の商客李充ら本国の公憑を進め、交易の許しを乞う〇一二月二五日、右大臣忠実を関白とする〇一二月二八日、延暦寺・日吉社の衆徒・神人の訴えにより前大宰権師藤原季仲を周防に配流する〇この年、藤原清衡中尊寺の造営をはじめる
			長治三（四・九）嘉承一	一一〇六	六六	三月一一日、再び**大宰権帥**に遷任する。権中納言を去る〇四月九日、年号を勘申〇七月五日、「祈雨書」を作る〇七月二七日、「法皇八幡宮参詣告文」を作る〇八月	四月、流行病にて死者道路にみちる〇六月、再度京都に田楽流行〇七月、前陸奥守源義家（六八歳）卒〇七月、前上野守藤原

天皇			年号	西暦	年齢	事項	関連事項
鳥羽			二	一一〇七	六七	一三日、日吉社に病の平癒を祈る祭文を奉る。北野社にも同じく祈る祭文を奉る二月一五日、石清水社に病を祈るため祭文を奉る○三月三〇日、匡房この両三年老病のため外出せず、出仕しないで世間の雑事を筆録する○四月二日、匡房同宿せる右兵衛督源師頼の鴨院の宅焼亡○八月二三日、「堀河院中陰願文案」を草する○九月一日、強いて「堀河院旧臣結縁経願文」を擬作○一一月一日、藤原忠実のため「朔旦冬至賀表」を作る○一二月二八日、法皇のため「鳥羽院御堂供養願文」を作る	敦基(六二歳)卒 七月一九日、堀河天皇(二九歳)崩。堀河第一皇子宗仁(五歳)践祚。忠実摂政となる○一二月一九日、流人源義親が出雲目代を殺したので、因幡守平正盛に命じて討伐させる○このころ『狭衣物語』成るか
			嘉承三(八・三)天仁一	一一〇八	六八	二月九日、匡房帥として赴任せず、府の官人より訴える申文などが来て仗議で問題となる○八月三日、年号を勘申○七月一九日、「堀河院周忌願文」を作る○一一月二一日、大嘗会悠紀方屛風歌詠進	一月一九日、平正盛、源義親を出雲に誅する○四月一日、延暦寺の衆徒が日吉神輿をふって入京、源平二氏をして防がせる○この年、藤原宗忠「作文大体」を作る

鳥羽	白河法皇	藤原忠実	天仁 二	一一〇九	六九	一月、安楽寺聖廟に大般若経を供養する○二月二七日、上皇のために「北斗曼荼羅堂供養願文」を作る○四月「谷阿闍梨伝」を作る○八月、小一条亭にて言談、『江談』に筆録せらる○八月一八日、上皇のため「鳥羽御塔供養願文」を作る	二月二三日、源為義ら、前美濃守源義綱を追捕、ついで佐渡に流す○この年、『讃岐典侍日記』成るか
			天仁 三 (七・一三) 天永 一	一一一〇	七〇	三月、後三条天皇の菩提のため「円宗寺五大堂願文」を作る○五月一一日、上皇のため「法勝寺千部仁王経願文」を作る○六月、丹後守平正盛のために「六波羅堂造立供養願文」を作る○七月一三日、年号を勘申○一一月、主上のため「小野曼荼羅寺多宝塔造立供養願文」を作る○一二月、主上のため「賀茂社御塔造立供養願文」を作る○この年、意見封事を法皇に上る	二月二八日、聡子内親王百座法華修法をはじめる○三月一二日、勧学院学生、百韻聯句を行う○五月一二日、彗星東方に出現○六月二〇日、権大納言源俊実ら詩合を行う
			二	一一一一	七一	一月一九日、白河院のため「法勝寺千僧千部仁王経願文」を作る○三月一一日、同じく院のため「鳥羽御塔願文」を作る○七月二九日、**大蔵卿**に任ずる○九月八	六月二〇日、八条亭詩合○九月四日、興福・東大両寺の衆徒闘諍する○九月一六日、前大学頭藤原敦宗(七〇歳)卒○一〇月一

日、匡房亭作文○一〇月五日、忠通のため東三条亭作文の題を献ずる○一〇月二五日、匡房病重きため源師時見舞に行く○一一月五日、戌刻匡房薨ずる

二日、式部大輔藤原正家（八六歳）卒

主要参考文献

＊

『江家次第』（増訂故実叢書本・古典全集本）

『江記』（続々群書類従第五、その他佚文は『本朝世紀』等）

『続本朝往生伝』（群書類従本・大日本仏教全書本・続浄土宗全書本）

『本朝神仙伝』（新刊、朝日新聞社編日本古典全書『古本説話集』載録）

『江都督納言願文集』（平泉澄校訂本・続群書類従本）

『江談』（群書類従本・古典保存会影印本二部・尊経閣影印本）

『江帥集』（桂宮本叢書所収本）

＊

「遊女記」「傀儡子記」「洛陽田楽記」以下の散文

『朝野群載』『本朝続文粋』『本朝文集』（新訂増補国史大系本）

『群書類従』『続群書類従』その他

漢詩　『本朝無題詩』（新校群書類従本）
『九条家旧蔵中右記部類紙背漢詩集』
『日本詩紀』（国書刊行会本）、その他

和歌　『夫木和歌集』（国書刊行会本）・『平安朝歌合大成』（萩谷朴編）・『纂輯類聚歌合とその研究』（堀部正二編）・『伝宗尊親王筆歌合巻』（久曽神昇編）、その他

＊

『後二条師通記』（大日本古記録）
『中右記』（史料大成）
『水左記』（史料大成）
『殿暦』（大日本古記録）
『師記』（史料大成）
『永昌記』（史料大成）
『長秋記』（史料大成）
『讃岐典侍日記』（玉井幸助校訂　朝日古典全書）

『大日本史料』第三編之一―十二
『史料綜覧』巻二
『平安遺文』巻三・九・十・十一（竹内理三編）
『国書逸文』（和田英松編・森克己訂）

『栄花物語』（岩波日本古典文学大系）
『扶桑略記』『百錬抄』（新訂増補国史大系本）
『今鏡』（関根正直著『今鏡新註』）
『中外抄』（前田家尊経閣叢刊本・続群書類従本）
『愚管抄』（岩波日本古典文学大系）

＊

『公卿補任』『辨官補任』『職事補任』『尊卑分脈』『本朝皇胤紹運録』

＊

近藤芳樹『大江匡房卿伝』（長周叢書第一）（天保一二写）明治二三年東京刊

黒川春村「江談抄批判」（碩鼠漫筆巻十一）　明治四五年　冨山房
星野恆「歴世記録考・江記」（史学叢説第一集）　昭和一一年　明治書院
和田英松『本朝書籍目録考証』
石母田正『中世的世界の形成』　昭和二一年　伊藤書店
林屋辰三郎『古代国家の解体』　昭和三〇年　東大出版会
石母田正『古代末期政治史序説』下　昭和三一年　未来社
竹内理三『律令制と貴族政権』Ⅱ　昭和三三年　お茶の水書房
吉村茂樹『院政』（日本歴史新書）　昭和三三年　至文堂
龍粛『平安時代』　昭和三七年　春秋社
竹内理三「院政の成立」（『日本歴史』古代4）　昭和三七年　岩波書店
河野房男「白河天皇とその周辺」（『平安王朝』）　昭和四〇年　人物往来社
村井康彦『古代国家解体過程の研究』　昭和四〇年　岩波書店

『平安時代(下)』(『図説日本文化史大系』5) 昭和三二年 小学館
『平安貴族』(『日本の歴史』3) 昭和三四年 読売新聞社
竹内理三 『武士の登場』(『日本の歴史』6) 昭和四〇年 中央公論社
和田英松 『修訂官職要解』 大正一五年 明治書院
桃裕行 『上代学制の研究』 昭和二二年 目黒書店
斎藤励 『王朝時代の陰陽道』 昭和二二年 創元社
森克己 『日宋貿易の研究』 昭和二三年 国立書院
同 『日宋文化交流の諸問題』 昭和二五年 刀江書院
井上光貞 『日本浄土教成立史の研究』 昭和三一年 山川出版社
Bernard FRANK "Kata-imi et Kata-tagae"(『日仏会館学報』新5巻,第二―四号) 一九五八 一誠堂
川口久雄 『平安朝日本漢文学史の研究』上・下 昭和三四年・三六年 明治書院
同 「平安後期の漢文学」(『国文学』一〇―四) 昭和四〇年 学燈社
橋本不美男 『院政期の歌壇史研究』 昭和四一年 武蔵野書院

*
山中裕「大江匡房」(『国語と国文学』三五—一〇) 昭和三二年 東大国語国文学会
山根対助「江談抄成立論」(『国語国文研究』三二) 昭和四〇年 北海道大学国文学会
平林盛得「本朝神仙伝の解剖」(『説話文学会会報』一三) 昭和四〇年 説話文学会
川口久雄「本朝神仙伝と今昔物語集等について」(『国語と国文学』四三—一一) 昭和四一年 東大国語国文学会
*
川口久雄『平安朝の漢文学』(『日本歴史叢書』36) 昭和五六年 吉川弘文館
同「大江匡房の世界観——首陽二子の事をめぐって——」(『国書逸文研究』一〇) 昭和五八年 国書刊行会
川口久雄・奈良正一『江談証注』 昭和五九年 勉誠社

著者略歴

明治四十三年生れ
昭和十二年東京文理科大学国文学科卒業
金沢高等師範学校教授、金沢大学法文学部教授
等を歴任
平成五年没

主要著書
平安朝日本漢文学史の研究(三訂版上・中・下)
菅家文草・菅家後集　絵解きの世界―敦煌から
の影―　敦煌資料と日本文学(I~IV)　梅沢本
栄花物語(I~VI)　江談証注〈共著〉

人物叢書　新装版

大江匡房

昭和四十三年五月十日　第一版第一刷発行
平成元年三月一日　新装版第一刷発行
平成七年八月二十日　新装版第二刷発行

著者　川口久雄(かわぐちひさお)
編集者　日本歴史学会
代表者　児玉幸多
発行者　吉川圭三
発行所　株式会社 吉川弘文館
東京都文京区本郷七丁目二番八号
郵便番号一一三
電話〇三―三八一三―九一五一〈代表〉
振替口座〇〇一〇〇―五―二四四
印刷＝平文社　製本＝ナショナル製本

『人物叢書』(新装版)刊行のことば

人物叢書は、個人が埋没された歴史書が盛行した時代に、「歴史を動かすものは人間である。個人の伝記が明らかにされないで、歴史の叙述は完全であり得ない」という信念のもとに、専門学者に執筆を依頼し、日本歴史学会が編集し、吉川弘文館が刊行した一大伝記集である。

幸いに読書界の支持を得て、百冊刊行の折には菊池寛賞を授けられる栄誉に浴した。

しかし発行以来すでに四半世紀を経過し、長期品切れ本が増加し、読書界の要望にそい得ない状態にもなったので、この際既刊本の体裁を一新して再編成し、定期的に配本できるような方策をとることにした。既刊本は一八四冊であるが、まだ未刊である重要人物の伝記についても鋭意刊行を進める方針であり、その体裁も新形式をとることとした。

こうして刊行当初の精神に思いを致し、人物叢書を蘇らせようとするのが、今回の企図である。大方のご支援を得ることができれば幸せである。

昭和六十年五月

日本歴史学会
代表者　坂本太郎

〈オンデマンド版〉
大江匡房

人物叢書　新装版

2020年（令和2）11月1日　発行

かわ　ぐち　ひさ　お
著　者　川口久雄

編集者　日本歴史学会
代表者　藤田　覚

発行者　吉川道郎

発行所　株式会社　吉川弘文館
〒113-0033　東京都文京区本郷7丁目2番8号
TEL　03-3813-9151〈代表〉
URL　http://www.yoshikawa-k.co.jp/

印刷・製本　大日本印刷株式会社

川口　久雄（1910～1993）

ISBN978-4-642-75147-6